创新经济学

INNOVATION ECONOMICS

洪银兴 安同良 孙宁华 著

江苏人民出版社

目 录

导论 1
    一、作为经济学范畴的创新 2
    二、作为经济发展方式的创新 5
    三、对接科技与产业的创新 8
    四、激发创新活力的体制机制创新 12
    五、创新经济学的几个重要概念 17

第一章　创新经济理论的演进 23
    第一节　马克思关于创新和技术进步理论 23
    第二节　熊彼特的创新理论 29
    第三节　波特的创新理论 33
    第四节　创新理论的现代进展 42

第二章　创新驱动经济发展 49
    第一节　创新驱动经济发展方式转变 49
    第二节　科技创新是创新发展的核心 58
    第三节　创新驱动产业结构优化升级 62
    第四节　创新驱动绿色发展 68

第三章　世界科技创新的进展和趋势　75
　　第一节　创新发展的时代背景——知识经济　75
　　第二节　"德国工业4.0"　81
　　第三节　大数据　88
　　第四节　生命编辑　93

第四章　国家创新体系及其完善　101
　　第一节　国家创新体系理论　101
　　第二节　科技创新路线图　106
　　第三节　科技创新体系的进一步完善　113

第五章　产业创新及其同科技创新的对接　126
　　第一节　以科技创新为先导的产业创新　126
　　第二节　科技创新和产业创新的对接　131
　　第三节　建立产业化创新机制　137

第六章　产学研协同创新　144
　　第一节　由"技术转移说"到"协同创新说"　144
　　第二节　技术创新的双重导向及其协同　148
　　第三节　孵化新技术是协同创新的基本功能　151
　　第四节　产学研协同创新的平台和机制　154
　　第五节　产学研协同创新是个系统工程　162

第七章　企业的创新主体地位及其创新行为　166
　　第一节　技术创新体系和企业的创新主体地位　166
　　第二节　科技企业家及其创新职能　175
　　第三节　商业模式创新　181

第八章　大众创业、万众创新　194
　　第一节　大众创业　194

第二节　万众创新　200

　　第三节　科技创新和科技创业的有效衔接　207

第九章　风险投资和科技金融　218

　　第一节　科技创新的金融需求　218

　　第二节　科技创新风险和风险投资　225

　　第三节　科技与金融的深度融合　234

第十章　科技创新链及其价值链　244

　　第一节　科技创新的阶段和创新链　244

　　第二节　创新成果的价值形成及其在创新链中的价值增值　249

　　第三节　科技创新各个阶段的资本主体及其价值追求　253

第十一章　创新型国家和创新型区域　259

　　第一节　创新型国家　259

　　第二节　创新型区域和创新型城市　272

　　第三节　创新型区域的案例：硅谷　292

第十二章　创新发展的支撑条件　297

　　第一节　创新发展的支撑系统　297

　　第二节　知识产权保护及其战略　302

　　第三节　创新发展的人才支撑　310

　　第四节　创新文化建设　317

第十三章　激励创新的体制机制　323

　　第一节　创新动力：市场压力和激励　323

　　第二节　创新投资：风险共担和利益共享　328

　　第三节　创新企业的价值：评价和实现　334

　　第四节　政府的激励创新政策　342

结束语：创新的经济绩效　*346*

主要参考文献　*356*

后记　*364*

导 论

创新是一个民族进步的灵魂,是一个国家兴旺发达的不竭源泉,也是中华民族最鲜明的民族禀赋。习近平同志在党的十八届五中全会上提出创新、协调、绿色、开放、共享的发展理念,并把创新提到首要位置,指明了我国发展的方向和要求。创新,顾名思义,即走前人没有走过的路,创造新的,包括创造新思想、新理论、新技术、新制度、新文化等。从创新发展的理念来谈创新,是包括理论、制度、科技和文化的全面创新。其中,科技创新是核心,是创新驱动经济发展的原动力。它不仅要求提高科技创新能力,还要求科学新发现迅速孵化为新技术、新产品,从而转化为现实生产力,并且能够源源不断地提供新技术、新产品。理论创新属"脑动力"创新,是社会发展和变革的先导,是各类创新活动的思想灵魂和方法来源。特别是中国特色社会主义政治经济学理论创新是建设中国特色社会主义经济的先导。制度创新,属"原动力"创新,是持续创新的保障,能够激发各类创新主体的活力,特别是基本经济制度的创新和社会主义市场经济体制的建立,是我国实现"两个一百年"奋斗目标的基础和保障。文化创新是"软实力"创新,是民族永葆生命力和凝聚力的基础。对创新来说,建立创新文化,就是为各类创新活动提供不竭的精神动力,推动创新在全社会蔚然成风。

一、作为经济学范畴的创新

最早的创新思想可追溯到马克思在《资本论》中所提出的自然科学在技术进步中的作用。根据马克思的概括,"智力劳动特别是自然科学的发展"是社会生产力发展的重要来源。[①]

最早在经济上使用"创新"概念的是熊彼特。他在20世纪20—30年代发表的论著中多次提出"创新"概念。在他那里,创新即生产要素的新组合,包括五个方面的创新:(1)采用一种新的产品,(2)采用一种新的生产方法,(3)开辟一个新的市场,(4)掠取或控制原材料或半制成品的一种新的供应来源,(5)实现任何一种工业的新的组织。简单地说就是:产品创新、技术创新、市场创新和组织制度创新。在此以后创新理论随着科技进步和经济发展而逐渐演化。后来弗里曼(C. Freeman)在解释创新概念时,把熊彼特的创新的内涵概括为新发明、新产品、新工艺、新方法或新制度第一次运用到经济中去的尝试。

索罗在20世纪50年代提出的经济增长模型包含了技术进步的作用。根据他对增长原因测度的结果,促进人均收入增长的主要因素是资本投资和技术进步。在这两者之间技术进步的影响更为显著。根据他的统计分析,美国经济增长大约有80%源于技术创新,仅20%源于资本积累。这意味着带来更多产出的原因是"技术的进步以及工人技能的提高"[②]。可见技术创新在现代经济增长中的作用十分显著。

最早将创新驱动作为一个发展阶段提出来的是波特,他把经济发展划分为四个阶段:第一阶段是要素驱动阶段,第二阶段是投资驱动阶段,

---

[①] 参见马克思《资本论》第3卷,人民出版社2004年版(以下所引本书第1—3卷均为此版本,不再一一标注),第97页。
[②] 索罗:《论经济增长》,载廖理等《探求智慧之旅》,北京大学出版社2000年版,第196页。

第三阶段是创新驱动阶段,第四阶段是财富驱动阶段。其中,企业具有消化吸收和创新改造外国先进技术的能力是一国产业达到创新驱动阶段的关键,也是创新驱动与投资驱动的根本区别。

20世纪90年代,针对发达国家进入知识经济时代的趋势,国际经济合作与发展组织(以下简称OECD)发表《以知识为基础的经济》报告,明确提出国家创新体系的概念,不仅区分了知识创新和技术创新,还揭示了两者在国家创新体系中的相互关系。

2016年杭州G20峰会通过的《二十国集团创新增长蓝图》对创新涵义有个完整的阐述:创新是指在技术、产品或流程中体现的新的和能创造价值的理念。创新包括推出新的或明显改进的产品、商品或服务,源自创意和技术进步的工艺流程,在商业实践、生产方式或对外关系中采用的新的营销或组织方式。创新涵盖了以科技创新为核心的广泛领域,是推动全球可持续发展的主要动力之一,在诸多领域发挥着重要作用,包括促进经济增长、就业、创业和结构性改革,提高生产力和竞争力,为民众提供更好的服务并应对全球性挑战。

我国在党的十八大上明确提出经济发展转向创新驱动的发展战略。十八届五中全会进一步提出:"坚持创新发展,必须把创新摆在国家发展全局的核心位置,不断推进理论创新、制度创新、科技创新、文化创新等各方面创新,让创新贯穿党和国家一切工作,让创新在全社会蔚然成风。"把创新放在国家发展全局的核心位置,既有必要性又有紧迫性。首先,面对日益激烈的国际竞争,只有创新才能创造国际竞争力,抢占国际科技和产业的制高点。其次,面对国内"两个一百年"奋斗目标,只有依靠创新,才能在已有发展的基础上,全面建成小康社会,实现第一个百年奋斗目标,而且能够推动国家持续健康发展,在更高层次上实现第二个百年奋斗目标。

现在,无论是推进经济改革,还是推进经济发展,都要把创新摆在发展全局的核心位置。

就改革来说，从1978年开始的改革，着力点是破旧体制，需要解放思想来引领。经过30多年，进入了全面深化改革阶段，改革的着力点是建立新体制，建立系统完备、科学规范、运行有效的制度体系，使各方面制度更加成熟更加定型。这就需要创新的理念。尤其是在经济体制上，围绕使市场在资源配置中起决定性作用深化经济体制改革，坚持和完善基本经济制度，加快完善现代市场体系和宏观调控体系，都需要创新的思路和理念。原因是全面深化改革所要建立的新体制不是现成的，需要创造和创新。很显然，由解放思想到创新发展，无论是理论还是实践都是重大的飞跃。

就发展来说，过去发展的着力点是增长，需要的是大干快上的劲头。现在发展的着力点是加快转变经济发展方式。转变发展方式不是有现成的目标，通常讲的集约型增长方式只是其中的一个方面，新的发展方式涉及加快建设创新型国家，推动经济更有效率、更加公平、更可持续发展等。很显然，所要转向的发展方式也是需要创造的，需要有创新的思路和理念。

在把创新作为经济学范畴分析的基础上，产生了创新经济学。过去对创新的经济分析基本上局限于企业内的创新，局限于技术创新。基于创新的源头由企业转向科学发现及其转化的现实，本书所研究的创新，与以往的创新研究不同，创新阶段不只是从新发明的第一次应用开始，而是从知识创新开始，由此出发，关注科技创新的全过程分析，包括知识创新及科学发现、孵化和研发新技术、科技创业、采用新技术以及高新技术产业化。因此，本书所涉及的创新经济学内容包括：创新发展的理念和创新规律分析，创新驱动并引领经济发展的理论分析，科技创新与产业创新对接的机制、产学研协同创新机制、科技创新与金融创新深度融合机制等方面的机制分析，以及激励创新的制度分析，等等。

二、作为经济发展方式的创新

把创新作为经济发展的新动力,是要使经济发展更多依靠科技进步、劳动者素质提高和管理创新驱动。驱动经济发展的创新是多方面的,包括科技创新、文化创新、制度创新和商业模式的创新。其中科技创新是关系发展全局的核心。

转向创新驱动,涉及经济发展方式的重大转变。我国长期依靠物质要素投入推动的经济增长方式,属于由投资带动的要素驱动阶段。这种增长方式不可避免而且正在遇到资源和环境不可持续供给的极限。现在随着物质资源和低成本劳动力的供给正在接近极限,经济发展由要素和投资驱动阶段转向创新驱动阶段。所谓创新驱动,就是利用知识、技术、企业组织制度和商业模式等创新要素对现有的资本、劳动力、物质资源等有形要素进行新组合,以创新的知识和技术改造物质资本、提高劳动者素质和科学管理。各种物质要素经过新知识和新发明的介入与组合提高了创新能力,就形成内生性增长。这里使用的驱动概念指的是推动经济增长的主动力。创新成为引领发展的第一动力包含多方面内容:

首先,在包含创新、协调、绿色、开放和共享的新发展理念中,创新不仅位居首位,而且对其他四个发展理念起引领作用。如协调发展所要推进的补区域发展的短板、补农业现代化的短板不仅需要有创新的理念,还需要依靠科技创新;绿色发展需要有创新的技术支持;开放发展则需要与创新结合,对外贸易中的竞争优势源于创新,攀升全球价值链中高端也要靠创新;共享发展强调人民群众共享发展成果,在发展动力转向创新驱动后,人民群众将更多地共享创新发展的成果。

其次,创新引领发展方式转变。转变发展方式,新的发展方式是什么?需要创新。创新特别是自主创新是转变经济发展方式的抓手。其一,现有的资源容量难以支撑经济的持续增长,必须要寻求经济增长新的驱动力。创新实际上是创造新的发展要素，或者是节省物质要素的投入，提高要素使用效率。因此创新驱动可以在减少物质资源投入的基础上实现经济增长。其二，我国的产业结构处于低水准，缺乏国际竞争力，必须提高产业创新能力。产业创新能力关乎国家竞争力，因此成为创新的着力点。必须依靠科技和产业创新，推动产业转向中高端，占领世界经济科技的制高点。其三，针对已有的工业化所伴有的严重的环境污染和生态平衡的破坏，再加上世界范围高的碳排放造成全球气候异常，发展方式需要控制环境污染，减少碳排放，其路径不是一般的控制和放慢工业化进程，而是要依靠科技创新发展绿色技术，开发低碳技术、能源清洁化技术、循环经济技术，发展环保产业。显然，这些创新的绿色技术必须得到广泛采用，实现对高排放高能耗产业和技术的强制淘汰与替代。

第三，驱动发展的科技由外生转向内生，这涉及技术进步模式的转变。长期以来，我国驱动发展的先进技术很大程度上是外生的。主要表现是：创新的先进技术大多是引进和模仿的，创新的先进产业是加工代工型的。这种模式的技术创新基本上属于国外创新技术对我国的扩散，创新的源头在国外。采用的新技术是国外已经成熟的技术，核心技术、关键技术不在我们这里。因此，这种技术创新的意义在于缩短技术的国际差距，但不能进入国际前沿。现在我国成为世界第二大经济体后，一方面已经具备了自主研发新技术的能力，另一方面西方发达国家不愿意看到中国成为经济强国，他们会在"中国威胁论"的幌子下竭力打压中国的经济发展，其对中国的高技术封锁和贸易摩擦会明显加大。这就逼着我国着力推进科技创新，发展具有自主知识产权的技术和产业。这就是立足于自主创新，形成具有自主知识产权的关键技术和核心技术。因此，创新驱动的着力点是以全球视野谋划和推动创新，提高原始创新、集成创新和引进消化吸收再创新能力。

第四，发展新经济。经济发展的每一个时期都会产生反映当时最新科技水平的新产业和新动能，被称为新经济。时代的发展，科技的进步，新经济的出现,可以说是每个经济时代的新动能。新经济概念最早出现在20世纪80年代,概括的是当时的美国在信息技术革命推动下所产生的信息产业和信息经济,新经济是对当时的信息经济、网络经济、数字化经济的概括。它对人们的工作、学习和生活方式产生了全新的革命,不仅丰富了人们获取信息的途径,而且为企业内或企业间的信息交流提供了快捷而价廉的通信工具,还给工商企业和消费者之间的信息沟通提供了新的渠道。网上教育、网上通信、网上新闻、网上交易、网上娱乐等成为人们经济活动的主要场所。新经济不仅把美国经济,而且把世界经济带进一个新时代。现在所讲的新经济则是在互联网和智能化技术推动下产生的新兴产业,涉及高端服务业中的"互联网+"、物联网、云计算、电子商务等新兴产业和业态,先进制造业中的智能制造、大规模的定制化生产等。当年以发展信息技术和信息产业为代表的新经济中国没有能够领先,只能跟随。当今的新经济中国不能只是跟随,而需要同发达国家进入同一创新起跑线,占领制高点。这是我国经济发展并促进经济转型的新动能。

第五,引领经济新常态。根据习近平总书记的表述,新常态有三个表现,一是速度变化:增长速度要从高速转向中高速,发展方式要从规模速度型转向质量效率型。二是结构优化:经济结构调整要从增量扩能为主转向调整存量、做优增量并举。三是动力转换:发展动力要从主要依靠资源和低成本劳动力等要素投入转向创新驱动。创新发展对新常态的引领作用在于,依靠创新发展,实现质量效率型中高速增长,创新驱动经济结构优化升级。特别是当前推进的供给侧结构性改革,无论是增加有效供给,还是提高全要素生产率,都要依靠科技创新。

总的来说,根据创新发展的思想,经济发展不仅要配置好现有的资源,还要不断地创造新资源,突破发展的资源瓶颈。配置好资源需要制度创新,创造新资源需要科技创新,如创造新能源、发现新材料、发明新技术等。概括起来就是发展创新型经济。

三、对接科技与产业的创新

创新有丰富的源泉,如文化创新、制度创新、管理创新、市场创新、技术创新、科技创新等。这些创新在创新发展中都是必不可少的,但在我们所考察的创新发展理念中,核心是科技创新。科技创新是知识创新和技术创新的结合。习近平总书记指出:"谁牵住了科技创新这个牛鼻子,谁走好了科技创新这步先手棋,谁就能占领先机、赢得优势。"显然,创新能否成为引领发展的第一动力,关键在科技创新。

马克思在《资本论》中多处提到"智力劳动特别是自然科学的发展"是生产力发展的重要来源。劳动生产力的决定要素中包含科学的发展水平和它在工艺上应用的程度。大工业的基础是革命的,表现为"科学日益被自觉地应用于技术方面"①。邓小平同志则明确指出:"科学技术是第一生产力。"现在提出的创新发展理念明确科技创新是创新发展的核心,正是建立在"科学技术是第一生产力"的理论判断的基础之上的,当然它的理论和实践意义又更进了一步。

首先,新一轮科技革命和产业变革蓄势待发,信息科技、生物科技、新材料技术、新能源技术广泛渗透。在新科技革命的推动下,美国实施的再工业化战略,通过技术创新与制度创新,重振制造业中高端和高附加值的领域,尤其是大型、复杂、精密、高度系统整合的产品,实现"经济中心"的回归。德国推出的"工业4.0"计划,是继机械化、电气化和信息技术之后,以智能制造为主导的第四次工业革命,主要是指通过信息通讯技术和虚拟网络—实体物理网络系统(CPS)的结合,将制造业向智能化转型。英国工业实施的2050战略,注重智能制造人才培养和智能制造基地建设,以打造先进制造业产业链。《第三次工业革命》作者里夫金认为:第三

---

① 马克思:《资本论》第1卷,第874页。

次工业革命的标志为移动互联网+清洁能源。所有这些都是新科技和产业革命的动向。过去每一场新科技革命都是首先在西方发达国家产生,我国都是失之交臂。当今时代,经济全球化、信息化和网络化使新科技和产业革命的机会对各个国家都是均等的,这次新科技和产业革命的机会我们绝不能再错过。就我国现阶段的科技创新水平来说,既需要补"工业3.0"(信息化)的课,又需要迎头赶上"工业4.0"(智能化)。

其次,技术进步路径发生革命性变化。过去常用的概念是技术创新,现在突出科技创新。这实际上反映了创新源头的改变。技术创新相当多的是源于生产中经验的积累、技术的改进、企业内的新技术研发。即使是由科学发现所推动的技术进步,也会间隔很长的时间,需要几十年甚至上百年。现在的技术进步的源泉更多的源于科学的发明。特别是在20世纪后期产生新经济以来,科学上的重大发现转化为现实生产力的时间越来越短,缩短到十几年、几年。现在一个科学理论从发现到生产上的应用(尤其是产业创新)几乎是同时进行的。这意味着利用当代最新的科学发现成果迅速转化为新技术可以实现大的技术跨越。例如,新材料的发现、信息技术和生物技术的突破都迅速转化为相应的新技术。这种建立在科技创新基础上以科学发现为源头的科技进步模式,体现了知识创新(科学发现)和技术创新的密切衔接与融合。

第三,产业创新是科技创新的目标。过去的技术创新着重于产品和工艺创新。现在,竞争力是以产业水准作为度量单位的,国家的竞争力在于其产业创新与升级的能力。产业创新依托科技创新,科技创新是先导,产业创新成为创新的终端目标。现代经济增长的实践证明,先行国家的产业结构转型升级都是在科学技术取得重大突破基础上实现的。这意味着科学技术不仅是第一生产力,还是产业结构转型升级的第一推动力。科技创新及其成果的高速扩散是推动产业结构高度化的重要因素。没有科学技术的突破就不会有新产业的产生,没有新技术的扩散就不可能有产业结构整体水准的提升。

实施创新驱动发展战略决定着中华民族的前途命运。这就需要充分认识科技创新的巨大作用,敏锐把握世界科技创新发展趋势。上述世界科技和产业创新的新趋势对我国的科技创新不仅是挑战,更是机会。顺应现代增长的趋势,我国实施创新驱动的发展战略需要解决好科技创新和产业创新的对接问题,利用当代最新的科学技术成果迅速转化为新产业,可以实现大的技术跨越。

提出科技创新和产业创新对接,是基于我国这两个方面创新的严重脱节。一方面我国的科技人才和科技论文数量已居世界之首,另一方面我国的产业水准还处于中低端。即使是高新技术产业,还缺少自己的原创性核心技术和关键技术。因此我国转向创新驱动经济发展,基本要求是强化科技同经济对接、创新成果同产业对接、创新项目同现实生产力对接。这几个方面归结为科技创新和产业创新的对接。

首先,依靠科技创新提高产业附加值。尽管我国的经济总量已经是世界第二,许多工业品的产量也居世界第一,但经济效益指标、人民富裕程度指标的国际比较并不靠前,根本原因是许多领域附加值高的核心技术、关键技术不在我国。以全球价值链分工来分析。经济全球化背景下,国际分工演变为高科技产品在不同国家的生产环节的分工,即价值链环节分工。国际竞争成为全球价值链的竞争。全球价值链分工现状是:处于产业结构中高端的研发环节上的产品的附加值更高,基本上处于发达国家;处于产业结构低端的制造环节上的附加值较低,基本上处于发展中国家。我国基本上是以比较优势嵌入全球价值链的。也就是高科技产品的中国制造部分基本上是利用资源和低成本劳动力的环节,处于价值链低端,核心技术和关键技术环节不在我国的居多,中国创造部分少,品牌也是用外国的多,由此产生高产值、低附加值问题。最明显的案例是:苹果手机由美国设计和拥有,其多数元件在其他国家制造,由中国组装,在苹果手机的批发价中,日本、德国、韩国分别获得 37%、17%、13% 的价值,我国只有 3.6%。针对这种状况,我国需要依靠科技创新攀升价值链的中高端，也就是由低端加工组装环节的低端制造向科技含量更高的中高端制造环节乃至掌握核心技术和关键技术的研发环节攀升，从而提高产业附加值。

其次，由跟随创新转向引领创新。习近平总书记指出：我国的科技创新已从以跟踪为主转向跟踪和并跑、领跑并存的新阶段。跟踪国际新技术的技术创新不能进入国际前沿。中国成为世界第二大经济体后，技术创新不能再停留在跟随创新的阶段，不仅要同发达国家并跑，更要领跑。这就需要立足于自主创新，形成具有自主知识产权的关键技术和核心技术。关键在两个方面：一是提高科技创新能力，尤其是知识创新能力；二是解决好知识创新和技术创新对接的载体和路径。其前提是提高知识创新能力。这是提升科技创新能力的基础。目前我国同发达国家的科技经济实力差距体现在创新能力上。由跟踪转向并跑和领跑的科技创新，关键是在创新的源头上提高创新能力，包括科学新发现所产生的原创性创新成果和对引进的先进技术的再创新，从而形成拥有自主知识产权的核心技术和关键技术。着力点就是加大进入世界前沿的基础研究的力度，提高知识创新能力。其路径包括十八届五中全会所要求的：实施一批国家重大科技项目，在重大创新领域组建一批国家实验室，中国的科学家提出并牵头组织国际大科学计划和大科学工程。依托这些项目和载体，可以产生突破性重大知识创新成果。不仅如此，由于新技术的知识产权限制，新技术的国际流动性明显弱于科学和知识的国际流动性。大学利用国际最新科学发现进行技术创新，可能实现技术的跨越；依托大学的知识创新，企业的技术创新就可能在许多领域得到当今世界最新科学技术的推动。

第三，产学研协同创新。明确了科技创新的源头，紧接着的问题就是推动知识创新和技术创新的无缝对接，从而使科学发现成果向产品和技术及时并有效转化，推动新技术、新产业、新业态蓬勃发展。产学研协同意味着大学与企业分别作为知识创新主体和技术创新主体，在进入孵化新技术领域中的协同关系。大学进入孵化新技术领域，从一定意义上说是将"顶天"的成果"立地"。企业作为技术创新主体进入孵化新技术领域,不仅仅是在采用新技术方面成为主体,更是在孵化新技术方面成为主体。科学家和企业家在同一创新平台上直接交汇和协同,需要两个方面的转型:一方面通过科技体制改革推动大学的知识创新延伸到孵化阶段,大学的创新不限于创造知识,还要往前走一步,将科学研究成果推向应用,参与孵化新技术;另一方面通过企业改革推动企业的技术创新不停留在接受新技术转移的水平上,而是要将技术创新环节延伸到新技术的孵化创新阶段。这样就形成了企业家和科学家的互动合作。在同一个协同创新平台上,科学家和企业家(包括企业研发人员)追求的目标和角色发生了转换。追求学术价值的科学家需要以市场为导向,解决创新成果的商业价值;追求商业价值的企业家需要以技术的先进性为导向。两者的相互导向,使创新成果既有高的科技含量,又有好的市场前景。进入研发平台的新思想、新创意不只是进入平台的科学家的原创性科研成果,进入平台的科学家还会根据企业家的需求利用国内外的创新资源为之提供科学思想,从而在平台上产生源源不断的新技术。

四、激发创新活力的体制机制创新

习近平总书记指出:实施创新驱动发展战略,最根本的是要增强自主创新能力,最紧迫的是要破除体制机制障碍,最大限度解放和激发科技作为第一生产力所蕴藏的巨大潜能。这几个方面的要求是我们探讨转向创新驱动发展方式的指导思想。

我国建设创新型国家实施三步走战略。第一步,到2020年进入创新型国家行列;第二步,到2030年进入创新型国家前列;第三步,到2050年建成世界科技创新强国。转向创新驱动发展方式的基本标准就是创新型国家的基本标准。根据经济合作与发展组织、欧盟、世界经济论坛等的界定,创新型国家主要表现为:整个社会对创新活动的投入较高,重要产业的国际技术竞争力较强,科技投入产出的绩效较高,科技进步和技术创新在产业发展和国家财富增长中起着重要的作用。

综合各种规定,创新型国家的具体评价指标主要包括:① 科技进步对经济增长的贡献率,发达国家一般已经达到70%—80%,甚至更高。② 研发投入强度高。R&D经费占GDP的比例一般在2%以上,如2007年美国为2.6%,日本、韩国、瑞典、芬兰和爱尔兰为3%,以色列则多年保持在4%以上。在企业中研发投入一般要占到其销售收入的7%—8%以上。③ 自主创新能力强。核心技术自给率高,对外技术依存度在30%以下,高技术产业在国际上具有明显竞争优势。④ 创新产出能力强。人均发明专利拥有量和知识创新成果居全球前列。⑤ 具有支持创新的基础设施和社会文化。教育比较发达,信息等科技设施发展水平高,知识产权保护比较充分,社会文化支持创新,风险投资等金融体系对科技创新形成有力支撑。⑥ 国家创新体系完善。具有支持创新的良好科技管理体系,企业是技术创新主体,政府财政对科技创新发挥基础性作用,大学和科研院所的原始创新能力较强。很显然我国在这些方面都存在不小的差距。缩小这些差距是建设创新型国家的基本内容。

《世界是平的》一书总结了美国发展创新型经济的要素和制度保障,其中:一是拥有很多具备科研能力的大学,它们源源不断地提供实验结果、创新成果和科学突破。二是建立大学—企业科技中心,该中心可能涵盖很多学校和企业,最终将带动新产业的繁育、新产品的生产和新技术的运用。三是拥有全球监管最严格、效率也最高的资本市场,新产品和创新很容易得到风险资本的支持。四是社会的开放性,可以吸引众多的外国创新人才。五是严格的知识产权保护制度。① 可见创新资源涉及提供科教资源的大学、创新创业的人才、创新的空间和平台以及创新的制度等。

---

① 参见[美]托马斯·弗里德曼《世界是平的》,何帆、肖莹莹、郝正非译,湖南科学技术出版社2006年版,第251—253页。

根据我国的现状,转向创新驱动发展的关键性体制机制创新主要涉及以下几个方面:

首先,孵化和研发新技术成为创新驱动的重点环节。在以科学发现为源头的技术进步路径中,孵化和研发新技术环节最为重要,新技术、新产品大都出于这个环节。因此,一方面产学研协同创新平台基本上建立在这个环节,另一方面创新投资也更多的投向这个环节。但是,在这里,投资风险最大,创新成功的不多,但潜在收益也最大,需要科技和金融深度结合,需要引导足够的金融资本投入这个阶段。过去一般以企业研发投入占销售收入比重指标来衡量企业的创新能力,这与以企业为源头的技术创新模式相适应。现在突出的是以科学发现为源头的科技创新模式,因此,在孵化新技术阶段集聚的金融资本数量将越来越成为判断一个地区是否进入创新驱动型经济阶段的指标。风险投资的活跃程度反映创新的活跃程度。

其次,企业要真正成为技术创新的主体。在以企业创新为源头的技术进步模式中,企业以市场为导向,或者在企业内部进行研发,或者以购买和模仿的方式采用新技术。在这里企业基本上是在企业层面上的创新主体。现在需要强调的是企业在以科学发现为源头的科技创新中也要成为主体。科技创新不只是企业的行为,不是单纯的技术创新,是产学研多个主体介入的合作创新活动。企业应该成为主导产学研协同创新的主体,孵化和研发新技术的投资主体。企业成为创新主体,关键是企业中要有创新的组织者。熊彼特当年提出的创新理论明确认为,创新是在企业实现的,而承担创新职能的是企业家。科技创新的基本任务是实现科学发现成果转化为现实生产力。科技企业家的职能就是,就企业的技术创新与大学的知识创新两大创新系统进行集成,对多个主体进入的新技术孵化活动进行组织协调。在这里企业家的创新活动就由彰显个性转变为突出协同创新。企业家知识化并成为科技企业家,是推进产学研合作创新的主观条件。企业家如果没有相应的知识层次,就不知道科技创新的方向,也不知道怎样去开发知识产品,也不知道如何与科学家合作。如果微软公司的总裁不是比尔·盖茨、苹果公司没有乔布斯、北大方正没有王选,这些科技型公司很难有今天的成就。现在一些科教资源丰富地区的创新活动并不活跃,原因是缺乏科技企业家及作为创新主体的企业。

第三,建立吸引和集聚创新创业人才的制度。如果说科学技术是第一生产力,那么人才就是第一要素。驱动创新的人才不仅包括高端科技人才,也包括高端创业和管理人才,甚至包括有特殊技能的工匠。因此人力资本投资成为创新投资的重点。产业高地—人才高地—创新高地之间存在显著的相关性:产业高地吸引高端人才,高端人才建立产业高地。集聚高端创新创业人才有两个突出问题需要解决:首先是着力引进国际高端人才。这涉及引进和利用国际要素战略的调整。过去的重点在增长,各种增长要素跟着资本走,因此突出引进外资;现在重点在创新,各种创新要素跟着人才走,因此需要突出引进高端产业创新人才。其次是改变对低成本发展战略的认识。低成本战略理论强调发展中国家以低劳动力和土地成本作为比较优势。这种低成本比较优势在贸易领域可能是有效的,但在创新型经济中就不适用了。只有增加人力资本供给才能驱动创新。低价位的薪酬只能吸引低素质劳动力,只有高价位的薪酬才能吸引到高端人才,才能创新高科技和新产业,从而创造自己的竞争优势。

第四,知识产权保护和新技术的推广。新知识、新技术具有溢出效应。创新驱动经济发展是针对全社会而言的。因此创新驱动不只是要求新发明在某个企业那里转化为新技术,更为重要的是自主创新成果及时地在全社会推广和扩散。知识和技术等创新要素不同于物质要素,其使用具有规模报酬递增的特点,因而创新不排斥新知识、新技术的广泛采用。只有当全社会都能采用自主创新成果时才能谈得上驱动经济发展。根据熊彼特关于创新即创造性的毁灭过程的观点,强化市场竞争机制,可以迫使各个企业竞相采用先进新技术;实施严格的知识产权保护制度,不只是保护创新者的权益,同时也能以这种机制推动技术创新成果(新技术)的扩散,实现知识产权价值的最大化。除此以外,创新成果的全社会扩散机制还需要两个方面的建设:一是通过计算机和通信网络将新知识、新技术进行数字化传播,从而形成"信息社会"。二是通过促进公众接受多种知识和技能的训练掌握学习的能力,从而形成"学习型社会"。

第五,促进创新驱动的体制架构。科技创新和创业需要体制保证。仅仅是优胜劣汰的市场机制的压力是不够的,还需要有效的激励性体制。这就是习近平总书记所指出的:要采取更加有效的措施把创新引擎全速发动起来,我们致力于发挥创新驱动的原动力作用,更多支持创新型企业,充满活力的中小企业。具体的体制安排包括:强化科技同经济对接,创新成果同产业对接,创新项目同现实生产力对接,研发人员创新劳动同其利益收入对接,从而形成有利于出创新成果、有利于创新成果产业化的新机制。特别要指出建设高效并有集成创新能力创新型政府的意义。转向创新驱动,前提是制度创新。制度创新的发动者首先是政府。标准的市场经济理论排斥政府作用。一当引入创新,就需要政府的积极介入。其必要性在于创新成果具有溢出效应,具有公共产品的属性。这就决定了政府作为社会代表来支付创新的社会成本,制定重大科技创新计划,并通过公共财政对此类创新进行直接的或引导性投入。在现代经济中,国家竞争力主要由国家创新力来衡量。国家创新力不是个体创新力的相加,而是对科技创新的国家集成能力。集成创新即创新系统中各个环节之间围绕某个创新目标的集合、协调和衔接。政府对包括产学研在内的创新系统进行整体协调和集成的主要方式是建立大学科技园,搭建产学研合作创新平台。正是在这一意义上,在产学研前须加一个"政"字,即政产学研合作创新。因此,实施创新驱动发展战略不仅涉及经济发展方式的根本性转变,也涉及相应的经济体制的重大改革:既要发挥市场的调节作用,又要政府的积极介入。需要各个系统形成合力,促进创新资源高效配置和转化集成,把全社会的智慧和力量凝聚到创新发展上来,形成以创新为主要引领和支撑的经济体系与发展模式。

五、创新经济学的几个重要概念

从经济学分析创新,同样需要研究创新投入和效益的关系,研究创新遵循经济规律问题。这就是习近平总书记要求的,创新要把握创新特点,遵循创新规律,既奇思妙想、"无中生有",努力追求原始创新,又兼收并蓄、博采众长,善于进行集成创新和引进消化吸收再创新;既甘于"十年磨一剑",开展战略性创新攻关,又对接现实需求,及时开展应急性创新攻关;既尊重个人创造,发挥尖兵作用,又注重集体攻关,发挥合作优势。根据创新特点和规律,创新经济学需要明确以下重要概念:

(1)创新型经济。创新的内容包括:原创性创新,集成创新,引进、消化、吸收、再创新。根据不断演化的创新理论,创新型经济体现资源节约和环境友好的要求,是以知识和人才为依托,以创新为主要驱动力,以发展拥有自主知识产权的新技术和新产品为着力点,以创新产业为标志的经济。创新驱动的经济增长,就是利用知识、技术、企业组织制度和商业模式等创新要素,对现有的资本、劳动力、物质资源等有形要素进行新组合,以创新的知识和技术改造物质资本、提高劳动者素质和科学管理。各种物质要素经过新知识和新发明的介入与组合提高了创新能力,就形成了内生性增长。

(2)科技创新。通常的技术创新是指以企业为主体的创新,现在突出科技创新,实际上反映了创新源头的改变。技术创新相当多的是源于生产中经验的积累、技术的改进、企业内的新技术研发。现在技术进步更多的来源于科学的发现。利用当代最新的科学发现的成果迅速转化为新技术,可以实现大的技术跨越。例如,新材料的发现、信息技术和生物技术的突破,都迅速转化为相应的新技术。这种建立在科技创新基础上、以科学发现为源头的科技进步模式,体现了知识创新(科学发现)和技术创新的密切衔接与融合,是技术进步路径的革命性变化。

(3) 国家创新体系。OECD在总结知识经济时代特征时提出了国家创新体系的概念:创新需要使不同行为者(包括企业、实验室、科学机构与消费者)之间进行交流,并且在科学研究、工程实施、产品开发、生产制造和市场销售之间进行反馈。因此,创新是不同参与者和结构共同体大量互动作用的结果。把这些看成一个整体就称作国家创新体系。根据党的十八大报告要求,加快建设国家创新体系主要涉及两个方面:一是着力构建以企业为主体、市场为导向、产学研相结合的技术创新体系。二是完善知识创新体系,强化基础研究、前沿技术研究、社会公益技术研究,提高科学研究水平和成果转化能力,抢占科技发展战略制高点。服从于创新驱动经济发展战略,建设国家创新体系突出需要解决以下问题:首先是提高知识创新能力。其途径包括:实施国家科技重大专项,突破重大技术瓶颈。加快新技术、新产品、新工艺研发应用。其次是提高技术创新能力。其路径包括:加强技术集成和商业模式创新;实施知识产权战略,加强知识产权保护。第三是解决好知识创新体系和技术创新体系的协同与集成。这是知识创新与技术创新的协同,也就是产学研的协同。这需要完善科技创新评价标准、激励机制、转化机制。

(4) 知识创新。知识是能被交流与共享的经验和信息。知识创新是原创性、颠覆性技术创新的源头。知识创新的主体是大学和科研机构。真正的知识不仅是信息,还包括对信息的理解和解释。知识有三种类型:① 知道"是什么"(know what),② 知道"怎么做"(know how),③ 知道"为什么"(know why)。知识创新体现在这三种类型知识的创新。对知识创新同技术创新的关系,可以从理解科学的功能开始。科学有两个层次的功能:第一层次是科学发现,创造出知识;第二层次是科学发明,创造出技术,这是对创造出的知识的开发。因此,科学发现所创造的知识可以成为技术创新的基础。在过去相当长的时期中,知识创新远离经济,只是技术创新紧靠经济。而在现代,科学创造的知识直接与经济结合,直接成为生产和经济增长的要素。从这一意义上说,现在大学和科研结构所从事的科学研究(包括基础研究)不再是远离经济的。在知识经济时代,决定经济增长的决定性因素由技术转向知识。在这场无声的革命中,科学研究高速发展,经济发展直接依赖于知识的创新、传播和应用,知识密集型产品的比例大大增加,知识型产业取代传统产业占据主导地位,生产知识并把知识转化为技术和产品的效率即知识生产率,它取代劳动生产率成为衡量经济增长能力的主要指标。因此,在知识经济时代需要增强两个能力:一是创造知识的能力,二是将知识迅速转化为现实生产力的能力。

(5) 产业创新。以科技创新为先导的产业创新,反映现代世界科技和产业发展的趋势。建立在新科技革命基础上的产业创新意味着采用最新科技成果,其技术含量更高,附加值更高,也更为绿色。产业创新的重要性,不只是在于新产业本身具有更高的效益和发展前景,更为重要的是,产业竞争力是一个国家和地区的竞争优势所在。国家和地区的竞争力在于其产业创新与升级的能力。由于创新的新兴产业能够带动整个产业结构的优化升级,一个国家和地区在某一时期的竞争力和竞争优势,就看你有没有发展这个时代处于领先地位的新兴产业,形成具有自主创新能力的现代产业体系。这是一个国家和地区的竞争力处于领先地位的标志。产业创新不仅涉及发展战略性新兴产业,也涉及传统产业的创新。传统产业的发展也需要创新驱动,突出在三个方面:一是采用最新科技,与信息化深度融合;二是向节能环保的绿色产业转型;三是进入新兴产业的产业链。

(6) 产业化创新。2014年底的中央经济工作会议提出更多靠产业化的创新来培育和形成新的增长点,把创新成果变成实实在在的创新活动。产业化创新作为产业创新的原动力,介于科技创新和产业创新之间,产业化创新的概念在实践中的体现,或者是给科技创新提供理念和方向,或者是直接成为连接科技创新和产业创新的桥梁。产业化创新突出的是科技创新的成果迅速转化为新技术、新产业,衔接市场需求与研发供给,培育和形成新的增长点。产业化创新不只是概念,更重要的是机制。其基本功能是它以产业化为目标的科技创新能有效衔接知识创新和技术创新两大体系。产业化创新有两个导向:一是产业化导向,其中包括市场的商业化价值的导向。二是科技水平导向,其中包括先进性的技术价值导向。这两个导向结合所产生的创意开发出的新技术、新产业,就可能占领产业和市场的制高点。

(7)产学研协同创新。当今科技创新的源头主要在科学发现和知识创新,因此创新不能只是靠企业,而需要大学和企业的协同、科学家和企业家的协同。这就提出了产学研协同创新的要求。目前对产学研使用"合作"的概念,其意义是指企业、科研院所和高等学校之间的合作,其内容通常指以企业为技术需求方与以科研院所或高等学校为技术供给方之间的合作。本书使用产学研"协同"创新的概念,其含义有三个:首先,在科学新发现为导向的技术创新中产学研各方都要共同参与研发新技术。尤其是产学研各方共同建立研发新技术的平台和机制。其次,产业发展、人才培养和科学研究三方功能的协同。第三,大学与企业共同构建协同创新的组织(平台),这种有组织的合作创新可能产生源源不断的创新成果。企业和大学不仅建立了研发共同体,也建立了互利共赢的利益共同体。产学研结合,并不一定是将研究机构办到企业,而是要建立产学研紧密结合的机制。就像美国的硅谷紧靠斯坦福大学一样。这里的关键是建立知识的创造和知识向生产力转化的上下游联系,一方面解决好大学和科学院研究课题的商业化价值问题,另一方面解决好企业敢于对高科技研究进行风险投资的问题。

(8)科技创业。科技创业也就是将科技创新的成果(新技术、新发明)产业化。在许多场合是科技创新者带着孵化出的创新成果创办企业,也有现有的企业将新技术进行产业化。从科技创新和科技创业的区别与联系看,科技创新是提供明天的技术,科技创业则是将今天的科技转化为GDP。科技创业不同于一般的创业,它是将新科技成果孵化为新技术和企业的创业,是转化科技成果的创业,是创办科技企业的创业。创办科技企业的基本条件是知识、技术及其专利之类的科技成果。因此,科技企业登记和开业不以资金规模为门槛,而是以高新技术研究成果为门槛。科技创业的资本不仅仅是物质资本,还包括知识资本和人力资本。与传统企业不同,科技(风险)企业不仅仅是劳动和资本的结合,它需要高科技的思想(知识)与资本的结合。科技创业的关键是需要顺畅的风险投资(创业投资)渠道,为有技术而缺资金的项目提供风险投资。知识资本和风险投资的有效结合是科技创业成功的关键。

(9)商业模式创新。成功的创新不仅要靠领先的技术,而且要有出色的商业模式相辅。商业模式就其最基本的意义而言,就是做生意的方法,是一个公司赖以生存的模式,一种能够为企业带来收益的模式。商业模式规定了一个公司在其价值链中的相对位置,并指导其如何赚钱。对科技创新来说,一方面技术创新是有成本的,或者说会增加成本,而为技术创新而增加的成本可以因商业模式的创新而得到消化;另一方面发现一个新市场需要以相应的商业模式去开拓和扩大,这样创新产品因商业模式的创新而为市场所接受并能扩大创新产品的市场。这意味着创新一种新技术需要同时创新商业模式。商业模式创新可以界定为:企业利用科技创新成果,为适应市场环境所作的市场关系、市场行为和相应的经营组织架构的调整,目标是使创新成果的市场价值最大化。商业模式创新一般涉及三个方面:一是改变产品和服务价值的主张,即开发新的产品和服务或者延伸现有产品价值的主张。二是供应链的创新,这涉及供应链各个环节的整合,及与供应商关系的创新。三是目标顾客的创新即发现新的市场。这样,商业模式创新体现技术创新、产品创新、市场创新的互动。业绩良好的企业都是既改进技术又开发新的商业模式。

(10)科技金融。科技创新需要足够的资金投入,需要科技与金融深度结合,发展科技金融。科技金融是与科技创新行为实现深度结合的金融形式,一国科技金融的发展水平是反映该国创新能力的重要指标。其实质是要求包括商业性银行在内的各类金融机构都能成为科技金融的主体。这是当前金融创新的一个重要方面。科技金融有两个方面：一是直接的科技金融，基本上由风险投资家提供，涉及股权融资，以及相应的股权交易市场；二是间接的科技金融，涉及银行提供的信用。在现实的经济运行中，两者不是截然分开的。即使是直接的科技金融，即那些风险投资家采取股权融资方式参与的创新投入也在很大程度上需要银行提供的间接科技金融。科技创新最为缺乏资金、最需要资金投入的阶段，是孵化新技术阶段和科技创业阶段。在这两个阶段除了政府的孵化器投入外，风险性创业投资最为活跃，进入的方式主要是股权融资。但是科技金融不只是这些，在这里无论是谁提供风险投资，都不可能都用自有资金运作，都需要银行为之提供信贷。银行性金融资本也要介入这个孵化新技术阶段。银行信贷直接进入孵化新技术阶段的创新项目，孵化新技术的创新活动将更为活跃。过去，人们一般用研发投入占 GDP 比重指标来衡量一个国家和地区的创新活跃程度和创新能力，现在，在孵化新技术阶段集聚的金融资本数量将越来越成为判断一个国家和地区的科技创新活跃程度和是否进入创新驱动型经济阶段的指标。为激励孵化新技术和科技创业，需要以下制度安排：首先是为风险投资提供顺畅的退出机制，使投入科技创新项目的资金在孵化出高新技术和企业后能及时退出来进入新的项目，以保证风险投资的可持续。其次是为风险投资提供有效的银行信贷服务。第三是建立各类创新创业风险投资基金。

第一章 创新经济理论的演进

创新是近年来无论在国外还是国内使用频率都最高的概念。创新理论则可追溯到马克思及后来的熊彼特,近年来创新理论又有新发展。通过梳理创新理论的产生和发展,不仅可以准确理解创新经济学的演进,还能深刻理解创新发展理念的创新价值。

第一节 马克思关于创新和技术进步理论

创新思想可以追溯到马克思在《资本论》中所提出的自然科学在技术进步中的作用。弗里曼在解释熊彼特的创新理论时特别肯定了马克思的贡献:"马克思(1848年)恐怕领先于其他任何一位经济学家把技术创新看作为经济发展与竞争的推动力。"①

根据马克思的概括,社会生产力的发展来源于三个方面:"来源于发挥着作用的劳动的社会性质,来源于社会内部的分工,来源于智力劳动特

---

① 转引自[英]伊特韦尔约《新帕尔格雷夫经济学大辞典》,经济科学出版社1996年版,第925页。

别是自然科学的发展。"①

马克思把"科学的发展水平和它在工艺上的应用的程度"②明确为劳动生产力的重要决定因素。劳动生产力是随着科学和技术的不断进步而不断发展的,其效应,一方面"旧的机器、工具、器具等等就为效率更高的、从功效来说更便宜的机器、工具和器具等等所代替……旧的资本也会以生产效率更高的形式再生产出来"。另一方面,化学的每一个进步不仅增加有用物质的数量和已知物质的用途,从而随着资本的增长扩大投资领域。③ 科技在生产中的运用,可以带来劳动生产率的提高和生产成本的下降等,从而提高利润率,增加资本积累量;而且,由于生产要素效率提高,使包括生产资料和消费资料在内的产品的社会生产成本下降,从而使这些产品的价格得以下降,同量的资本积累额可以购买更多的生产要素,使资本积累的实际效果提高。这就是马克思所说的:"科学和技术使执行职能的资本具有一种不以它的一定量为转移的扩张能力。同时,这种扩张能力对原资本中已进入更新阶段的那一部分也发生反作用。"④

马克思定义的相对剩余价值是建立在提高社会劳动生产力基础上的,相对剩余价值生产"必须变革劳动过程的技术条件和社会条件,从而变革生产方式本身,以提高劳动生产力,通过提高劳动生产力来降低劳动力的价值,从而缩短再生产劳动力所必要的工作日部分"⑤。因此,由绝对剩余价值生产转向相对剩余价值生产。这种转变本身反映经济增长方式的转变。

根据马克思关于相对剩余价值的分析,提高社会劳动生产力从而实现增长方式转变的关键是推动技术创新,即科学和技术在生产中的应用。

---

① 马克思:《资本论》第3卷,第97页。
② 马克思:《资本论》第1卷,第53页。
③ 参见马克思《资本论》第1卷,第664页。
④ 马克思:《资本论》第1卷,第699页。
⑤ 马克思:《资本论》第1卷,第350页。

马克思分析相对剩余价值生产从而提高社会劳动生产力的方式很多,现在看来其中最为突出的就是创新。马克思说:"劳动资料取得机器的物质存在形式,要求以自然力来代替人力,以自觉应用自然科学来代替从经验中得出的成规。"①自然科学理论是知识形态上的生产力,当它运用于生产过程时,就变成了直接的生产力。这种转化首先是通过生产工具和工艺过程的变革来实现的。

在马克思看来,现代工业的基础是革命的,创新是以科技革命为基础的。就如马克思所说的:"现代工业从来不把某一生产过程的现存形式看成和当作最后的形式。因此,现代工业的技术基础是革命的。"②机器体系本身是科学的结晶,科学、巨大的自然力等都体现在机器体系中。马克思当时将发达的机器分解为三个组成部分:发动机、传动装置、工具机。马克思根据科学技术对机器体系的作用及对生产的影响说明了创新进程。第一次产业革命产生的蒸汽机是发动机的革命,使人手被机器所代替。"一旦人不再用工具作用于劳动对象,而是作为动力作用于工具机,人的肌肉承当动力的现象就成为偶然的了,人就可以被风、水、蒸汽等等代替了。"③大工业的特征是用机器生产机器,"用机器制造机器的最重要的生产条件,是要有能充分供给力量同时又完全受人控制的发动机"④。当时马克思已经发现机器生产发展到一定阶段出现"通过传动机由一个中央自动机推动的工作机的有组织的体系"⑤。这是机器生产的最发达的形态。后来的第二次产业革命是以电力代替了蒸汽,发动机变为电动机,同时伴有传动装置的革命,电力和交通传输将现代技术扩展到更为广阔的领域。20世纪后期产生的科技革命发生在电子、信息技术领域。其直接效应是在许多生产场合以电脑代替"人脑",互联网则将各类信息传

---

① 马克思:《资本论》第1卷,第423页。
② 马克思:《资本论》第1卷,第560页。
③ 马克思:《资本论》第1卷,第412页。
④ 马克思:《资本论》第1卷,第422页。
⑤ 马克思:《资本论》第1卷,第419页。

输到世界各个角落。这些可以说是在经济发展不同阶段所出现的重大创新成果。

一个部门的创新带动全社会其他部门的创新。这就是马克思所说的:"一个工业部门生产方式的变革,会引起其它部门生产方式的变革。这首先涉及因社会分工而孤立起来以致各自生产独立的商品、但又作为一个总过程的各阶段而紧密联系在一起的那些工业部门。"①例如,纺纱部门采用了新技术,从其前向联系看,就会要求织布、印染等行业也进行力学和化学革命。同样,从其后向联系看,又会引起棉花生产采用新技术以扩大生产规模。不仅如此,工农业生产方式的革命,尤其使"交通运输手段的革命成为必要"。"大工业是逐渐地靠内河轮船、铁路、远洋轮船和电报的体系而适应了大工业的生产方式。"②这样,一个部门的创新引起其他部门创新时,全社会的生产力水平就上了一个新的台阶。特别是现时代由于信息产业部门的创新,引起了其他制造业部门采用信息技术的创新,产生了互联网,同时又创新了现代服务业部门。

根据马克思的分析,推动生产力发展的科技创新有以下几方面的要求。

首先是从制度上保证首先采用先进技术的企业获得创新收益。马克思所指出的创新制度除了市场竞争内在化为企业创新压力的机制外,特别重要的是创新收益的制度安排。马克思是从个别价值和社会价值的差额来说明这个问题的。影响商品价值变化的只能是社会劳动生产力。个别资本依靠技术进步提高了劳动生产力,相应的其个别商品的价值下降,但社会劳动生产力没有变化,商品价值量也没有变化。由此形成个别价值低于社会价值的差额。这个差额就是超额剩余价值(有的地方翻译为额外剩余价值),为首先采用先进技术的资本所有。这就是马克思所说的:"生产力特别高的劳动起了自乘的劳动的作用,或者说,在同样时间

---

① 马克思:《资本论》第 1 卷,第 421、354 页。
② 马克思:《资本论》第 1 卷,第 441 页。

内,它所创造的价值比同种社会平均劳动要多。……采用改良的生产方式的资本家比同行业的其余资本家,可以在一个工作日中占有更大的部分作为剩余劳动。"①超额剩余价值从产生到消失不是转瞬即逝的。这取决于一种新技术从产生到全社会广泛采用的时间,由于信息不完全,再加上首先采用新技术者的保密,首先采用新技术的生产者可能会维持相当一段时间的超额剩余价值。但也可能因为仿冒和侵权使首先采用新技术者得不到超额剩余价值。社会也就需要作一种制度安排(如专利制度)有效保护首先采用新技术者。

其次是建立创新成果向全社会扩散的机制。这可以从超额剩余价值转变为相对剩余价值的机理来说明。"价值由劳动时间决定的规律,既会使采用新方法的资本家感觉到,他必须低于商品的社会价值来出售自己的商品,又会作为竞争的强制规律,迫使他的竞争者也采用新的生产方式。"②其最终结果是,新的生产方式被普遍采用,全社会的劳动生产力普通提高,一般剩余价值率提高,超额剩余价值消失,相对剩余价值就产生了。每个资本都能获得一般的相对剩余价值。如果单个资本还要获取新的超额剩余价值,单个资本必须展开新一轮的竞争。当然新技术在全社会的迅速推广,是在知识产权得到有效保护的前提下进行的。

第三是科技创新需要有投入。在马克思看来,制度创新,如"由协作和分工产生的生产力,不费资本分文。它是社会劳动的自然力"。可是,"正像人呼吸需要肺一样,人要在生产上消费自然力,就需要一种人的手的创造物。要利用水的动力,就要有水车,要利用蒸气的压力,就要有蒸汽机。利用自然力是如此,利用科学也是如此。电流作用范围内的磁针偏离规律,或电流绕铁通过而使铁磁化的规律一经发现,就不费分文了。但要在电报等方面利用这些规律,就需要有极昂贵的和复

---

① 马克思:《资本论》第1卷,第354页。
② 马克思:《资本论》第1卷,第354—355页。

杂的设备"①。根据劳动过程要素的分析,无论是投入劳动还是投入劳动资料和劳动对象,都不只是数量问题,都有个质量问题,而且都有不同的生产力,如劳动生产力、各种自然条件的生产力、各种生产工具的生产力。由于所有这些要素都是由资本粘合和并入的,或者说是用资本购买的,不仅这些要素属于资本,就是其生产力也是属于资本的。这就是马克思在说明劳动生产力的发展对资本积累的作用时所说的:"劳动的这种自然能力表现为合并劳动的资本所固有的自我保存能力的能力,正像劳动的社会生产力表现为资本的属性,资本家对剩余劳动的不断占有表现为资本的不断自行增值一样。劳动的一切力量都显现为资本的力量。"②自然生产力也是这样,"同历史地发展起来的社会劳动生产力一样,受自然制约的劳动生产力也表现为合并劳动的资本的生产力"③。在马克思的那个时代是这样,在现今时代更是如此,科学发现需要足够的投入,科学发现转化为新技术、新产品不只是需要极其昂贵的设备,更是物质和人力投资。

最后是改善自然条件的科技进步会越来越重要。各种不费分文的自然力,也可以作为要素,以或大或小的效能并入生产过程。"它们发挥效能的程度,取决于各种方法和科学进步。"④就土地来说,土地肥力首先是指自然肥力,"撇开气候等要素不说,自然肥力的差别是由表层土壤的化学结构的差别,也就是由表层土壤所含植物养分的差别形成的"。不过,"在自然肥力相同的各块土地上,同样的自然肥力能被利用到什么程度,一方面取决于农业化学的发展,一方面取决于农业机械的发展。这就是说,肥力虽然是土地的客观属性,但从经济学方面说,总是同农业化学和农业机械的现有发展水平有关系,因而也随着这种发展水平的变化而变

---

① 马克思:《资本论》第 1 卷,第 444 页。
② 马克思:《资本论》第 1 卷,第 666 页。
③ 马克思:《资本论》第 1 卷,第 563 页。
④ 马克思:《资本论》第 2 卷,第 394 页。

化"①。就自然资源的科技进步来说,有两个层次的问题,第一层次是利用自然资源的科技进步。正如马克思所说的,自然条件作为自然界限对剩余劳动发生影响,确定开始为别人劳动的起点。"产业越进步,这一自然界限就越退缩。"②问题是"在一定时期你提高土地肥力的任何进步,同时也是破坏土地肥力持久源泉的进步"③。"在农业中(采矿业中也一样),问题不仅涉及劳动的社会生产率,而且也涉及由劳动的自然条件决定的劳动的自然生产率。可能有这种情况:在农业中,社会生产力的增长仅仅补偿或甚至补偿不了自然力的减低,——这种补偿总是只能起暂时的作用"④,因此需要有第二层次的科技进步,即保护和改善自然资源的科技进步。

第二节　熊彼特的创新理论

创新(Innovation)概念最早是由熊彼特在 20 世纪 20—30 年代提炼出来的。从熊彼特早期的作品中,可以总结出其创新理论的以下基本假设:① 不确定性嵌入到所有的创新计划中,经济主体(个人或组织)是"有局限性"的(Simon,1979)。② 先行者要比其他人行动得更快,才可以获得潜在的经济利润。熊彼特认为靠支配着经济学的完全信息而作出"最优"选择的假设是行不通的,因此企业家需要有独特超前的视野和领导能力。③ 在所有社会层次中存在"阻碍新方法流行"的威胁和摧毁新事物的"惯性",使企业家不得不为创新的成功付出代价。④ 知识是公司范围内的扩散现象,并以一种"惯例"的形式存在。

---

① 马克思:《资本论》第 3 卷,第 733 页。
② 马克思:《资本论》第 1 卷,第 562 页。
③ 马克思:《资本论》第 1 卷,第 580 页。
④ 马克思:《资本论》第 3 卷,第 867 页。

熊彼特提出创新,并与发明(invention)作出区分,这在当时是一件很不简单的事。熊彼特把创新定义为"在经济生活的范围内以不一样的方式做事"①。他提出了五种创新类型:① 采用一种新的产品,② 采用一种新的生产方法,③ 开辟一个新的市场,④ 掠取或控制原材料或半制成品的一种新的供应来源,⑤ 实现任何一种工业的新的组织。② 后来,弗里曼把创新的内涵概括为新发明、新产品、新工艺、新方法或新制度第一次运用到经济中去的尝试。

基于创新定义,熊彼特把新组合的实现称为"企业",把职能是实现新组合的经营者们称为"企业家"。企业家是创新活动的倡导者和实行者。经营者只有在从事创新活动时才能成为企业家。"每一个人只有当他实际上'实现新组合'时才是一个企业家;一旦当他建立起他的企业以后,也就是当他安定下来经营这个企业,就像其他的人经营他们的企业一样的时候,他就失去了这种资格。这自然是一条规则"③。熊彼特指出,创新就像一个创造性的破坏过程,也就是说一个技术创新使前一个创新变得过时了。新进入厂商的威胁使原有厂商不能原地不动,不能坐享其成,竞争的压力使他们必须不断地进行研究开发。因此创新企业有了连续创新的动力,市场就具有了连续的暂时性垄断的特征。

熊彼特以其创新理论说明经济周期。利润作为"成功创新的额外奖励",不存在于静态的循环流中。在现实经济中,若有企业家引入创新并打开利润之门,同行业者发现了更高水平的利润便会尝试复制创新,因此前者的利润只能短暂存在。模仿与竞争引起价格下降,熊彼特称之为"竞价下跌"(Competing Down),最终导致整个经济受益并带来所有利益的累积。④ 鉴于创新者和模仿者之间的相互作用影响经济增长,熊彼特进

---

① [美]熊彼特:《经济发展理论》,何畏译,商务印书馆 1990 年版(以下所引本书均为此版本,不再一一标注),第 84 页。
② 参见[美]熊彼特《经济发展理论》,第 68 页。
③ [美]熊彼特:《经济发展理论》,第 87 页。
④ 参见[美]熊彼特《经济发展理论》,第 105—108 页。

一步假设这一过程并非是线性的,而是非均匀地分布在时间轴上。当创新完全被吸收和扩散,经济才能重新恢复均衡。熊彼特认为市场经济本身具有繁荣和萧条的周期性特征,资本主义经济周期的四个阶段分别是繁荣、衰退、萧条和复苏,生产技术和方法的创造在其中有着至高的作用。熊彼特认为周期的交织并存解释了创新的正确性,经济周期理论表示资本主义的发展离不开竞争的创新。

熊彼特在《资本主义、社会主义与民主》中运用"创新理论",推断出资本主义终将走向灭亡的必然趋势,从而形成了熊彼特式的"自动与和平过渡"的理论。熊彼特认为,资本主义制度并不是通过资本家来获取他的全部的前进动力的,而是通过领头的创新家获得的。他认为资本主义的衰败和崩溃并不是因为工人阶级的崛起,而是由于环境发生了变化:个性的作用下降,官僚管理的作用加强,创新活动本身变成了制度化的例行公事,企业家的创新职能日渐衰老,利润将收敛到趋于零。此书完成了熊彼特的内生技术进步理论:人类社会的演进根植于过去的经验、传统和习惯模式之中,通过企业家对有效技术的选择,带动人类的新价值体系和理念的形成,进而推动社会向前发展,这种技术的创新过程内生于人类的演化发展过程之中。熊彼特推崇大公司创新,因为大公司拥有足够的活动资金和市场地位来使得创新活动获得利润。

熊彼特给出了两大创新活动模型。第一个模型称为"熊彼特 Mark Ⅰ",在《经济发展理论》中,熊彼特考察了19世纪末期以众多小企业为典型的欧洲工业结构,这种创新活动的特征是低技术含量的产业以及新企业的创新活动[①],其中企业作为创新的关键角色直接引发了关于创新内生性问题的研究。第二个模型("熊彼特 Mark Ⅱ")系在《资本主义、社会主义与民主》中提出,熊彼特受到20世纪前期美国工业的启发,强调了作

---

① 参见 Franco Malerba, Luigi Orsenigo, "Schumpeterian patterns of innovation", *Cambridge Journal of Economics*, 1995(19):47。

为引入创新引擎的大型企业的驱动作用,讨论了技术创新的工业研发实验室和大公司重要角色的相关性,这种创新活动的特征是已成立的大型企业以及他们对新进创新者造成的壁垒。因此,Mark Ⅰ的技术创新来源于创业者,而 Mark Ⅱ 中驱动创新的是利用大量资本去投资研发活动的大公司。就后者而言,熊彼特认为具有垄断权力的大型企业注重资源分配与导致新技术产生的竞争力间的匹配,并由此提出了静态和动态效率二分法的问题:由垄断权力导致的静态无效率将由动态效率补偿,而动态效率来自于新的先进技术引进带来的高效率。

熊彼特的著作是创新经济学的核心,他完整地创造和解释了创新理论,创新性地向我们阐述了创新的定义,创新、发明和扩散之间的区别,在空间和时间方面以"创新风暴"的概念对创新集聚的理解,以及企业作为适当的组织和推动创新引入的关键角色等。熊彼特凭借"创造性毁灭"的创新理论在国际学术界树立了崇高的地位,他对资本主义经济发展的结构因素、创新特征、经济周期、经济学说史等都有巨大贡献,对包括经济学、管理学、社会学、政治学等社会科学产生了非常深远的影响,随着社会的发展,这种影响正在不断扩大。曾有两位学者对熊彼特创新思想的发展和影响进行了全面的回顾和总结(Becker,Knudsen,2004),从经济学、社会学和组织学三个视角,选取总共13个各自领域的顶级期刊,发现对熊彼特文献的引用率在1994至1998年达到高潮,这五年期间共有159篇文章涉及熊彼特思想。后续的学者在熊彼特的基础上对创新理论进行了继承和拓展,其中较杰出的研究包括弗里曼的国家创新体系学说,Richard Nelson 和 Sedney Winter 的演化经济学,Eric von Hippel 的用户引领创新主张,James Utterback 的创新动力学,David Teece 的创新获利思想,Clayton Christensen 的破坏性创新观以及 Henry Chesbrough 的开放式创新理论。

熊彼特对创新的分析是具有时代烙印的,对创新内涵的界定是宽泛的,并未局限于技术创新,但技术创新是其创新思想的核心。而随着世界经济的发展,创新作为一种最重要的实践活动也在不断地发生着变化。创新的形式已经不再局限于技术创新,还包括了商业模式创新、战略创新、设计创新等非技术创新。其次,熊彼特重视企业家,认为创新是生产要素的新组合,而具备实现这种新组合职能的人称为"企业家",这个界定符合当时的时代发展背景,但已不适应目前的创新实践。创新实践发展至今,发生了诸多本质性的新变化,创新者不再仅仅局限于企业家,还包括用户、普通民众和具有创新素质的创新者,尤其是大学及其科学家。再者,熊彼特在他的创新组织理论中,虽然用大量的篇幅清晰地论述了竞争与企业内部创新间的重要关系,并使得研究进入壁垒、利润水平、市场结构与引入新技术的动机之间的关系问题成为可能,但他并没有对这两类创新模型发生的环境进行具体对比,也没有从单个企业的发展过程和管理内容进行考虑。其创新理论在组织上采用的是较为封闭的组织形式,即通过投入或创业的形式来进行创新活动。而现今创新实践中,创新的组织不再是封闭的,而是逐渐趋向于开放、异质性、二元性的创新生态系统。

第三节 波特的创新理论

继马克思、熊彼特的创新理论之后,哈佛大学教授迈克尔·波特从竞争的角度丰富了创新的内涵。波特先后发表了三本最具代表性的著作,即《竞争战略》(1980)、《竞争优势》(1985)、《国家竞争优势》(1990),分别探讨了产业、企业、国家等三个不同的层面上的竞争问题。迈克尔·波特聚焦于研究竞争力,尤其关注国家竞争优势。他认为竞争力是以产业作为度量单位的,因此特别重视产业创新对国家竞争力的作用。"不同国家有不同的竞争力形态,没有哪个国家能在所有或大多数产业中独领风骚。因此,各国都能在特定的产业成功,因为本国环境对于这些产业最有前瞻性、活力与挑战性。"波特特别指出了政府在推动创新中的作用。

波特将创新驱动经济发展视为一个发展阶段提出来。他把经济发展划分为四个阶段:第一阶段是要素驱动阶段,第二阶段是投资驱动阶段,第三阶段是创新驱动阶段,第四阶段是财富驱动阶段。其中企业具有消化吸收和创新改造外国先进技术的能力是一国产业达到创新驱动阶段的关键,也是创新驱动与投资驱动的根本区别。

在企业层面上,波特认为:"创新一词应该做最广义的解释,它不仅是新技术,而且也是新方法或新态度。它可以只是一个新的产品设计、一个新的流程、一套新的营销战略、新的组织或教育训练。"① 成功的企业所采用的战略虽然各有差异,但是归纳起来,这些能保持竞争优势的企业都与其创新能力密不可分。波特给出了企业在面临国内乃至国际竞争时获得优势的如下原则:

第一,竞争优势来自于最根本的创新。企业能够胜过它的竞争对手,是因为能察觉新的竞争状况,或在传统的竞争方式中添加更新且更好的材料。② 索尼首次采用晶体管生产收音机;波音开创飞机系列的观念,也是美国第一家发展全球基地的公司;雅马哈将钢琴从传统的手工制造转变为自动化生产。这些公司都是在各自行业中的全球盟主,每一个都具有这种创新的洞察力和执行力。波特指出企业创新时最先遇到的困难是如何选择正确的发展位置。为了创新,企业应首先考虑本国的优势,发掘机会,掌握国家环境中的最佳条件以了解创新的可能性并追求创新的实现。

创新不仅可以使企业在国内市场上获得优势,也能应对全球市场需

---

① [美]迈克尔·波特:《国家竞争优势》,李明轩、邱如美译,华夏出版社 2003 年版,第 567 页。
② 参见[美]迈克尔·波特《国家竞争优势》,李明轩、邱如美译,华夏出版社 2003 年版,第 567 页。

求。在国际竞争中,企业能战胜其竞争对手,通常是因为它的外国竞争对手对新的需求反应太慢或无法有效回应。像日本厂商能够在许多领域中获得竞争优势,是因为他们重视被外国竞争对手视为次级或低利润的小型、简单产品。当竞争对手面临现有资产设备过时,考虑到原先投资的损失而失去先机时,这些经由创新产生的新技术或新方法就成为领先企业的优势。

第二,维持竞争优势需要不断创新。企业一旦获得优势,维持的方法只能是不断创新。因为对企业而言,无法效仿的竞争优势并不多,一旦获得优势的企业停止改善经营或采取防御型的竞争战略时,更有活力的竞争对手早晚会找出破解这种优势的方法并且以更好的方式替代。然而"持续创新的本质是与大多数企业的组织规范相冲突的"[1]。已获得优势的企业通常不喜欢改变,传统做法成为作业流程和管理控制的机制之一。当一个组织趋于成熟时,它更偏好于获取稳定和安全感。要改变这种状态需要很大的力量推动,而这种力量往往由组织外部产生。因此,企业必须强迫自己暴露在外界的压力中,以刺激自身回应压力的能力。"创新,通常是由企业、产业、社会结构等圈外人担任媒介才随之而现的"[2],因为圈外人往往能察觉到组织所忽略或不同于传统的智慧,既不执着于过去的经验也不担心改变会颠覆产业或社会规范。

第三,创造更持久的竞争优势。企业的竞争优势可以从价值链中的任一环节中产生,然而每一种优势的持久力不一样。如果优势是从最简单的生产成本因素中而来,因为生产流程中的专属技术有限也易被模仿,竞争优势的持续力必然比较低。反之,如果竞争优势来自于高级生产要素,如独特技术、品牌形象、日积月累的营销渠道等,这类优势的持久力较久。波特指出,在20世纪末期韩国的电子厂商尚未发展出

---

[1] [美]迈克尔·波特:《国家竞争优势》,李明轩、邱如美译,华夏出版社2002年版,第569页。
[2] [美]迈克尔·波特:《国家竞争优势》,李明轩、邱如美译,华夏出版社2002年版,第570页。

竞争优势的持久性,是因为它们的竞争力是建立在低廉的人工成本、日本的技术以及来自日本、美国的零件组合上。相反,美国大型电脑公司的竞争优势来自于大量投资研究发展、经验积累所形成的独特软件开发技术以及绝对忠诚的客户。企业要具有持续的竞争优势,波特给出了几点建议:一是需要有高级人力资源和内化的技术能力,二是要企业比竞争对手抢先行动以扩大并提升在资源上的条件,三是要在初级条件仍有优势的情况下就主动割舍,四是要敢于面对尖锐的组织变革,最后要求企业的领导人能创造一个利于优势发展和扩大的环境并使员工自然而然地期待这种环境。

第四,企业获得竞争优势有赖于不断地创新,而科学技术的进步也在改变着企业的竞争模式。波特认为技术变革是竞争的主要驱动力之一,在产业结构变化以及新兴产业创造方面发挥着重大作用。[①] 迈克尔·波特和维克多·米拉(1985)较早地总结了信息技术革命是如何改变企业竞争方式的。首先,信息技术影响了企业价值链。最开始企业主要应用信息技术制作账表和储存记录,即运用于价值链中的采购活动。到后来已经扩张到整个价值链中的所有价值活动,如基本活动中的内部后勤采用自动化仓储,生产经营采用弹性制造,外部后勤采用自动订货流程;辅助活动中的采购采用网络采购零件,人力资源管理采用自动化人事日程。其次,信息技术可以改变决定产业结构的五种作用力,即同行业内现有竞争者的竞争能力、潜在竞争者进入的能力、替代品的替代能力、供应商的讨价还价能力、购买者的讨价还价能力,通过这种改变从而增强或减弱这个产业的吸引力。例如,在那些将所购零件予以组装的产业,自动化的物料报价单及行情资料可使采购者更容易评估物料来源与价值从而增加采购者的力量;信息技术提高了那些

---

① 参见 Porter, M. E., Millar, V. E., "How information gives you competitive advantage", *Harvard Business Review*, 1985, 63(4): 149-160。

需要在复杂软件上进行大量投资的产业的进入壁垒;弹性化的电脑辅助设计和制造系统能够以更快、更容易、更低廉的方式提高产品的功能,对许多产业发生替代性的威胁。最后,信息技术开拓了产品与业务范围,一方面信息技术使现在的产品中拥有越来越多的信息要素,通过新产品的衍生需求而孕育新的业务,另一方面信息革命让新的业务在技术上变得可行,甚至可以在老行业中创造出新行业。

波特认为:"国家的影响力通常是针对特定产业或产业环节,而不是个别企业。"①因此,他特别重视产业创新对国家竞争力的作用,"国家的竞争力在于其产业创新与升级的能力"②。而产业的创新与升级能力与产业集群密不可分。波特1998年发表的《集群与新竞争经济学》系统地阐述了新竞争经济学中的产业集群理论,并指出产业集群能提高创新的速率与能力进而促进竞争优势的形成。③

波特认为产业集群是一群在地理上互相靠近的、在技术和人才上互相支持并具有国际竞争力的相关产业与支持产业所形成的群体。这种地理上的相对集中加剧了同业之间的竞争,缩短了相互之间沟通的渠道,能够快速地相互学习,不断地进行创新和观念交流,并不断扩大着其专业人才队伍和专业研究力量,形成了产业群内部的一种自加强机制。硅谷和好莱坞就是产业集群中最好的例子。集群包括三个层次的企业或机构:一是垂直角度的零件、设备、服务等特殊原料品的供应商、分包商等;二是水平角度的拥有相似技术、劳动力市场或企业战略的竞争者或合作者;三是提供知识与技能、制度供给的准公共服务部门,如大学、国家实验室、制定标准的机构以及贸易组织等。波特强调,一个有国际竞争力的优势产业群体中的企业最好全部由国内企业组成,而不是某一环节从国外采购,特别是由本地企业组成上下游配套齐

---

① [美]迈克尔·波特:《国家竞争优势》,李明轩、邱如美译,华夏出版社2002年版,第10页。
② [美]迈克尔·波特:《竞争论》,高登第等译,中信出版社2003年版,第160页。
③ 参见 Porter, M. E., "Clusters and the new economics of competition", *Harvard Business Review*, 1998, 76(6):77-90。

全的产业发展链条,这样所形成的国际竞争优势才是稳定和可靠的。

产业集群能指明创新方向和提高创新能力,通过加快创新的步伐为未来生产力的增长奠定坚实的基础,并因此提升竞争力。产业集群能够提高集群内企业的持续创新能力,并使之成为创新中心。挑剔的客户往往是集群中的一部分,因此,相比于孤立的企业,在集群内的企业对于市场需求会有更好的洞察力。集群不仅使创新的机会更为可视化,同时近距离的观察模仿能使新知识、新技术、新产品和新的管理方式得到迅速扩散,从而增强企业快速反应的能力和灵活性。集群还有利于判定创新需求,降低参与者在获取信息上的花费,能更灵活地将创新机会转化为运营和战略优势,从而导致未来生产率的增长。

波特在1990年的《国家竞争优势》中首次提出"国家竞争优势"这一概念,认为其是指一个国家使其公司或产业在一定的领域创新和保持竞争优势的能力。他认为,竞争力是以产业作为度量单位的而竞争力的核心是创新能力,"国家的竞争力在于其产业创新与升级的能力"[①]。不同国家有不同的竞争力形态,没有哪个国家能在所有或大多数产业中独领风骚。因此,各国都能在特定的产业成功,因为本国环境对于这些产业最有前瞻性、活力与挑战性。为了有效地解析一国能获得竞争优势的原因,波特建立了一个简洁实用、高度概括的"钻石模型"。"钻石模型"有机地融合了"五力分析"和"价值链"框架中的重要思想,最主要的不同是"钻石模型"是从国家层面上对竞争力进行的探讨。

如图1.1所示,"钻石模型"由四个相互关联的主要因素和两个辅助因素构成。四个主要因素分别是:生产要素,需求条件,相关产业与支持性产业,企业战略、企业结构和同业竞争;两个辅助因素是机会和政府。围绕这个框架,波特通过考察不同国家、不同产业的经验,得出了非常独特的有启发性的结论和观点。下面,我们择要作些陈述。

---

① [美]迈克尔·波特:《竞争论》,高登第等译,中信出版社2003年版,第160页。

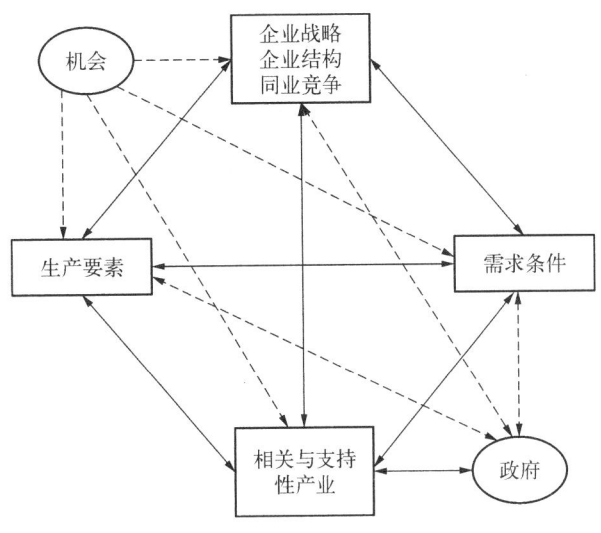

图 1.1 钻石模型

资料来源：根据《国家竞争优势》一书中的资料整理。①

(1) 生产要素。生产要素包括人力资源、物质资源、知识资源、资本资源和基础设施。这些要素可分成初级要素和高级要素、专门要素和一般要素。初级要素是被动继承的，它们的产生需要较少的或不那么复杂的私人投资和社会投资，如自然资源、气候、简单劳动力。高级生产要素是创造出来的生产要素，其创造的途径则是政府、企业和个人在创造高级生产要素方面进行持续的投资。而竞争优势更为强调的是高级生产要素，如高科技、高等人力资本。波特指出，美国在计算机和计算机软件乃至医疗电子和金融服务等方面的成功，得益于美国在该领域独特的技术人才和科学家；日本在家电、汽车等产业的竞争优势则得益于其大批的工程师。

专门要素比一般要素更重要。一般要素是一些适用范围广泛的要素，如公路系统、受过大学教育的雇员等。专门要素则是指专门领域的专业人才、特殊的基础设施、特定领域的专门知识等，比如化学药物研究所

---

① 参见[美]迈克尔·波特《国家竞争优势》，李明轩、邱如美译，华夏出版社2002年版，第119页。

等。专门要素比一般要素更能为国家提供持久的竞争优势,因为一般要素提供的仅是基本类型的竞争优势,它们的供给易得并且更容易被取代、被绕开或失去作用。而专门要素不但需要更专一的、更具风险性的投资才能得到,而且往往还需要有广大的一般要素作为其基础,它在更复杂或更具专有性质的生产中必不可缺。

(2) 需求条件。国内需求对竞争优势最重要的影响是通过国内买主的结构和性质实现的。不同的国内需求使公司对买方需求产生不同的看法和理解,并作出不同的反应。国内需求能给当地公司及早提供需求信号或给当地公司施加压力,要求它们比国外竞争者更快创新提供更先进的产品的产业或产业部门,这样国家最可能获得竞争优势。国内市场分隔的需求结构、挑剔老练的买主和前瞻性的买方需求,对国家竞争优势有十分重要的影响。

国内需求的重要性是外国需求所取代不了的,因为产品的开发、试验和批准人员基本上都在国内。因此公司对国内需求的压力比对国外需求的压力感觉更强烈。公司经理们的自尊心、荣誉感也更容易迫使他们满足国内需求。因此,来自国内市场的需求信息常在公司的决策中占支配地位,一件产品的根本设计几乎总是反映国内市场的需求。

(3) 相关产业与支持性产业。一个国家的产业要想获得持久的竞争优势,就必须在国内具有在国际上有竞争力的供应商产业和相关产业。支持性产业可以通过与下游产业合作、促进下游产业创新等途径创造竞争优势。世界第一流的供应商往往帮助公司看到利用新技术的新方法、新机会,让公司最快地得到新信息、新见解以及供应商的新创产品。有竞争力的供应商还充当把信息和创新从一个公司传递到另一个公司的渠道,从而使整个行业的创新速度加快。日本的机床生产商是世界第一流的,它们的成功靠的是日本国内第一流的数控系统、马达和其他部件供应商;瑞典的轴承、切割工具等钢制品在世界领先,靠的是本国特殊钢的优势。

相关产业是指因共用某些技术、共享同样的营销渠道或服务而联系在一起的产业或具有互补性的产业。一个国家如果有许多相互联系的有竞争力的产业,该国便很容易产生新的有竞争力的产业。因此有竞争力的几种相关产业往往同时在一国产生。比如美国的电子检测设备和病人监测器,丹麦的奶制品、酿制品和工业酶,韩国的录像机和录像带等。

(4) 企业战略、企业结构和同业竞争。企业战略、企业结构包含着企业建立、组织和管理的环境的性质。不同国家的企业在目标、战略和组织方式上都大不相同,国家优势来自于对它们的选择和搭配。各个国家由于环境不同,企业需要采用的战略、结构也就不同。一种适合国家环境、产业环境的战略及管理方式能提高国家竞争优势。例如,意大利的产业在舞厅照明、家具、鞋、羊毛织品和打包机这些方面具有竞争优势。虽然这些行业的规模经济不十分明显,但可以通过松散的附属公司之间的合作克服,因此意大利成功公司的组织形式以中小企业为主,采取的是集中突破战略,避开标准化产品,集中力量生产有独特风格或按顾客要求定做的小批量产品。这种组织形式和战略使意大利企业在开发新产品、适应市场变化等方面特别具有灵活性。

激烈的同业竞争能够给企业提供足够的压力来增加对高级生产要素和研发活动的投资,从而有利于推进企业的创新活动,获得竞争优势。激烈的同业竞争可以促进竞争升级。国内竞争是在各公司都处于同等条件下进行的,比如相同的要素成本、消费者的偏好、当地供应商的条件、进口成本等。因此,同在一国的公司的竞争就不能只靠大家都能得到的优势,而必须寻找更高级、更能持久的竞争优势源泉,如专有技术、规模经济、国际销售网络等,这使产业的竞争优势向高层次发展。同业竞争还可以迫使企业走向海外。在存在规模经济的情况下,激烈的国内竞争往往迫使国内公司向海外发展来获取更高的效率和更高的利润。

"钻石模型"的两个辅助因素是机会和政府。机会包括重要的新发明、重大技术变化、投入成本的剧变、外汇汇率的重要变化、突然出现的世界或地区需求、战争等。机会的重要性在于它可能打断事物的发展进程，使原来处于领先地位的公司的竞争优势无效，落后国家的公司如果能顺应局势的变化、利用新机会便可获得竞争优势。在国际上成功的产业大多从机会中得到过好处，如微电子时代的到来使美国和德国失去了在众多的以机电为基础的产业的支配地位，为日本公司的崛起提供了机会；西方国家对来自香港和日本的服装进口施加限制，使新加坡的服装业发展起来。政府对竞争优势的作用主要在于对四个决定因素的影响。波特特别指出了政府在推动创新中的作用，"当竞争的基础转为创造和知识积累时，国家的作用就变得日益重要，创造与保持竞争优势也变成本土化的过程"①。

"钻石模型"的四种基本因素是国家竞争优势的决定因素，它们的变化直接导致国家竞争地位的改变；两个辅助变量作用于这四种因素从而对国家的竞争优势产生重要影响。波特的竞争优势理论是这几种因素相互影响、自我强化的有机整体，最后共同影响了一国竞争力的实力、结构与持久性。

第四节　创新理论的现代进展

对于创新领域的研究至少有大半个世纪了。在 100 年前，熊彼特就宣扬创新是经济增长的最终来源，但是在当时甚至之后几十年都鲜有追随者。直到第二次世界大战之后关于创新这一领域的相关研究才出现，现在创新理论受到了世界各国的广泛重视。

索罗在 20 世纪 50 年代提出了技术进步理论，他所运用的生产函数包含了更多的生产要素，特别是突出了投入要素效率的提高对经济增长

---

① ［美］迈克尔·波特：《竞争论》，高登第等译，中信出版社 2003 年版，第 160 页。

所作出的贡献。他根据对增长原因测度的结果,认为促进人均收入增长的主要因素是资本投资和技术进步,由此提出了提高全要素生产率的概念。

20世纪50年代,在美国成立的兰德公司是一家以军事为主的综合性战略研究机构,它关注军事尖端科学技术和重大军事战略,并让年轻的经济学家如Kenneth Arrow, Richard Nelson和Sidney Winter研究发展与创新经济学成为了可能(Hounshell,2000)。同时,在英国,经济学家克里斯托夫·弗里曼被英国行业联盟招募来收集英国企业研发行为的信息。几年后,位于巴黎的经济合作与发展组织雇用弗里曼作为经济顾问,其任务是建立一个收集国际规模研发行为统计数据的统一框架。这就是著名的《弗拉斯卡蒂手册》,这本书一直作为世界范围内研发统计数据收集的基础(OECD,1962)。

自此,大学学者开始对技术和创新感兴趣,他们的研究经常是由外部需求驱动或者由任务导向机构资助的。例如,在美国,农业部门常常会财政资助社会学家和经济学家来研究农业部门内的创新分布(如Ryan and Gross,1943;Griliches,1957;Rogers,1962)。随后,1966年成立了第一个学术联盟,即英国苏塞克斯大学科技政策研究中心(SPRU),致力于科学、研发、创新和相关政策问题的研究,但其研究不仅仅集中在科学的狭义定义上,还研究行业创新和扩散过程。SPRU不仅招募社会科学家,还有工程师和自然科学家。随着大量访问者的到来,它逐渐发展成为一个创新研究的世界中心,而且变成其他地方模仿创新灵感的来源。例如在20世纪70年代建立于曼彻斯特大学的PREST(工程、科学、技术政策研究)和麻省理工学院的CPA(政策选择中心)。

20世纪80年代末90年代初,学者们开始从知识经济时代的特征切入,赋予了创新概念新的内涵,进而发展成新增长理论。新增长理论从内生性技术进步出发解释了技术进步的源泉以及由此产生的经济增长效应。罗默提出的"知识外溢长期增长模式",突出知识资本的作用;卢卡斯提出"人力资本完整性增长模式",突出人力资本的作用,强调人力资本是经济增长的发动机。这两个模式,一个注重知识的创造和积累,一个注重知识的传播。这样就将创新的关注点转到了知识创新和传播的领域。

大约在1980年后期,随着对创新及其扩散更加系统的理解,这一领域的研究发生了新的变化(Freeman,1987;Lundvall,1992;Nelson,1993):企业创新行为与环境特点被加入了相关研究中。这一方式迅速引起了政策制定者的兴趣,他们认为这对于考虑科学、技术和创新的政策制定有帮助。商业和管理方面的学者对创新的兴趣也在增加。随着相关教学和研究书籍的增加,商业与管理学者的比例和创新相关文章的比例都有了实质性的增加。到21世纪初,关于创新的核心文章总引用数量中大约有1/3来自于商业和管理期刊,其数量已经比这一领域早期的研究数量多出两倍。[1]

Lundvall(1992)回顾总结了创新领域的三个主要研究流派:一个是追随熊彼特的发展路线,试图建立一个理解经济改变的新基础;一个是"技术经济"路径,着眼于在不同行业和部门中通过创新获利的条件;最后一个是他提出的创新的"社会经济"理论,其目的在于通过研究创新过程中的参与人和他们之间如何相互影响来了解创新。

在实证研究方面,大多学者跟随熊彼特的建议,以历史导向的案例来研究创新。其中商业历史学家Alfred Chandler(如1962和1977)的成果成为了这方面最有影响的研究,他研究了美国大企业发展历程并探讨了创新在其中的作用。一个较大的进步是在20世纪70年代早期SAPPHO项目的出现,在这一项目中成功和不成功的创新案例的配对比较有助于更好地理解影响创新成功和失败的因素(Rothwell等,1974)。另一种研究方法是对不同规模企业的创新行为进行调查,这种方法从20世纪80年代开始变得尤为重要。随着这一领域的发展,来自于企业创新调查

---

[1] 参见 Fagerberg, J., Fosaas, M., and Sapprasert, K., "Innovation: Exploring the Knowledge Base", *Research Policy*, 2012(41):1132-1153。

的数据越来越丰富并可得,例如耶鲁调查(Levin 等,1987)和之后在欧洲和其他地方的社区创新调查(CIS)。这些调查的新证据为更公开地讨论不同规模、部门、国家等的企业创新作出了贡献。

创新领域的研究在最近几十年已经取得相当大的进展,但是仍然面临许多挑战。这一领域同知识的其他领域一样,当今的研究倾向于反映过去的研究路径而不是未来的挑战。在对之前的发展成果和发展历程进行梳理的基础之上,下面总结创新领域未来可能存在的三个挑战:

其一,对创新需要更广泛的认识。人们关于创新的共识仍然有局限,包括将创新视为在发达国家的高级和高技术环境下继续发展,将创新局限于产品创新和工艺创新。创新经常被视为主要出现在高等环境下,例如在高技术企业、顶级高校研发中心和发达国家。从这一观点出发,穷人和他们所在的国家并不会引起兴趣。虽然创新的利益最终也可能惠及他们,但他们被假定并不直接参与创新过程。在创新研究中,认为创新是一个普遍现象的观点应该得到强化,因为它可以同时出现在"低技术"和"高技术"部门中,也可以同时出现在穷困和富有的环境下。而且,需要逐渐认识到创新可以采取很多不同的形式,不仅是新产品或新工艺,而且包括组织创新也同样重要。如果这一领域需要进一步增加与社会的相关性,创新研究者所要分析的现象就需要不断拓展。例如,对创新是否可以在私人和公共部门、工业和农业、富裕和贫困环境等条件下都一视同仁地进行研究?如果不行,怎样的变化是必要的?

其二,创新并非都是有益的。多年来,在关于创新的文献中一直存在一个普遍的倾向,即假定创新一直都是有益的。但是,创新并非完全有利于社会。Soete(2013)指出创新经常采取"破坏性创造"的形式,即牺牲大部分人的利益而使少部分人获益,而不是更渴望的"创造性破坏"的形式,即可以损害少部分人的利益而最终使整个社会获益。这种"破坏性"创新最突出的情况出现在金融部门和制造业部门。金融部门中往往允许参与人在短期实现较大收益,但在之后会给整个社会带来更大的损失。在制造业部门,例如计划报废的创新会导致不可持续消耗的增长与环境的退化。所有这些问题对政策和学术工作提出了一个重要问题,即如何设计机制或选择环境来规制这类社会破坏性创新,同时促进有利于"金字塔"底部大部分人的社会破坏性创新,而不是仅有利于顶层人们的创新。为了应对这一问题,Soete 认为需要一个更加有能力的和独立的公共部门,来促进人们提高素质,同时提升他们保护公共利益和解决创新带来的各种挑战的意愿。

其三,创新研究需要关注跨学科的领域。创新研究是作为一个相对独立的"专业"开始的,产生于现有的学科,特别是经济学和社会学。将不同的学科联系在一起探讨花费了很长的时间,而要达到本领域当前所具有的大部分内容的跨学科情形又花费了更长的时间。面对复杂的现象,创新无法以一个单独的学科对其进行解释。然而,学科的狭隘性有其自身内部动力,所以一个活跃的跨学科性质的研究并不是自然而然能持续存在的,而是需要通过持续钻研和进一步发展的。创新的普遍特点和我们所感兴趣问题的范围的扩展,意味着潜在相关的其他领域的范围也在扩大,涉及解决公共关注问题的不同学科和跨学科领域应该是创新领域方面未来工作的核心目标。

纵观人类发展历史,创新始终是推动一个国家、一个民族向前发展的重要力量,也是推动整个人类社会向前发展的重要力量。回顾中国改革开放 30 多年的历程,从邓小平的"科学技术是第一生产力",到江泽民的"科教兴国战略"、胡锦涛的"建设创新型国家",再到习近平的"创新、协调、绿色、开放、共享"的新发展理论,创新发展一直处于中国国家发展战略的重要位置。

习近平总书记在党的十八届五中全会中首次提出"创新、协调、绿色、开放、共享"的新发展理念,并强调新发展理念是"十三五"乃至更长时期我国发展思路、发展方向、发展着力点的集中体现,也是改革开放 30 多年来我国发展经验的集中体现,反映出我们党对我国发展规律的新认识。

在省部级主要领导干部学习贯彻十八届五中全会精神专题研讨班开班式上,习近平总书记对贯彻落实创新、协调、绿色、开放、共享的新发展理念做出了进一步系统阐释,并提出了明确要求。

创新发展,是应对发展环境变化、增强发展动力、把握发展主动权、更好引领新常态的根本之策。在创新、协调、绿色、开放、共享的新发展理念中,习近平总书记认为要把创新摆在第一位,是因为创新是引领发展的第一动力,而发展动力决定发展速度、效能、可持续性。当然,协调发展、绿色发展、开放发展、共享发展都有利于增强发展动力,但核心在创新。

习近平总书记认为坚持创新发展,既要坚持全面系统的观点,又要抓住关键,以重要领域和关键环节的突破带动全局。坚持创新发展,要超前谋划、超前部署,紧紧围绕经济竞争力的核心关键、社会发展的瓶颈制约、国家安全的重大挑战,强化事关发展全局的基础研究和共性关键技术研究,全面提高自主创新能力,在科技创新上取得重大突破,力争实现我国科技水平由跟跑并跑向并跑领跑转变。

坚持创新发展,要以重大科技创新为引领,加快科技创新成果向现实生产力转化,加快构建产业新体系,做到人有我有、人有我强、人强我优,增强我国经济整体素质和国际竞争力。党的十八大提出的创新驱动发展战略,就是要推动以科技创新为核心的全面创新,坚持需求导向和产业化方向,坚持企业在创新中的主体地位。在 2014 年 12 月的中央经济工作会议上习近平总书记提到,推动全面创新,要更多靠产业化的创新来培育和形成新的增长点,要把创新成果变成实实在在的产业活动。① 此外,还要培育发展新产业,加快技术、产品、业态等创新,支持节能环保、新一代信息技术、高端装备制造等产业成长。

坚持创新发展,要深化科技体制改革,推进人才发展体制和政策创新,突出"高精尖缺"导向,实施更开放的创新人才引进政策。在中国科学

---

① 参见《习近平关于科技创新论述摘编》,中央文献出版社 2016 年版,第 6 页。

院第十七次院士大会上,习近平总书记提出深化科技体制改革必须要破除一切制约科技创新的思想障碍和制度藩篱,处理好政府和市场的关系,推动科技和经济社会发展深度融合,打通从科技强到产业强、经济强、国家强的通道。①

根据创新发展的理念,必须把创新作为引领发展的第一动力,把人才作为支撑发展的第一资源,把创新摆在国家发展的核心位置,让创新贯穿党和国家一切工作,让创新在全社会蔚然成风。

---

① 参见《习近平关于科技创新论述摘编》,中央文献出版社2016年版,第62页。

第二章 创新驱动经济发展

创新是活力之源。驱动发展的创新包括科技创新、产业创新、企业创新、市场创新、产品创新、业态创新、管理创新等,其中科技创新在全面创新中起着引领作用。创新驱动发展战略更为重视科技创新对经济发展的驱动力作用,其基本内容是以创新来驱动转方式、调结构和绿色化。

第一节 创新驱动经济发展方式转变

经济发展是有阶段的,不同阶段的资源禀赋有很大的不同,因而发展的动力也不同。根据波特的界定,从经济发展阶段来区分,第一阶段是要素驱动阶段,第二阶段是投资驱动阶段,第三阶段是创新驱动阶段。

一、由要素和投资驱动转向创新驱动

中国长期依靠物质要素投入推动经济增长,经济发展方式以粗放型为主,属于投资带动要素驱动阶段,科技创新对经济社会发展的贡献率偏低。经过30多年的高速发展,经济发展的资源禀赋条件发生了重大变化,我国长期依靠物质要素投入推动的经济增长方式,不可避免而且正在

遇到资源和环境不可持续供给的极限。

首先,资源环境构成了对经济发展的强制约束,资源环境问题日益突出。我国现有的资源容量(尤其是能源和土地)难以支撑主要依靠物质要素投入的经济的持续增长,经济增长过程中伴有严重的环境污染和生态平衡的破坏,加之世界范围的高碳排放造成全球气候异常,已经明显危及人类的健康和安全。

其次,过去30年的"人口红利"正在消失。从20世纪70年代末起我国实行独生子女政策,劳动力赡养人口数量较少,即使是低收入,还是有可能高储蓄,从而支持高积累。这就是"人口红利"。现在独生子女一代成为劳动力主体,在步入老龄化社会的同时,劳动力逐年净减少,需要赡养的人口也相应增加。"人口红利"的消退必然会降低储蓄率。

第三,低劳动成本的优势正在失去。经过30多年的城镇化,农业劳动力转移的速度明显减缓。再加上新一代的劳动报酬的诉求比上一代高。这意味着支持高速增长的低成本劳动力供给优势不复存在。

基于以上原因,我国过去30多年依靠要素成本优势驱动、大量投入资源和消耗环境的经济发展方式已经难以为继。

我国的经济增长由主要依靠物质资源投入和低成本劳动投入转向创新驱动,实质上是要突破上述经济发展的自然界限,拓展发展的新空间。现在转向创新发展的客观条件已经具备。

从全球范围看,科学技术越来越成为推动经济社会发展的主要力量,创新驱动是大势所趋。新一轮科技革命和产业变革正在孕育与兴起,全球科技创新呈现出新的发展态势和特征,新技术替代旧技术、智能型技术替代劳动密集型技术趋势明显。

从我国的经济和科技发展实力看,从2010年开始,我国的GDP总量首次超过日本,我国成为世界第二大经济体,工业化总体进入中期阶段,人均GDP达到中等收入国家发展水平,开始由经济大国向经济强国迈进。我国实现了科技水平整体跃升,已经成为具有重要影响力的科技大国,科技创新对经济社会发展的支撑和引领作用日益增强。2015年,科技人力资源总量超过7100万,连续几年位居世界第一;研发人员超过535万,位居世界第一;研发投入强度达到2.1%,连续几年超过欧盟28个成员国的平均水平;发明专利申请量突破100万件,连续五年位居世界第一;国际科技论文数量连续六年居世界首位,被引数居世界第四位。①特别是我国的科技人才和科技成果的数量已进入世界前列。在此背景下,我们必须增强紧迫感,紧紧抓住机遇,及时调整发展战略,使创新驱动成为转变经济发展方式的新常态。

驱动经济发展的创新,更为突出科技创新。所谓科技创新,不只是指科学研究,更为重视科学的应用,也就是科技成果转化为新技术。马克思所定义的生产力的要素中所涉及的就是"科学的发展水平和它在工艺上的应用的程度"②。马克思在《资本论》手稿中指出,科学的应用,表现为"把自然科学应用于物质生产过程"。他当时发现,随着资本主义生产的扩展,"科学因素第一次被有意识地和广泛地加以发展,应用并体现在生活中,其规模是以往的时代根本想象不到的"③。现代经济学对创新的定义都是明确在科学新发现、新技术和新发明的产业化应用上。正如诺贝尔经济学奖得主费尔普斯所说:"创新是指新工艺或新产品在世界上的某个地方成为新的生产实践。"④

转向创新驱动,是经济发展方式的重大转变。经济发展转向创新驱动,就是要把创新作为经济发展的新动力,使经济发展更多依靠科技进步、劳动者素质提高和管理创新驱动。具体地说,就是利用知识、技术、企业组织制度和商业模式等创新要素对现有的资本、劳动力、物质资源等有形要素进行新组合,以创新的知识和技术改造物质资本、提高劳动者素质

---

① 参见郭铁成《创新驱动发展模式的关键支撑要素》,载《学术前沿》2016年第3期。
② 马克思:《资本论》第1卷,第53页。
③ 《马克思恩格斯文集》第8卷,人民出版社2009年版,第358—359页。
④ [美]费尔普斯:《大繁荣:大众创新如何带来国家繁荣》,余江译,中信出版社2013年版,第22页。

和科学管理。各种物质要素经过新知识和新发明的介入与组合提高了创新能力,就形成内生性增长。显然,创新驱动可以在减少物质资源投入的基础上实现经济增长。

二、供给侧的结构性改革激发创新驱动力

根据习近平总书记关于供给侧改革的讲话,供给侧结构性改革是要提高供给体系质量和效率,增强经济持续增长动力,推动我国社会生产力水平实现整体跃升。

对我国由高速增长转向中高速增长的一个重要解释是,资源和低成本劳动力方面的供给推动力消退,因此需求的拉动力尤其是消费需求的拉动力得到了高度重视,但不能就此以为今后经济增长的动力只是在需求侧,从而轻视供给侧的动力。实际上,影响经济增长的要素,不仅有需求要素,也有供给要素。在需求拉动没有充分的力量阻止经济下行的压力时,不能忽视在供给侧寻求推动经济增长的动力。影响实际增长率的潜在经济增长率的供给要素,除了物质和劳动力要素投入外,还有技术、结构、效率、制度等方面的要素。现阶段消退的供给侧的推动力只是物质资源和低成本劳动力,而在供给侧还有其他动力可以开发,如创新驱动、结构调整、提高效率都是供给侧推动经济增长的动力。相比需求的拉动力,供给侧的推动力更为长期。

供给侧对经济增长的推动力,归结为要素的生产率。在马克思的分析框架中包括劳动生产率、资本生产率和土地生产率。后来诺贝尔经济学奖得主索罗又提出全要素生产率理论,指的是各种要素集合所产生的生产率之和大于各单个要素投入的生产率之和,其中的差额就是全要素生产率,又称广义技术进步。全要素生产率是指由技术进步、管理水平、劳动力素质、要素使用效率等其他因素的改进带来的产出增加,反映了各生产要素的综合利用效能,体现了经济增长的质量和效益。这样,如果用全要素生产率来衡量,全要素生产率在经济增长率中所占比重较低的经

济增长属粗放型增长,反之则是集约型增长。提高全要素生产率的关键在制度创新,也就是供给侧的结构性改革。

以科技来替代物质要素的投入,是提高全要素生产率的最为有效的途径。最明显的例子是依靠创新攀升全球价值链中高端。我国目前的生产环节大都处于价值链的低端,也就是处于附加值低的资源消耗和劳动密集的低端环节,必须依靠创新和技术进步转移出低端环节、进入中高端环节,提高附加值,从而提高全要素生产率。在要素和投资驱动阶段,全要素生产率的提高靠的是物质资本的引领和驱动。而在创新驱动阶段,不仅是物质资本积累能力受限,更为突出的是,物质资本积累对全要素生产率提高的推动力正在消退,人力资本积累包括企业家的成长与劳动者素质和技能的提高,对要素配置和组织所起的引领作用,对全要素生产率提高的推动力显著增强。

针对有效供给不足的结构性短缺,供给侧改革是要建立有效供给的长效机制,提高供给结构的适应性和灵活性。现行供给体系的主要问题是停留在低收入阶段,表现为:第一,处于低收入阶段的供给品的科技含量和技术档次低。第二,低收入阶段形成的存量结构造成有效供给不足和无效产能过剩并存。第三,低收入阶段的供给水平不能满足进入中等收入阶段的消费者对供给品的质量、安全和卫生的需求,不能提供消费者信得过的产品和服务。中国消费者蜂拥出国购买的马桶盖、电饭煲、感冒药等,在技术上并不多么高超,中国也能制造但消费者不买账就说明了这一点。因此,供给侧结构性改革的关键是提升供给的能力,并且赢得消费者。其核心是依靠科技创新提高产品的技术档次和产品质量。创新不仅要高端,更要实,实在产品创新。这不仅需要构建促进创新的体制机制,更要形成科技创新与产品创新有效衔接的机制。

转向创新驱动,还有参与全球化经济、改变自己的外围地位的考虑。长期以来,世界经济的中心一直在美、德、日等发达国家。我国作为发展中国家一直处于外围,其突出表现是,在国际分工和国际贸易中突出自己的比较优势,也就是资源和劳动力的禀赋优势,以劳动或资源密集型产品出口换取发达国家的资本或技术密集型产品。这种参与全球化经济的基本格局虽然能够获取一定的贸易利益,但不能改变自身对发达国家的经济、技术和市场的依附地位,缩短与发达国家的经济、技术差距。这种外围地位实际上是在为发达国家"打工"。当我国成为经济大国后,我国有条件也有必要改变自己的外围地位,这就是参与全球化经济,由比较优势转向竞争优势,从而由外围转向中心。所谓竞争优势,是突出出口产品的国际竞争力,培植具有竞争优势的产品参与国际竞争。所谓中心,是强调中国在世界经济中的增长极作用,成为世界一定范围内经济增长的中心。按此要求,我国要在创新中培育自身的中心地位。首先是科技创新中心,只有在科技方面占据优势,才能掌握未来发展的主动权,因为世界经济的中心地位是由科技地位决定的。因此科技创新的思维不只是引进,而是要提高自主创新能力,进入世界科技的前沿推进科技创新,在引领未来科技发展的领域取得突破,以奠定我国的科技创新中心地位。

三、创新经济发展方式

马克思最早对经济发展方式作了科学区分。在《资本论》中,马克思明确区分了扩大再生产的两种方式:一种区分是外延的扩大再生产和内涵的扩大再生产。"如果生产场所扩大了,就是在外延上扩大;如果生产资料效率提高了,就是在内涵上扩大。"①另一种区分是将农业中的耕作方法区分为粗放经营和集约化耕作两种:"那些新近开垦、以前从未耕种过、相对地说比较不肥沃的土地,至少已在土壤表层积累了许多易溶解的植物养料,以致它无须施用肥料,甚至只要进行粗放耕作,也能长期获得收成。"②而集约型耕作,"无非是指资本集中在同一块土地上,而不是分

---

① 马克思:《资本论》第2卷,第192页。
② 《马克思恩格斯文集》第7卷,人民出版社2009年版,第756页。

散在若干毗连的土地上"①。现在所要创新的经济发展方式的内涵比马克思当时的区分与规定更为丰富和广泛了。

一般来说,经济增长来源于两个方面:一方面是要素投入的增长,另一方面是要素使用效率的提高。若经济增长主要靠要素投入的增长来推动,则可称之为粗放型经济增长方式;若经济增长主要依靠要素效率的提高,则可称之为集约型经济增长方式。

长期以来我国的经济发展方式与资源供给相对宽裕相适应,基本上是粗放型、外延型的,依靠高投入、高消耗来推动经济增长,追求的是规模型、数量型、高速度,其后果是经济增长质量低、效益差和结构失衡。现在,我国的资源供给条件已无力支撑这种粗放型发展方式,我国已经达到的发展能力也有条件支持发展方式的转变。发展方式转变的方向主要有以下几个方面:

增长不等于发展。经济增长和经济发展既有区别,又有联系。经济增长强调 GDP 数量的增加,注重物质方面的进步,而经济发展则包含了增长质量、生活水准的提高及社会发展等方面的要求;经济增长关注的是投入和产出的关系,经济发展则更为关注长期发展能力的提升,包括技术进步、结构优化等方面的要求。而且,经济发展既要关心经济的发展,又要关心人的发展。当然,没有增长就谈不上发展,但是有经济增长却未必带来经济发展。因此,我们不能只是转变经济增长方式,更要注重转变经济发展方式。

我国当前是在物质要素供给成为经济持续发展的瓶颈的背景下提出转变经济发展方式的。经济发展方式转向集约型发展固然包含了技术进步的作用,但没有摆脱物质要素推动经济增长的架构。这意味着转变经济发展方式不能限于转向集约型经济发展方式,不只是解决效率问题,还需要创新发展方式。其要求就是习近平总书记指出的:"发展必须是遵循

---

① 马克思:《资本论》第 3 卷,第 756、760 页。

经济规律的科学发展,必须是遵循自然规律的可持续发展,必须是遵循社会规律的包容性发展。"按此要求,创新经济发展方式有以下两个方面:

第一,投资、出口和消费三驾马车协同拉动经济发展。这是我国转向市场经济的基本特征。我国经济发展过去主要是依靠投资与出口拉动,现在单纯依靠投资与外贸这"两驾马车"的增长模式已难以为继。因此,在经济新常态下,拉动经济增长的动力有两个方面的调整。首先,扩大内需成为我国经济发展的战略基点。扩大内需一方面要增加投资,另一方面要扩大消费。我国正处于工业化中期,无论是投资机会(尤其是基础设施投资)还是居民的消费需求潜力,都有很大的空间。将扩大内需作为经济发展的战略基点,是符合经济发展规律的抉择,能在外部经济环境不稳定的情况下,避免经济发展的大起大落,真正实现经济发展的良性循环。其次,消费拉动成为扩大内需的重点。生产和消费的关系表明,满足消费需求是经济增长的最终目的。各种产品和服务必须通过消费才能成为现实的商品,只有提高最终消费率特别是居民消费率,才能有效拉动经济增长。扩大消费需求并推动消费需求结构升级需要克服体制机制障碍,以进一步培育和释放城乡居民的消费力,主要涉及收入分配体制、商品流通体制、消费体制等方面的改革。

第二,经济增长由主要依靠物质要素投入转向创新驱动。面对物质资源供给对经济增长的自然界限,面对日益提高的劳动力成本,面对趋紧的环境和生态的约束,中国要实现可持续的中高速增长,只能依靠创新驱动。所谓创新驱动指的是经济增长依靠技术进步、劳动者素质提高和管理创新,核心是科技创新。就是以创新的知识和技术改造物质资本、创新管理,提高物质资源的生产率,从而形成对物质资源的节省和替代。

基于以上分析,可以准确理解转变经济增长方式,即由物质资源投入推动转向创新驱动内生增长的内涵。现在流行的提法是由粗放型增长方式转向集约型增长方式。集约型增长方式的基本内涵是指集约使用物质要素,提高要素使用的效率。创新驱动的增长方式不只是解决效率问题,更为重要的是依靠知识资本、人力资本和激励创新制度等无形要素实现要素的新组合,是科学技术成果在生产和商业上的应用与扩散,是创造新的增长要素。因此,创新驱动的经济增长,是比集约型增长方式更高层次、更高水平的增长方式。

转变经济发展方式必然涉及技术进步模式的转变。在过去一段相当长的时期中,技术创新相当多地来源于生产中经验的积累、技术的改进,即使是由科学发现所推动的技术进步,也会间隔很长的时间,需要几十年甚至上百年。微软公司不过几年就一跃超过具有百年发展历史的福特和通用等制造业公司而成为世界首富,这种依靠最新科技实现"一夜暴富"的现象颠覆了过去的技术创新路径,这是因为技术创新的源泉更多地来源于科学的发现。特别是在 20 世纪后期产生新经济以来,科学上的重大发现转化为现实生产力的时间越来越短,缩短到十几年、几年,现在一个科学理论从发现到生产上的应用(尤其是产业创新)几乎是同时进行的。主要原因是,从 20 世纪中后期起,在世界范围内出现的新技术革命使科学成为生产力的作用和过程发生了质的变化,它使科学技术上升为第一生产力。经济增长速度主要由科学转化为现实生产力的速度决定。这意味着利用当代最新的科学发现的知识可以实现大的技术跨越。建立在知识创新基础上的科技创新可以导致技术进步路径的革命性变化。

我国过去也有科技创新活动,但创新的主要方式还是学习型的,也就是模仿和引进创新,属于跟随发达国家的创新。但是,以模仿创新作为创新的长期来源存在两个问题:一是随着中国科学技术不断发展,与发达国家的技术差距不断缩小,甚至在某些领域已经达到技术前沿,通过模仿创新获得的边际收益逐渐缩小。二是由于引进的技术结构与被引进国的禀赋结构相一致,却与本国的禀赋结构不一致,这种不一致在客观上造成了技术结构偏离比较优势,从而难以形成产业发展的自生能力。要解决这两个问题,就要着力构建以企业为主体、市场为导向、产学研相结合的全面创新体系,最大程度推动本国比较优势结构、产业结构和技术结构的同步升级,实现经济增长的速度、质量和效益的最大化。由跟随型创新转向引领性创新,与发达国家进入同一创新起跑线,占领世界科技制高点。

第二节 科技创新是创新发展的核心

创新发展涉及的内容非常广泛,如理论创新、制度创新、文化创新和科技创新等。其核心和关键是科技创新。当前的国际竞争集中于科技竞争,我国与发达国家的差距也集中于科技的差距。科技创新作为创新发展的核心,不仅要求提高科技创新能力,还要求科学新发现迅速孵化为新技术、新产品,从而转化为现实生产力,并且能够源源不断地提供新技术、新产品。

一、科学技术是第一生产力

早在100多年前马克思就说过,机器生产的发展要求自觉地应用自然科学,并且指出"生产力中也包括科学"[①]。

新中国成立后,我们党的第一代领导人毛泽东在1953年第一个五年计划建设时就提出:要学习先进的科学技术来建设我们的国家。1956年周恩来代表党中央提出了"向科学进军"等论述。

现代科学技术的发展,使科学与生产的关系越来越密切。科学技术作为生产力,越来越显示出巨大的作用进而成为第一生产力。邓小平根据当代生产力发展规律和时代特征,继在1978年第一次全国科学大会上提出"科学技术是生产力"的观点后,又进一步提出"科学技术是第一生产

---

① 《马克思恩格斯全集》第46卷下册,人民出版社1980年版,第211页。

力"①的论断。这是对马克思主义科技学说和生产力理论的创造性发展,也是发展我国科学技术和进行现代化建设的一个非常重要的指导思想。

党的十八大明确提出:"科技创新是提高社会生产力和综合国力的战略支撑,必须摆在国家发展全局的核心位置。"强调要坚持走中国特色自主创新道路,实施创新驱动发展战略。创新驱动发展战略明确了科学技术作为第一生产力的发挥,必须依靠创新来驱动。

"科学技术是第一生产力"这一科学论断,主要是基于科学技术对于推动生产力的巨大作用而言的。科学是现代生产力发展的基础,它通过向生产力系统中的各个要素的广泛、深入的渗透而改变这些要素的质和量,改变由这些要素的结合形成的既定结构和既定功能,从而在总体上提高生产力水平或改变其性质。技术作为科学的物化,作为联结科学与生产的中间环节,具有直接进入生产过程、成为现实生产力的条件和性质。与此同时,科学技术的快速发展对生产方式的变革也具有巨大的推动作用。

从第一次产业革命开始,科学技术对于生产力及生产方式就起着决定性影响,科学技术作为第一生产力的作用越来越明显。

从18世纪中叶开始,以蒸汽机的广泛使用为主要标志的第一次技术革命在欧洲兴起。在这场变革中,科学技术扮演了举足轻重的角色,推动了社会生产力的巨大进步,第一次凸显了科学技术的生产力功能。同时,这次技术革命所引发的机器大生产迅速巩固了资本主义私人占有制,确立了资本主义政治、经济、社会制度。

19世纪后半叶,以电磁理论的发展为基础,以电动机、发电机的广泛使用为标志的第二次技术革命——电力革命在欧美全面展开,引起了一系列新兴工业的发展。第二次技术革命把生产力推进到了电力时代,使得生产更加依赖科学技术的进步。与此相适应,资本主义生产关系发生

---

① 《邓小平文选》第3卷,人民出版社1993年版,第274页。

调整,垄断形成并成为资本主义经济的基础,资本主义由自由竞争阶段过渡到垄断阶段,国家垄断资本主义开始形成,金融资本开始形成并迅速壮大。

第二次世界大战后,以原子能、电子计算机的使用为标志的第三次技术革命——信息技术革命率先在美国兴起,并迅速扩大到整个资本主义世界。这次技术革命无论从规模还是影响来说,都远远超过了前面两次。技术革命渗透到了社会生产的各个层面,成千倍地提高了资本主义国家的劳动生产率,使得战后主要资本主义国家出现了大约20年的罕见的高速增长,被誉为资本主义的"黄金时代"。它不仅将社会化大生产的程度推向前所未有的高度,而且急剧提高了资本垄断的程度,国家垄断资本主义进一步发展,甚至有学者提出"超国家垄断资本主义"的概念。同时,金融资本逐渐脱离生产资本开始独立运作,并发挥领导作用。

进入21世纪以来,随着信息技术、生物技术、新能源技术、新材料技术等交叉融合,正在引发新一轮科技革命和产业变革。它必将对人类社会的生产、生活方式产生新的重大影响。

二、看清世界科技发展大势

当今世界,科学技术发展可以说是突飞猛进、一日千里。实施创新驱动发展战略,首先要看清世界科技发展大势。科学技术是世界性的、时代性的,发展科学技术必须具有全球视野、把握时代脉搏。

科技作为第一生产力,作为先进生产力的集中体现和主要标志,是当今经济发展和国际竞争成败的决定性因素。科技强,则经济强;科技兴,则国家兴。进入21世纪后,国际科技竞争愈来愈激烈,各国都始终把科技创新与发展作为主要战略,以期推动经济发展和社会进步,保障国家安全,在综合国力的竞争中占据有利地位。

纵观世界文明史,人类先后经历了农业革命、工业革命、信息革命。每一次产业技术革命,都给人类生产生活带来巨大而深刻的影响。而当前,从全球范围看,科学技术越来越成为推动经济社会发展的主要力量,创新驱动是大势所趋。新一轮科技革命和产业变革正在孕育兴起,一些重要科学问题和关键核心技术已经呈现出革命性突破的先兆。[①]

比如大数据。研究表明,工业化时期数据量大约每十年翻一番,现在数据量每两年就翻一番。浩瀚的数据海洋就如同工业社会的石油资源,蕴含着巨大的生产力和商机,可以说,谁掌握了大数据技术,谁就掌握了发展的资源和主动权。

再比如先进制造。西方国家都在讲"再工业化",实质上就是用新技术推动高端制造业发展。未来,绿色化、智能化、柔性化、网络化的先进制造业,不仅会从源头上有效缓解资源环境压力,改变制造业"资源消耗大户"、"污染大户"的面貌,而且会引发制造业及其相关产业链的重大变革。

又比如量子调控。科学家们开始调控量子世界,这将极大推动信息、能源、材料科学发展,带来新的产业革命。量子通信已经开始走向实用化,这将从根本上解决通信安全问题,同时将形成新兴通信产业。

还比如人造生命。这几年,这个领域的研究发展很快。2010年第一个人造细菌细胞诞生,打破了生命和非生命的界限,为在实验室研究生命起源开辟了新途径。有的科学家认为,未来五至十年人造生命将创造出新的生命繁衍方式。这些不仅对人类认识生命本质具有重要意义,而且在医药、能源、材料、农业、环境等方面展现出巨大潜力和应用前景,也将给生命伦理带来全新挑战。

综合起来看,现在世界科技创新推动发展有这样几个趋势:一是移动互联网、智能终端、大数据、云计算、高端芯片等新一代信息技术发展将带动众多产业变革和创新,二是围绕新能源、气候变化、空间、海洋开发的技术创新更加密集,三是绿色经济、低碳技术等新兴产业蓬勃兴起,四是生命科学、生物技术带动形成庞大的健康、现代农业、生物能源、生物制造、

[①] 参见习近平《在第二届世界互联网大会开幕式上的讲话》,2015年12月17日。

环保等产业。有人提出了"第三次工业革命"即将到来的观点,有人认为"第三次工业革命"以制造业数字化为核心,有人认为"第三次工业革命"是数字制造和个人制造的融合。如果实现了通过互联网平台汇集社会资源、集合社会力量、推动合作创新,形成人机共融的制造模式,那将使全球技术要素和市场要素配置方式发生深刻变化,将给产业形态、产业结构、产业组织方式带来深刻影响。比如,现在讨论得很热闹的3D打印技术,已经从研发转向产业化应用。可以预见,随着3D打印技术规模产业化,传统的工艺流程、生产线、工厂模式、产业链组合都将面临深度调整。虽然对"第三次工业革命"还有不同看法,但恰好说明了人们正在探讨世界科技创新发展趋势,以求抢占先机。①

第三节 创新驱动产业结构优化升级

我国经济进入新常态的一个重要表现是经济结构调整要从增量扩能为主转向调整存量、做优增量并举,其目标是转向中高端。这种调整的紧迫性就如习近平同志指出的:"加快推进经济结构战略性调整是大势所趋,刻不容缓。国际竞争历来就是时间和速度的竞争,谁动作快,谁就能抢占先机,掌控制高点和主动权;谁动作慢,谁就会丢失机会,被别人甩在后边。"

一、产业转向中高端的方向

一个国家的竞争力是以产业作为度量单位的,国家的竞争力在于其产业创新与升级的能力。产业结构优化升级需要由创新的新兴产业来带动。现在国际金融危机正在催生新的科技革命和产业革命,在全球化、信

---

① 参见习近平《在参加全国政协十二届一次会议科协、科技界委员联组讨论时的讲话》,2013年3月4日。

息化、网络化的条件下,需要依靠科技和产业创新,发展处于世界前沿的新兴产业,占领世界经济、科技的制高点,从而提高产业的国际竞争力。

一般说来,进入现代经济增长阶段后,经济发展过程就将实现自我加强和自我持续,其动力主要来自产业结构变动和提升的动力。而我国虽然已成为世界第二大经济体,但产业结构还处于中低端,转型升级的能力弱,缺乏国际竞争力。原因是我国已有的产业结构,一是与低收入发展阶段相适应,二是与高速增长的常态相适应。其特点是,制造业偏重,高消耗、高污染行业偏多,许多中国制造的产品处于价值链的中低端,高科技产业的核心技术和关键环节不在我国的居多,由此产生了经济体大而不强及高产值、低附加值问题。

我国现有的产业结构处于中低端的表现主要有:首先,三次产业结构不合理。一方面农业所占产值比重虽明显降低,但农业劳动力所占比重还较高,说明农业生产方式相对落后,农业劳动生产率低;另一方面服务业所占比重偏低,整体水平不高。其次,我国是制造业大国,我国的制造业基本上是资源禀赋的比较优势产业,在国际市场上不具有竞争优势。在高科技产品的全球价值链上中国制造部分处于中低端。而且,环境问题与资源耗竭已经制约着工业的进程。在主要产业部门之间存在严重过剩与短缺并存的结构性矛盾。某些产业产能严重过剩难以化解,高耗能、高污染产能难以淘汰。第三,由于科学技术尤其是高端技术的发展比较薄弱,中国产品的自主品牌少,自主知识产权少,缺乏足够的国际竞争力。归结起来,我国目前以传统制造业为主的产业结构在进入新的发展阶段后,制造业规模所依赖的资源环境承载力已经达到或接近上限,供给能力难以满足进入中等收入阶段后的人民群众的消费需求。

进入经济发展新阶段后,我国经济发展的内外部环境正在发生深刻变化。全球经济格局深度调整,对我国提升产业层次、发展先进制造业形成巨大压力;我国经济结构性矛盾突出,对优化产业结构形成了倒逼机制。因此,在新常态下必须优化产业结构,加快经济发展方式转变,以推动我国经济持续发展。

产业转向中高端需要解决几个重要的理论认识问题:第一,如果拘泥于资源禀赋的比较优势,则不可能缩短与发达国家的产业距离,更谈不上进入世界产业前沿。因此,产业水准的中高端化,需要由比较优势转向竞争优势。第二,模仿和引进创新只能跟踪,但进不了高端,只有与发达国家进入同一创新起跑线,才能进入高端科技。产业的时代划分是以许多国家所共有的创造发明为依据的,这是现代经济增长的一条特殊真理。这就要求与发达国家进入同一创新起跑线,培育和发展进入世界前沿的战略性新兴产业。第三,规模优势不等于价值链优势。我国许多高科技产品生产虽然具有规模优势,但只是处在全球价值链的低端环节,没有价值链的优势。只有依靠创新驱动,攀升全球价值链中高端,才能提高附加值。

基于以上认识,我国产业结构转型升级就要突出以下方面:第一,三次产业结构突出提高服务业尤其是现代服务业比重;第二,制造业水准迈向中高端水平;第三,攀升全球价值链中高端。所有这些都建立在科技和产业创新基础之上。

二、产业创新是产业迈向中高端的基本路径

现代经济增长的实践证明,先行国家的产业结构转型升级都是在科学技术取得重大突破的基础上实现的。我国的产业结构水准之所以长期处于低端,原因是我国同已有的几次产业革命都失之交臂。现在中国经济发展进入了新的历史阶段,一方面中国已经成为世界第二大经济体,具有了领先而不是跟随的科技和产业创新的经济实力,另一方面经济全球化、信息化、网络化为各个国家提供了均等的科技和产业创新的机会,在此背景下,我国完全可以通过科技和产业创新推动产业结构转向中高端。

第一,前瞻性地培育战略性新兴产业。发展战略性新兴产业,实际上是培育国际竞争中的产业优势。战略性新兴产业,是新兴科技和新兴产

业的深度融合,既代表着科技创新的方向,也代表着产业发展的方向。目前世界范围内建立在互联网、新材料、新能源相结合基础之上的第三次产业革命正在兴起。自国际金融危机爆发以来,许多国家纷纷着手进行规划,把新能源、信息技术等作为未来发展的重点,同时出台支持政策,加快培育新兴产业,角逐第三次产业革命。欧美欲掀起以新能源为主导的新工业革命,日韩持续加强低碳产业发展,德国制定了"工业4.0"战略。依据世界产业发展的趋势,在新常态下我们要前瞻性地培育战略性新兴产业,加快新产业体系的培育。

战略性新兴产业是以重大技术突破和重大发展需求为基础,对经济社会全局和长远发展具有重大引领带动作用,知识技术密集、物质资源消耗少、成长潜力大、综合效益好的产业。根据战略性新兴产业的特征,立足我国国情和科技、产业基础,现阶段要重点培育和发展节能环保、新一代信息技术、生物、高端装备制造、新能源、新材料、新能源汽车等产业。要着眼长远,把握科技和产业发展新方向,对重大前沿性领域及早部署,积极培育先导产业。坚持科技创新与实现产业化相结合。要切实完善体制机制,大幅度提升自主创新能力,着力推进原始创新,大力增强集成创新和联合攻关。

第二,实现传统制造业的创新和提升。传统产业不等于夕阳产业,只要采用最新技术,再传统的产业都可以成为现代产业。新常态背景下,我们目前存在的面广量大的传统产业也有个在创新中提升的问题。创新就是创造性毁灭。传统制造业不创新就要被毁灭,因此其创新更为紧迫。其创新提升路径主要有两个方面:

一方面,传统制造业向新兴产业转型。实践中发现大部分新兴产业不是在传统制造业企业中产生的,而是另起炉灶:有的是由科技创新所孵化的科技企业发展而成的,有的是依靠新投资发展起来的。这说明传统产业企业有技术改造的能力,但没有创新产业的动力。究其原因,除了创新产业成本和风险大之外,主要是传统制造业企业产生替代性新产业后,原有设备的淘汰、技术的更新所形成的沉没成本成为其产业创新的阻力。实际上传统产业创新产业是最为有效的：一方面，技术上相通，技术转型方便；另一方面，市场渠道已经存在，市场转型的阻力小。因此，传统制造业向新兴产业转型的总体财务成本小，市场风险小，在新常态下传统制造业向新兴产业转型，既需要市场推动，也需要必要的资金支持。

另一方面，传统制造业研发和采用新技术。包括采用新产业技术，实现高端（高科技）、高效（高附加值）、低碳、低能源消耗。其路径：一方面转型升级，例如重化工业向生产新能源、新材料产品升级；另一方面进入新产业的产业链，如装备制造业转向新能源的装备制造；再一方面与信息化深度融合，在现阶段，移动互联网进入哪个产业领域，哪个产业领域就能得到根本改造并得到提升。如：互联网＋零售即产生网购和电子商务，互联网＋金融即产生互联网金融，互联网＋媒体即产生新媒体，互联网＋教育即产生"慕课"（MOOC），互联网＋清洁能源产生里夫金笔下的第三次工业革命标志，互联网＋医疗产生互联网医疗。面对"互联网＋"的挑战和冲击，现有的传统制造业和服务业响应"互联网＋"的路径就是"＋互联网"，实现转型升级。如零售实体店遇到网购产业的冲击纷纷"＋互联网"提供网购服务；金融业面对互联网金融业的冲击，也要"＋互联网"，提供网上金融服务；物流业"＋互联网"提供快递服务。总的来说，现阶段几乎在所有产业领域，都可能"互联网＋"和"＋互联网"共存并互为补充。"互联网＋"可能成为科技创新和产业创新无缝对接的一个重要手段，也将成为对接传统产业和新兴产业的重要纽带和平台。十八届五中全会提出实施网络强国战略，实施"互联网＋"行动计划，必将大大推进我国包括传统产业在内的各个产业中高端化的进程。

最后，实现服务业的转型与升级。服务业本身也有个转型升级的问题。相对于传统服务业，现代服务业是适应现代人和现代城市发展需求而产生与发展起来的具有高技术含量和高文化含量的服务业。金融服务、科技服务、文化服务、国际商务、信息服务等现代服务业当前对经济发展的带动作用越来越明显。服务业的技术手段也在升级,突出表现是电商对传统服务业的挑战。在新常态下进一步调整的关键是服务业的转型升级:发展信息服务业、现代物流业、研发服务业、租赁服务业等。这些现代服务业体现了知识经济的要求,是价值链中附加值较大的环节。

三、依托科技创新推动产业创新

近年来,世界范围的新趋势是科技创新与产业创新几乎同时进行,新的科学发现随之带来的是新产业革命。正在兴起的新科技革命催生了生物技术产业、新材料产业、新能源产业、环保产业等新兴产业。这就是通常说的高科技产业化。以科技创新为先导的产业创新,反映现代世界科技和产业发展的趋势。建立在新科技革命基础上的产业创新意味着采用最新科技成果,其技术含量更高,附加值更高,也更为绿色。知识创新和技术创新以产业创新为导向和目标,可能实现大的技术跨越,导致产业结构的革命性变化。显然,产业结构优化升级需要有创新的新兴产业来带动,而产业创新则需要科技创新来引领。产业结构的中高端化,是建立在产业创新和科技创新基础上的转型升级。

科学技术不仅是第一生产力,还是产业结构转型升级的第一推动力。技术创新及其成果的高速扩散是推动产业结构高度化的重要因素。没有科学技术的突破就不会有新产业的产生,没有新技术的扩散就不可能有产业结构整体水准的提升。

根据中共中央"十三五"规划建议,创新驱动经济发展需要形成有利于出创新成果、有利于创新成果产业化的新机制。其基本要求是强化科技同经济对接、创新成果同产业对接、创新项目同现实生产力对接。这几个方面对接归结为科技创新和产业创新的对接。科技创新是先导,产业创新是目标。解决科技创新和产业创新的衔接,主要涉及两方面问题:一是转化,即科技创新成果如何迅速转化为新产品或产业新技术;二是协同,即科技创新领域的科学家与产业领域的企业家协同创新新产业。

科技创新和产业创新的对接,突出的是科技创新的成果迅速转化为新技术、新产业,衔接市场需求与研发供给,培育和形成新的增长点。以产业创新为目标的科技创新能有效衔接知识创新和技术创新两大体系,具体表现在它所具有的三大功能性机制:其一,产业创新的协同机制。产业创新既要依靠大学和科研机构的科学发现,又要依靠企业所掌握的市场的需求。两者结合才能成功进行产业创新。按此要求,产业创新的关键和重要路径是产学研协同创新,也就是产学研各方共同介入创新。其二,产业创新有共同的研发平台。在同一个平台上实现科学家和企业家的互动,共同研发产业创新的技术。这同技术转移是不同的过程。其三,产业创新需要有两个导向:一是产业化导向,其中包括市场的商业化价值的导向;一是科技水平导向,其中包括先进性的技术价值导向。这两个导向结合所产生的创意开发出的新技术、新产业,就可能占领产业和市场的制高点。

对接科技创新与产业创新的重点就是《中国制造2025》中提出的实行五大工程和十个领域。五大工程包括制造业创新中心建设的工程、强化基础的工程、智能制造工程、绿色制造工程和高端装备创新工程。十个领域包括新一代信息技术产业、高档数控机床和机器人、航空航天装备、海洋工程装备及高技术船舶、先进轨道交通装备、节能与新能源汽车、电力装备、农机装备、新材料、生物医药及高性能医疗器械等十个重点领域。通过五大工程和十个领域的建设,立足于国际产业变革大势,全面提升中国制造业发展质量和水平。

第四节 创新驱动绿色发展

习近平同志早在2005年担任浙江省委书记时就指出:"人类社会在生产力落后、物质生活贫困的时期,由于对生态系统没有大的破坏,人类社会延续了几千年。而从工业文明开始到现在仅三百多年,人类社会巨大的生产力创造了少数发达国家的西方式现代化,但已威胁到人类的生存和地球生物的延续。"①绿色发展的理念,体现了人民对美好生活的追求,既要求发展又要求绿色,两者完美结合的主要驱动力是创新驱动。

一、人与自然和谐共生

马克思从经济上将外界自然条件分为两大类:一类是生活资料的自然富源,如土壤的肥力、渔产丰富的水,等等;另一类是劳动资料的自然富源,如奔腾的瀑布、可以航行的河流、森林、金属、煤炭,等等。这两类自然富源在不同的发展阶段上起着不同的决定性作用。"在文化初期,第一类自然富源具有决定性的意义;在较高的发展阶段,第二类自然富源具有决定性的意义。"②马克思当时就发现了自然资源随着经济发展而出现的不可持续供给问题:自然资源的"丰饶度往往随着社会条件所决定的生产率的提高而相应地减低……例如,我们只要想一想决定大部分原料产量的季节的影响,森林、煤矿、铁矿的枯竭等等,就明白了"③。恩格斯也深刻指出:"我们不要过分陶醉于我们人类对自然界的胜利。对于每一次这样的胜利,自然界都对我们进行报复。"④如果人类不保持自身与自然的和谐统一,就会危及自身的生存发展。

人与自然的关系在一开始是人类屈服于自然,后来提出人类征服自然,特别是从马克思所处的那个工业化时代到今天,人类利用工业文明成果对大自然加以索取和掠夺,产生了一系列不顾资源和环境有限性约束的掠夺与破坏自然的行为,对整个社会和自然都形成了巨大的威胁,造成了人口、资源、环境和经济增长系统的不可持续性。早在20世纪70年代

---

① 习近平:《之江新语》,浙江人民出版社2013年版,第118页。
② 马克思:《资本论》第1卷,第586页。
③ 马克思:《资本论》第3卷,第289页。
④ 《马克思恩格斯文集》第9卷,人民出版社2009年版,第559—560页。

初,罗马俱乐部关于人类困境的报告就发出了"增长的极限"的警告:如果在世界人口、工业化、污染、粮食生产和资源消耗方面以现在的趋势继续下去,这个行星上增长的极限有朝一日将在今后的100年中发生。最可能的结果将是人口和工业生产力两方面有相当突然和不可控制的衰退。罗马俱乐部提出经济发展对生态的破坏的警告,使人类开始反思经济增长的代价,从而寻求新的发展方式。

所谓可持续发展,是指既满足当代人的需要,又不对后代人满足其需要的能力构成危害的发展。可持续发展的基本要求是,发展不应当危害支持地球生命的自然系统:大气、水、土壤和生物。显然,可持续发展体现代际公平,是一种现代文明。而现在在许多发展中国家出现的不可持续问题已经不是无力给后代人提供发展条件的问题,而是现代人缺乏发展的条件。

可持续发展问题的提出,意味着人类需要从工业文明转向生态文明阶段。生态文明作为一种发展理念,体现在尊重自然、顺应自然、保护自然。根据这种发展理念,人们不仅拒绝对大自然进行野蛮与粗暴的掠夺,而且积极改善和优化人与自然的关系,从而形成人与自然、人与社会和谐共生、良性循环、全面发展、持续繁荣的生态环境。人类的生产生活方式以最适宜的文明方式影响和介入自然,可以换取自然对人类活动的最佳反馈。

生态文明是人民对美好生活的一种向往。在经济发展处于低水平时,人民期待解决温饱问题,因而也会容忍破坏环境和生态的发展方式。科学技术发展的日新月异推动了经济的快速发展,这极大地改善了人们的生产、居住、医疗、娱乐的条件。平板电脑、3D打印等最新的技术和产品丰富了人们的生活。但人们在开始享受经济增长成果的同时,也不得不承受环境破坏的后果,如全球变暖、酸雨、物种减少、臭氧层空洞、沙尘暴、雾霾等,这是人们在为自己的经济发展方式付出代价。现在,温饱问题解决并逐步达到全面小康水平后,人民对美好生活的期待就突出表现为受教育水平和健康水平的提高。影响健康水平的不仅仅是医疗水平，还有直接影响健康水平的环境质量，人民不会容忍危及健康和生存的大气污染、水污染和土壤污染。尤其是近些年来，雾霾天气频繁袭击各地，人们的自我保护和环境保护的意识空前提高。对老百姓来说，所谓现代化，不仅仅是金山银山，还需要绿水青山。实际上生态和环境也是财富，干净的水、清新的空气、绿色的环境是更宝贵的财富。老百姓不仅需要获取更多的物质财富和精神财富，还需要获取更多的生态财富。

生态危机并不是现代化所固有的，现代化进程中出现的生态破坏之类的"发展病"是由发展的模式和手段造成的。生态文明的提出，不是不要经济发展，不是要退回到原始的生态和谐，而是要解决生态问题、化解生态危机、和谐人与自然的关系，实现理性发展。生态文明作为现代化的发展理念实际上是推进环境现代化。首先，生态文明是环境现代化的重要目标，环境现代化要求协调经济与生态的关系，促进经济和生态可持续发展。其次，环境现代化为生态文明的实现提供一种发展方式的理论和途径。生态文明理念注入现代化内涵，可以消除现代化的消极后果，使现代化实现生态转型，创新具有生态内涵的发展理念和发展模式。其中，工业化体现绿色工业化，城市化体现绿色城市化，经济结构体现结构生态化。

二、绿色化的创新驱动

人类在生活富裕的同时，处于青山绿水、蓝天白云的生态环境中，享有清洁的水、洁净的空气、绿色的食物，可以说是人类的共同愿望。

在现实中，发达国家与发展中国家所处的发展阶段不同。发达国家当年的工业化是在全球资源、环境供给宽松的条件下推进的，其中相当多的资源是靠掠夺落后国家获得的。现在包括我国在内的发展中国家也进入了工业化阶段，面对的是全球资源严重供给不足，生态和环境压力更为严重。对发展中国家来说，不仅需要继续推进工业化，还要承担保护生态和环境的义务。对于我国这样的追赶发达国家的新兴工业化国家,需要利用自然资源的制造业占国内生产总值的一半以上,自然资源出口或者以自然资源为主要原材料的工业品出口占很大比重。长期以来过度依赖粗放式的经济增长模式,经济的快速增长基本上是建立在增加资源投入和环境投入的基础之上的。这种发展状况持续到现在,令土壤、水资源、大气、能源供给等方面的生态压力非常严重。与此同时,我国作为人口大国,城市化所导致的城市中人口拥挤、交通拥堵等现象令城市生态也遭到破坏。这意味着由环境和生态所造成的增长的极限已经到来。

习近平同志2015年在巴黎气候变化大会开幕式上发表重要讲话,强调应对气候变化不应该阻碍发展中国家消除贫困、提高人民生活水平的合理需求。同时明确中国将把生态文明建设作为"十三五"规划重要内容,通过科技创新和体制机制创新,实施优化产业结构、构建低碳能源体系、发展绿色建筑和低碳交通、建立全国碳排放交易市场等一系列政策措施,形成人与自然和谐发展现代化建设新格局。中国政府承诺将于2030年左右使二氧化碳排放达到峰值并争取尽早实现,2030年单位国内生产总值二氧化碳排放比2005年下降60%—65%,非化石能源占一次能源消费比重达到20%左右,森林蓄积量比2005年增加45亿立方米左右。绿色发展的理念要求,坚持节约资源和保护环境的基本国策,坚持可持续发展,坚定走生产发展、生活富裕、生态良好的文明发展道路,加快建设资源节约型、环境友好型社会,形成人与自然和谐发展现代化建设新格局,推进美丽中国建设,为全球生态安全作出新贡献。

绿色发展不是不要发展,而是在强调发展速度的同时,转变经济发展方式,重视资源和环境的承载能力,不仅要求新的项目不能破坏生态,还要求治理因过去发展对生态所造成的破坏。其基本路径是以在产业、技术、消费三个层面的创新来实现绿色发展。

第一,产业创新驱动绿色发展。我国目前所面临的物质资源不可持续供给,环境污染和生态破坏严重,很大程度上可以从制造业为主的产业结构得到说明。特别是我国现行的制造业基本上是物质资源密集型的,而且所用能源主要是化石能源,因此碳排放情况也较为严重。在此背景下,实现绿色发展的关键,一是淘汰高耗能高排放的产业;二是创新和发展低能耗低排放的绿色产业,其中包括新能源、环保产业、生物技术产业等。三是发展服务业,从而降低制造业的比重。

第二,科技创新驱动绿色发展。绿色发展不意味着不要制造业,而是要求制造业采用绿色技术。人类生产和生活所依赖的化石能源已面临枯竭,温室气体大量排放危及人类自身安全。人类必须发展为生产生活提供廉价电力的新能源,提供代替石油的新一代燃料和高密度储能的材料、器件和技术。除了创新绿色产业外,科技创新有四大方向:一是攻克大气污染控制、水体污染治理、土壤污染治理、废弃物资源化利用等关键技术,提高生态承载能力。二是创新高效低耗、高品低密、高标低排、无毒无害、清洁健康等绿色技术,改造整个制造业,使整个工业生产过程绿色化。包括以节能减排的新技术,替代或节省日渐枯竭的不可再生资源。三是创新环保和低碳技术,减少碳排放,以新能源和清洁能源逐步替代化石能源,尤其是改变目前以煤炭为主的能源结构,提高能源利用效率。四是推行循环经济技术。正如马克思当年所指出的:"化学的每一个进步不仅增加有用物质的数量和已知物质的用途,从而随着资本的增长扩大投资领域。同时,它还教人们把生产过程和消费过程中的废料投回到再生产过程的循环中去,从而无需预先支出资本,就能创造新的资本材料。"[1]

第三,绿色低碳消费方式驱动绿色发展。生态文明全社会共享,也需要全社会努力。现实中不只是生产方式破坏环境和生态,消费方式也会破坏环境和生态。这种消费方式既有低收入阶段不讲卫生、不注意环保的陋习,也有向中等收入阶段转型时期的享受型消费方式,还有沾染奢靡

---

[1] 马克思:《资本论》第1卷,第698—699页。

之风的浪费型消费。适应生态文明要求的消费是绿色、低碳、节约资源的文明消费,这也是现代化的生活方式。这种生活方式包括购买绿色低碳消费品,使用环保、可循环使用的产品,反对浪费,鼓励公共交通,使用新能源汽车,减少汽车尾气排放等。

第三章　世界科技创新的进展和趋势

习近平总书记指出："实施创新驱动发展战略，首先要看清世界科技发展大势。科学技术是世界性的、时代的，发展科学技术必须具有全球视野、把握时代脉搏。当今世界，科学技术发展确实很快，可以说是突飞猛进、一日千里。"我们在研究创新发展的重要性及创新发展的趋势时，需要了解世界科技发展的最新突破。我国的科技发展不能只是停留在追赶阶段，应该同世界科技发展并跑甚至领跑。

第一节　创新发展的时代背景——知识经济

从经济发展的要素推动来说，人类社会先后经过了资源经济、劳动经济和资本经济阶段，现在正在进入知识经济时代，经济增长日益依赖知识。我国提出创新发展的时代背景就是当今世界进入知识经济时代。创新发展实际上是依靠创新的知识推动发展，知识创新及其应用正在成为财富创造的中心。

一、知识和知识经济

知识是凝聚在个人、群体或物品中的以信息为基础的能力或物化的能力。知识有两方面含义：一是把知识看作是更具概括和表述性的信息，而信息是相互关联的事实：数据、文本、声音和图像。二是把知识按照潜在的可观察的行为来定义，它是个人或群体的一种能力，去从事或者指导、引导其他人去从事一个能够产生对物质对象的可预见的改变的过程。

知识可以这样被分类：当知识为文字、数学定理或能够通过已知的计算机程序所传达时，知识就是可编码的；当知识只存在于特定的个人的思想中，或者是组织已建立起来的日常工作中，并且不能进行常规的传达或再生产时，知识就是内隐的。一个企业或个人的知识可按其重要性从低至高排列：① 认识性知识（或称 Know what），② 高级技能即诀窍（know how），③ 系统理解能力（know why），④ 有目标的创造力（care why），⑤ 综合能力和经过训练得到的直觉能力（perceive how and why）。这些知识显然主要存在于企业人员的头脑里。但前三个层次的知识有可能储存于组织或个人的软件、系统、数据库或操作技术之中。①

1996 年，国际经济合作与发展组织（OECD）在一份题为"以知识为基础的经济"的报告中，对"知识经济"的概念首次给予较明确的界定：知识经济是建立在知识和信息的生产、分配和使用之上的经济。该组织认为，知识经济是和农业经济、工业经济相对应的一个概念，用以指当今世界上一种新型的、富有生命力的经济，是人类社会进入计算机信息时代后出现的一种经济形态。

知识经济作为一种全新的经济形态或模式，与传统经济相比较最为突出的特征是：②知识经济是一种信息化经济。知识经济是微电子技术、信息技术充分发展的产物，是信息社会的经济形态。这一特征具体表现在五个方面：① 信息技术在全社会广泛渗透和使用，信息技术对于政治、经济、社会、文化、道德等的影响是全方位的；② 信息产业成为国民经济

---

① 参见[美]詹姆士·奎恩、乔丹·巴洛奇、卡伦·兹恩《创新爆炸》，惠永正、靳晓明等译，吉林人民出版社 1999 年版，第 2 页。
② 参见王明友《知识经济与技术创新》，经济管理出版社 1999 年版，第 10—13 页。

的主要经济部门;③ 信息和知识成为重要的资源和财富,国家与国家、地区与地区、企业与企业之间的差距,主要表现在对信息与知识的生产、传播、使用能力上的差异;④ 拥有先进的信息网络,信息流动时间加快;⑤ 全社会生产自动化程度大大提高,自动化技术将在社会管理、经济管理、企业生产管理等方面全面普及。

由于知识经济中信息技术的充分应用,信息处理价格降低,尤其是通讯和计算机技术的"数字趋同"以及国际网络化进程的加快,使信息、知识的创新、储存、学习和使用方式产生了第二次革命,从而使知识的商品化、信息的商品化能力大大提高。信息、知识应用于制造业、服务业的速度大大加快,进而引起全球经济增长方式发生根本性变革。经济的发展日益与信息技术的发展密不可分,社会再生产的每一个环节,都伴随着信息流,伴随着信息的获取、加工、传输、储存以及使用,从而导致整个社会经济的信息化和数字化。

正是由于知识经济以信息技术的充分发展为基础,而互联网的崛起、电脑的广泛普及标志着人类在跨入信息时代的同时,正在从两个方面接受信息化的根本改造:一方面,信息化建立了企业与市场之间的桥梁,企业可以快速、准确地了解市场动态和顾客需求,传统的大规模市场和推销可能被灵活高效的信息服务所取代;另一方面,信息技术由过去的大型主机统一处理信息和发布指令,发展到个人电脑成为信息形成、处理、发展和传输的主要角色,提高了人与人之间交换信息及协调合作的水平,使众多电脑组成的网络得以在商业活动中完成最佳媒体的作用。

知识经济具有报酬递增的正反馈效应。传统的依靠物质要素投入的经济具有报酬递减的特点,其主要原因是物质要素的有效性。而知识经济则不同,对新知识的使用没有这种限制,用得越多,越有效益。具体地说,在一个经济中,那些以资源为生产基础的行业(农业、大宗产品的生产行业和矿业)仍然属于报酬递减行业,这些行业仍然是传统经济理论统治的天下。相反,那些以知识为生产基础的行业,却属于报酬递增的世界。

像计算机、药品、导弹、飞机、软件、光导纤维和通讯器材这样的产品,设计和生产十分复杂,要求大量的初始投资以用于研究、开发和投产,但商业生产一旦开始,产品就会相当便宜。比如,一种新型飞机引擎,一般要花20亿美元到30亿美元进行设计、开发、检测和投产,尔后每个产品的成本就只有5000万美元到1亿美元。生产的产品越多,成本就越低,收益就越大。

知识经济条件下所具有的正反馈效应表现在,谁最先创新成功,谁就居领先地位,即强者更强。如果一种产品或一个国家在竞争性市场上因某种"机会"或"机遇"而领先,它就会一直领先,并扩大这种领先程度,可预测性以及市场分享就不再能实现。盒式录像机(VCR)的历史是正反馈的一个绝佳例子。VCR的市场是由VHS和Beta这两种制式不同但价格相同的录像机的相互竞争开创的。每种制式的市场份额扩大都能体现报酬递增:使用VHS式录像机的人越多,商家就越愿意储备VHS制式的录像带,就使得拥有VHS制式的录像机的意义更大,因而就会吸引更多的人购买。(Beta制录像机的情况也完全相同)在这种情况下,一种制式录像机市场份额的小小增加就会提高其竞争力,使其更为领先。

二、知识经济的新进展——网络化智能化经济

世界经济正经历着一场深刻的"革命",这场革命极大地改变着世界经济面貌,塑造着一种"新世界经济",即"网络经济"。25年前全世界仅有5万台电脑,现在已增加到1.4亿台。1960年一条横跨大西洋的电缆仅能容纳138对电话同时通话,现在一条光纤电缆同时可容纳150万对电话通话。现在全世界上网的人数达17.1亿。[①] 中国互联网络信息中心(CNNIC)发布的《第37次中国互联网络发展状况统计报告》显示,截至2015年12月,中国网民规模达6.88亿,全年共计新增网民3951万

---

① 参见美国国家商务部《新兴的数字经济》,中国友谊出版公司1999年版,第12页。

人。网民人数居世界第一。互联网普及率为50.3%,较2014年底提升了2.4个百分点。其中,中国手机网民规模达6.20亿,较2014年底增加6303万人。网民中使用手机上网人群占比由2014年的85.8%提升至90.1%。

如今网络贸易已不是天方夜谭,而是世界上许多大公司的实际业务。企业通过Internet可以非常方便地与世界上几乎所有大公司进行信息交换,可以很方便地把自己公司通过网络介绍给所有入网用户,以宣传公司及产品。根据联合国贸易和发展会议的统计,全球电子商务交易总额在1994年达到12亿美元,2000年增加到3000亿美元,2006年竟然达到12.8万亿美元,占全球商品销售的18%,2011年全球电子商务交易达到40.6万亿美元,绝大部分的国际贸易额以网络贸易形式实现。而阿里巴巴集团2016财年电商交易额(GMV)突破3万亿元人民币。这意味着,阿里巴巴在财年内(2015年4月1日—2016年3月31日)有望超越沃尔玛,成为全世界最大零售平台。

知识经济亦可称为智力经济,它是一种以智力资源的占有、配置、生产、分配、使用为最重要因素的经济。在工业经济发展中,大量资本、设备等有形资产的投入起决定性作用;而在知识经济中,智力、知识、信息等无形资产的投入起决定性作用。应用知识提供智能、添加创意成了知识经济活动的核心问题。智能即智力的凝聚,表现于特定人才和技术之上的创造能力和拓展能力,其主要形态是特定知识及其开发和运用。在开发、增益并扩散各层次智力的过程中,软件是关键因素。这类软件包括数据库、分析和建模软件、服务处理软件(如日常会计事务)、操作软件(控制物理机械和过程)、系统软件(多个过程和操作之间的关联)和网络软件(间歇性地连接多个地址和系统),各种形式的软件都能够以新的方式使人的能力得以延伸,如:① 以前所未有的速度和准确度获取知识;② 能够分析人类无法独立解决的复杂问题;③ 在恶劣条件下以人类无法达到的精确度控制各种物理过程;④ 在无人参与的情况下远距离监测物理和智力过程;⑤ 寻求更广泛信息源,集中更多人的智慧以创造性地解决舍此则无法解决的问题;⑥ 较其他途径以更广泛、高效、有效的方式扩散知识。①

软件正从根本上改变着创新的每一个环节,从基础研究到市场需求分析,到所有产品和服务的设计,到模型和样机建立,到试生产和大规模生产,到分销、促销和售后服务。它使发明家能够按新的方式在一起工作:在虚拟实验室、虚拟工作里相互远距离合作,进行高度集成的全球化试验和生产,以期同时达到最大的智力进步、最高的质量、最大的灵活性和最低的成本。软件系统现在已经成为任何一家企业的组织、文化和创新价值的创造体系中不可分割的一个组成部分了。软件是智力的一种形式,而且通常是一个企业所拥有的最宝贵的智力资产,然而大多数企业都不知道如何珍视它。

智力是一种资本。智力资源的多寡,智能开发和利用程度的高低,决定着企业面向未来的竞争优势。正是由于智力资源对于经济发展的特殊重要性,现在世界各国对于智能的开发越来越看重。一方面,强调对知识和人才的管理,对发挥组织内外相关专家学者的智囊作用给予高度重视,甚至连企业都被看成是"学习型组织",要求员工不断地获取新知识和自觉成才;另一方面,在企业或组织中推崇人本管理,创造一种使员工精神愉快、关系和谐的组织文化和工作环境,既强调对员工的物质鼓励,又重视对员工的精神激励,从而使员工愿意为组织工作,并最大限度地发挥出自己的智力。

创新是知识经济的灵魂。创新是经济增长的发动机。在工业经济时代,每一次创新,如石油资源超越煤炭资源,石油化工超越煤炭化工,内燃机技术超越蒸汽机技术等,都极大地促进了经济的发展。但是,这些技术创新所经历的时间相对比较漫长,范围相对比较有限。而知识经济时代的技术创新速度大大加快,范围将涵盖全社会,技术创新成为经济增长的

---

① 参见[美]詹姆士·奎恩、乔丹·巴洛奇、卡伦·兹恩《创新爆炸》,惠永正、靳晓明等译,吉林人民出版社1999年版,第3页。

最重要的动力。中国科学院提供的一份研究报告指出：知识经济正在逐渐成为国际经济的主导，在这个过程中，世界科技的发展将更加迅猛，技术革命向产业革命的转换周期将更短。据科学家的研究，技术进步对发达国家经济增长的贡献率，在20世纪初只占5％左右，40—50年代上升到40％左右，70—80年代达到60％左右，90年代已高达80％左右。这就说明，在技术和产品的生命周期日益缩短的知识经济时代，"不创新、就灭亡"，唯有全面创新，包括知识创新与技术创新，并形成一种持续创新机制，使技术与经济、教育、文化有机结合，综合协调，一体化发展，才能赢得和保持竞争优势。

知识经济是一种可持续发展经济。传统的工业经济创造了日益丰富的物质财富，促进了人类文明的发达和繁荣。但是，传统工业是确立在自然资源取之不尽、环境容量用之不竭的基础上的，甚至以向自然掠夺为目的。工业经济对自然资源的这种过度依赖和消耗，严重污染了自然环境，破坏了自然界的生态平衡，从而损害了人类赖以生存的地球，危及人类的长期发展。知识经济产生在多种自然资源近乎耗竭、环境危机日益加剧的时代，它把科学与技术融为一体，反映了人类对自然界与人类社会的科学、全面的认识。因此，知识经济发展的指导思想是科学、合理、综合、高效地利用现有资源，同时开发尚未利用的自然资源以取代已近耗竭的稀缺自然资源。知识经济以先进的科学技术手段，使人们能够更有效地使用能源，用清洁可再生能源代替矿物燃料，研究开发效率更高的材料，实行封闭的工业生态循环，把污染控制在第一发生现场。

第二节 "德国工业4.0"

迄今为止，人类历史上已经经历了三次工业革命。18世纪中期开始，由蒸汽动力推动的机械设备改变了手工作坊的产品生产方式，第一次工业革命的发生也标志着"工业1.0"的诞生。19世纪中后期,随着分工明确和电力驱动机械设备的应用,商品开始在流水线模式下被批量生产,进入"工业2.0"时代。从20世纪70年代开始一直延续到现在,全球开始第三次工业革命即"工业3.0",电子信息技术成为这次工业革命的核心,机械自动化程度大幅度提升,不仅节省了大量体力劳动,也开始代替部分脑力劳动。自"工业3.0"以来,传统工业技术一直占据着制造业的主导地位,德国工业在200年的演进发展历史中长期居于强国之列,但近些年面对人类技术的进步和发展模式弊端等问题,传统制造业的转型升级势在必行。为了支持德国工业领域新一代革命性技术的研发与创新,德国政府在2013年4月举办的汉诺威工业博览会上正式推出《保障德国制造业的未来:关于实施工业4.0战略的建议》,进而于2013年12月19日由德国电气电子和信息技术协会细化为"工业4.0"标准化路线图。目前,"工业4.0"已经上升为德国国家战略,同时也引起了全世界的关注。

一、制造业转型升级的国际背景

"德国工业4.0"的提出,有深刻的国际制造业竞争的背景。挑战主要来源于两个方面:一是传统老牌发达国家的竞争压力。二是新兴市场国家的冲击和挑战。

美国向制造业的强势回归。美国先后提出了"再工业化战略"和"先进制造伙伴战略"等,以复兴和确保美国在先进制造业领域的领导权。美国先后于2009年、2010年公布《重振美国制造业框架》和《制造业促进法案》,随后于2011年和2012年相继启动了《先进制造业伙伴计划》和《先进制造业国家战略计划》,确定了美国先进制造业发展的三大支柱和先进制造技术领域,系统性地明确了美国制造业复兴的具体措施。[①]

[①] 参见柴忠东、刘厚俊《剖析美国回归制造业的新动向》,载《福建论坛(人文社会科学版)》2015年第7期。

作为传统制造业强国的日本同样也提出了多项旨在发展本国制造业的举措。同样从2009年开始至2012年日本政府提出了五轮经济振兴的对策,强化日本工业竞争力是这些振兴计划的主要内容。[①] 安倍政府于2013年提出了"日本再兴战略",将产业再兴战略作为今后三大重点战略之一。

欧盟虽然深陷欧债危机,但早在2010年就提出了"欧洲2020战略",其三大发展重点中的"智能增长"就涵盖了"再工业化"的主要内容。英、法、西等国相继制定了相应的"再工业化"战略。如2011年英国发表的《强劲、可持续和平衡增长之路》报告中提出了六大优先发展行业,法国于2012年新成立了Ministere du Redressement Productif(生产振兴部)来重振法国工业,而西班牙则以"再工业化援助计划"的方式出资4.6亿欧元来推进本国的再工业化项目。

从20世纪中后期开始,以德国为首的发达国家将部分制造业转移到具有成本优势的发展中国家,此种转移给发展中国家带来了溢出效应,促进了新兴市场国家的产业升级和经济增长。其中典型的代表如中、印,印度依仗计算机和软件业等高端制造业成为"世界办公室",中国更是成为"世界工厂",于2010年超过美国成为世界第一制造大国。而这些国家的蓬勃发展不仅造成了以德国为首的发达国家产业空洞化现象的发生,同时使得发达国家的贸易优势日渐丧失,对发达国家的制造业造成了较大的冲击和竞争压力。

面对上述挑战,"德国制造"的光环正在退去。

一是德国制造业在整个国民经济中日益式微。2008年金融危机和欧债危机发生后,2009年德国制造业占比大幅滑坡,此后这种大幅度下滑虽有缓解但制造业颓势凸显。探究近些年德国制造业日益式微的原因,劳动力成本上升是首要因素。2002年欧元正式流通后,德国由于劳

[①] 资料主要来源于日本内阁府(具体见:http://www.cao.go.jp/)。

动力成本增速低于欧元区使得德国在欧元区鹤立鸡群保持较好的竞争力,但随着欧债危机的爆发以及其他因素的共同作用,德国劳动力成本从2011年后开始超越欧元区平均增速,劳动成本的不断上涨对德国制造业构成了消极的影响。

二是德国创新能力提升出现瓶颈。"德国制造"是全球创新引领者的代名词。全球竞争力报告显示德国竞争力虽然从2009年全球的第7位上升到2014年的第5位,但其创新指标表现并不出色,国家创新能力指标从2009年的全球第2位下降到全球第4位,其中虽然政府对先进技术的采购(从第45位上升到第16位)与科学家和工程师的有效性(从第35位上升到第18位)有了大幅改善,但研发机构的质量、企业在R&D方面的支出都出现了不同程度的下降。[1] 世界产权组织一份有关专利申请的报告也指出,德国2013年的专利申请量下降了4.5%,而其他国家不论是美国、日本还是中国的专利申请量都有不同速度的上升,而中国则在申请量方面超越德国位列全球第3。[2] 所以德国在创新方面出现了提升的瓶颈期,亟须在这一方面有所突破。

综上所述,德国正是在这种背景下敏锐地觉察出未来制造业的发展方向,为了通过互联网媒介推动德国工业的新发展,实现第四次工业革命,保持本国制造业持续高的竞争力水平,从而提出了"工业4.0"的构想。

二、"德国工业4.0"的主要内容

"德国工业4.0"概括来说就是,以智能制造为主导,促使各种生产设备和生产系统智能化、网络化,并实现彼此之间基于互联网的无缝连接,

---

[1] 具体数据见"The Global Competitiveness Report 2009—2010","The Global Competitiveness Report 2014—2015",World Economic Forum, Geneva, 2009,2014。
[2] 具体数据见"Cooperation Treaty Yearly Review: The International Paten System",WIPO, Geneva,2014。

通过借助信息通信技术和制造技术的融合——信息物理系统,实现制造业全部环节的智能化。

"德国工业4.0"的核心是"智能＋网络化",其目标:第一,促进制造业和新一代互联网技术融合。通过建立智能工厂,实现智能制造的目的。所以它不单是采用新型制造技术和先进制造设备,而且是要将迅速发展的物联网(Internet of Things)和务联网(Internet of Service)引入制造工厂,从而彻底改变工业生产的组织方式和人机关系。其中德国《国家创新战略 2020》(High-Tech Strategy 2020 Action Plan)中 ICT 领域的重点项目——新一代互联网技术向工业渗透,是正确理解"德国工业 4.0"计划的重要甚至是唯一的切入点。第二,智能化,这是"德国工业 4.0"的"灵魂"。推动工业从自动化升级为智能化。首先制造业将变得更为灵活、智能和个性化,实现自主运行和优化。其次制造业从自动化向智能化演进的过程,也是工艺流程复杂化的过程,企业驾驭复杂度的能力也必须配套进行升级。"工业 4.0"能促进包括生产技术、生产组织方式的演进,同时还使得企业管理复杂工艺的能力提升。

"德国工业 4.0"具体的实施路径,主要采用两大战略:一是"领先的供应商战略"。关注生产领域,要求德国的装备制造商必须将先进的技术、完善的解决方案与传统的生产技术相结合,生产出具备"智能"与乐于"交流"的生产设备,为德国的制造业增添活力,实现"德国制造"质的飞跃。该战略注重吸引中小企业的参与,希望它们不仅成为"智能生产"的使用者,也能化身为"智能生产"设备的供应者。二是"领先的市场战略"。强调整个德国国内制造业市场的有效整合,而构建遍布德国不同地区、涉及所有行业、涵盖各类大中小企业的高速互联网络是实现这一战略的关键。通过这一网络,德国的各类企业就能实现快速的信息共享,最终达成有效的分工合作。在此基础上,生产工艺可以重新定义与进一步细化,从而实现更为专业化的生产,提高德国制造业的生产效率。除了生产以外,商业企业也能与生产单位无缝衔接,进一步拉近德国制造企业与国内市场以及世界市场之间的距离。现在"工业 4.0"已经由概念走进现实,包括智能工厂、智能生产和智能物流。

三、"德国工业 4.0"在创新发展层面的意义

"德国工业 4.0"的意义在以制造业的智能化引领智能社会,从而实现"德国工业 4.0"的扩展。在"工业 4.0"阶段,除土地、劳动、资本和企业家才能等传统生产要素外,数据成为一种重要的新型生产要素。智能工厂出产可实时生成数据的"智能产品",形成大数据系统。大数据经实时分析和数据归并后形成"智能数据",再将"智能数据"进行可视化和交互式处理,实时向智能工厂反馈产品和工艺优化的方案,从而形成"智能工厂——智能产品——智能数据"的闭环,驱动生产系统智能化。而这一切的实现,不仅依赖于可靠的"云设施",更为重要的是数据这一新型生产要素的生成和利用。其中通过智能工厂和智能产品构成嵌入式制造系统,借助物联网和务联网,将智能交通、智能物流、智能建筑、智能产品和智能电网等相互连接。所以"德国工业 4.0"计划的最终目标是以制造业的智能化引领国民经济体系的智能化发展。

"德国工业 4.0"向人们展现出全新的工业蓝图:在万物互联的网络化世界,原有传统企业和行业的边界模式、产业链实时分工重组,物联网和务联网渗透到生产技术的各个环节,新价值的创造过程发生巨大改变,各种新型工厂和产品层出不穷,高灵敏度的智能化生产和个性化产品定制成为现实。"德国工业 4.0"的推出,对各国的创新发展均具有深远的影响。

"德国工业 4.0"适应新一代互联网技术迅速发展的需要,是产学研及社会组织通力合作的典范。一是德国国家工程院和联邦教育研究部积极参与,体现了国家战略意图和相应的政策支持。二是德国工业和 ICT 产业(包括软件和硬件)是"工业 4.0"计划的积极倡导者和实践者,为"工业 4.0"计划的推进提供了资源保障和试验场。三是德国重点技术型大

学和著名的弗朗霍夫研究所为"工业4.0"计划提供解决方案支持。四是德国主要的行业协会也深度参与到该计划当中,发挥组织协调和信息交流的作用。正是这种产学研协同,夯实了技术创新基础。通过技术创新来促进德国"提升产品质量的渐进性创新"模式的形成,推动了制造技术精益求精,重新奠定了德国装备制造业的全球领先优势。同时德国在嵌入式系统和企业管理方面积累了丰富经验,制造技术和ICT技术的优势构成了实施"工业4.0"计划的产业基础。

"工业4.0"是德国针对再工业化的顶层设计,为未来德国工业发展描绘了细致的发展蓝图。首先德国政府制定了明确的创新战略与创新路线。2010年德国政府推出《高科技战略2020》,旨在加强科技与产业间的协作能力,同时为基础和应用研究制定框架,而"工业4.0"正是《高科技战略2020》中的十大未来项目之一。其次为推进"工业4.0"计划的落实,德国三大工业协会——德国信息技术、电信和新媒体协会,德国机械设备制造业联合会(VDMA)以及德国电气和电子工业联合会(ZVEI)共同建立了"第四次工业革命平台"办事处以进行必要的组织与协调,还开设了网站(http://www.plattform-i40.de)作为信息发布与公众交流的平台。[①] 再次从中央政府到地方政府均制定创新激励政策,助推技术创新。中央政府着力扶持中小企业创新,降低企业创新风险。联邦政府通过中小企业创新核心项目(ZIM)为中小企业研发提供直接资金补贴。地方政府同样不断创新鼓励研发的政策工具。地方政府层面的资金主要用于促进大学、研究机构和企业的联合创新。

"德国工业4.0"计划是面对新工业革命来临,在产业升级和转型方面的主动求变之道。该战略的诸多经验和实践,都为各国制造业的新发展和转型以及国家创新发展提供了有益的启发和思路。

---

① 参见"Organisation & Gremien",http://www.platform-i40.de/platform/organisation。

第三节 大数据

习近平总书记在论述当代重大科技进步时特别举了大数据的例子,他说:研究表明,工业化时期数据量大约每十年翻一番,现在数据量每两年就翻一番。浩瀚的数据海洋就如同工业社会的石油资源,蕴含着巨大生产力和商机,谁掌握了大数据技术,谁就掌握了发展的资源和主动权。

人与自然的各种活动可以产生大量的数据,而数据是进行决策的依据。大数据时代的到来,得到了很多国家的响应,纷纷将大数据政策上升为国家战略。2012年3月,美国发布《大数据研究与发展倡议》,启动"大数据研究与开发计划"。2013年6月,日本公布了"创建最尖端IT国家宣言",以促进大数据的广泛应用。2013年8月,澳大利亚出台了大数据相关政策,推出了大数据分析的实践指南。此外,英国、法国、韩国等也纷纷启动了大数据中心战略。我国于2015年也相继出台了《关于运用大数据加强对市场主体服务和监管的若干意见》和《促进大数据发展行动纲要》,对大数据产业的发展进行了系统部署。

一、大数据的功能

在传统小数据时代,由于存储成本较高,数据无法得到有效的捕捉和存储。即使部分小数据能够通过抽样保存下来,也无法通过网络及时连接起来,数据躺在一个个孤岛上,其价值很难得到。在大数据时代,这两个方面都发生了变化。一方面,软硬件技术的进步降低了数据捕捉和存储的成本。例如,美国公司SpaceKnow存储了2亿张跨越14年中国各工业基地的卫星的照片,用来分析中国PMI指数的走势。另一方面,互联网技术的进步将各种不同种类的数据连接起来。例如,美国加州大学伯克利分校和德意志电信合作开发了一款App,利用智能手机内置的陀螺仪感知地震。开发者可以实时在线收集大量震动数据,通过在线大数据为人们提供地震预警服务。随着各种大体量的数据逐渐连接到了一起,数据利用的方式产生了根本性的变化,其经济价值也越来越大。

在传统小数据时代,非常有限的数据主要用于解释过去发生了什么,对未来的预测能力较弱。例如,传统电视节目收视率的调查一般用来证明该节目在过去是否取得了成功,但很难做到提前预测。而大数据的核心就是预测,将海量数据应用到各种复杂的预测模型中,通过高速计算来预测各种事情发生的可能性。在越来越多的领域,大数据的预测能力已得到业界的认可。例如,Google公司通过对搜索关键词进行分析,比政府检测部门提早两周预测到禽流感分布,及时地提供了预警服务。而该公司提前一个月对电影票房预测的准确率高达94%。当然,大数据并不一定能准确预测所有的事物,对于完全随机的事物(如双色球彩票等)而言,大数据的预测能力和随机抛硬币并没有什么本质的区别。

大数据的特色在于对海量数据进行分布式数据挖掘,大数据有4V特点:Volume(大量)、Velocity(高速)、Variety(多样)、Value(价值)。基础是各个参与者都在提供经过分析和处理的数据。出版、新闻、广告、服务代理、金融服务等均成为数字化产品被传输,并加入到海量信息中。

大数据的"大",意味着在现有技术条件下能捕捉到尽可能多的数据,与之前的随机抽样相比,更加接近全部数据,预测的能力也相应提升。随着技术的进步,大数据的体量越来越接近全部样本,处理速度和预测能力也不断提升。

与传统小数据相比,大数据之所以预测能力强,除了数据规模大之外,还依赖于其他三个主要特征。

一是客观性强。首先,大数据一般通过计算机程序自动完成捕捉和存储,不会受到人为主观情绪的影响。其次,在微观数据到宏观数据汇总的过程中不再需要人工介入,不存在人为粉饰数据的可能性。最后,由于样本比较接近全体样本,可以有效避免小样本抽样时存在的主观选择问题。

二是全面描述。大数据种类繁多,相对于以往便于存储的以文本为主的结构化数据,非结构化数据越来越多,包括网络日志、音频、图片、视频等。虽然这些非文本类型的数据拉低了数据整体的价值密度,但是它们不仅能够更加全面地描述事物,而且对传统结构化的数据可以做到交叉验证,以提高数据质量。例如,对于用户所在地,可以用 IP 地址、身份证户籍地址、手机地理位置等多个信息进行交叉确认,较容易识别出虚假信息,在授信等很多场景下具有较高的价值。

三是实时分析。在线数据的分析能够实时完成,也是大数据区别于传统小数据的重要特征。当大量数据实时联网时,分散在不同地理位置的数据突破了空间上的限制,依托强大的分析能力,进行 7×24 小时的实时计算分析,及时对各种事物进行预测和预警。

大数据预测的理论基础来自计算机学科的机器学习和经济学科的计量经济学。

机器学习是计算机利用已有的数据进行训练,得出某种模型,并利用此模型预测未来的一种方法。机器学习就是把人类思考归纳经验的过程转化为计算机对数据处理得出模型的过程。计算机学习得出的模型能解决很多灵活复杂的问题。除了传统的结构化的文本数据,机器学习还非常擅长处理图片、音频、视频等非结构化的数据。然而,机器学习的处理过程不是基于因果的逻辑,而是通过归纳思想得出的相关性结论。因此,机器学习只关注数据本身,它存在两个方面的问题:其一,可能出现过度拟合问题,即机器学习模型对训练的数据能够完美拟合,但是在进行实际预测时又可能不太准确。其二,大数据并非全部样本,而是在现有条件下获取到了尽可能多的样本,可能存在"幸存者偏差"现象,而机器学习模型无法识别出这种情况。

与机器学习只关注数据本身不同,计量经济学更加关注数据背后的理论,即事物之间的因果逻辑。计量经济学模型都是经济学家根据理论设定而非机器自动设定的。一方面,建立计量经济学模型需要借助大数据背后所涉及的各种科学的理论来建立模型,然后通过大数据来验证模型的正确性,最后将建立好的模型用于预测。另一方面,计量经济学可以发现大数据背后隐藏的各学科理论,从而加速科学的探索活动,促进社会科技的进步。与机器学习相比,计量经济学对数据的规范性要求更高,目前它只能处理结构化的数据,而对图像、视频、音频等数据必须要转换为结构化数据后才可以进行计量分析。因此,机器学习和计量经济学需要相互结合、相互渗透,通过发挥各自的长处来提高大数据预测的准确率。

二、大数据的产业链

大数据不仅形成了产业,还形成了产业链。大数据产业链的参与者主要包括基础设施提供商、数据提供商、分析技术提供商和业务应用提供商等四类。前两类在大数据时代初期有着重要的地位,而后两类则是大数据发展中后期的重点。

基础设施提供商是大数据产业软件设施的提供者,处于大数据产业链最上游的位置。主要有两类商家:一类是高性能数据存储软件(如提供分布式数据存储软件服务)。这类市场除了一些新兴的公司(如 Cloudera 等)之外,还有一些互联网巨头公司,它们牵头打造开源软件,通过开源协议向用户免费提供使用(如 Hadoop 等)。另一类是提供云基础架构服务的大数据提供商,一般由一些互联网巨头公司参与,如美国的亚马逊和中国的阿里云。通过云计算提供大数据基础设施的好处在于,用低廉的月租成本替代高额的固定投资,并且能够更快速部署应用,实现全球覆盖。

数据提供商则是手中握有海量数据的参与者,处于大数据产业链中最核心的位置。主要有两类商家:一类是利用自身先进的软硬件平台整合各类公开和私有大数据并不断更新,通过设计友好的调取界面,将大数据租赁出去。这类商家通常由传统的数据库服务商发展而来,在金融领域比较常见,如国内的通联数据、万德数据等。另一类则是搜索、社交、零售、金融或电信巨头通过本身的业务发展而来的,在互联网行业比较常见。他们通过业务接触到海量用户,通过和用户在业务互动过程中记录海量用户的偏好、点击、交易等各种信息,可以对社会的供给、需求、生产、交换等经济活动提供强有力的预测。如阿里巴巴的采购指数和供货指数能对社会各类商品的供给和需求进行较为精确的预测。此外,政府手中有与交通、医疗、教育等公共资源相关的大数据,也可以通过开放和市场化的原则成为这个环节的参与者。

分析技术提供商主要集中在分析工具领域,处于大数据产业较下游的位置。这类企业一般将大数据科学研究产业化,将研究人员设计的最新算法、最新的可视化方案进行应用。该领域也存在两类商家:一类公司由传统的统计软件提供商转型而来,如 Matlab、SAS 等,其定位是为企业提供更好用的大数据分析工具,为一些有大数据研究能力的企业提供服务。另一类则是通过提供搜索技术和内容管理技术来帮助企业分析处理视频、图像等难以处理的非结构化大数据。如国外的 Splunk 和国内的 TRS 等,为政府和企业用户提供服务。

业务应用提供商在行业应用、广告优化、市场营销和金融行业较为活跃,是大数据产业链中最有活力的领域。如美国广告服务商 DoubleClick 利用其专有的动态广告报告与目标定位技术,可以让企业通过它们的云平台管理各自广告投放的统计报告。而 Google 公司也通过 AdSense 大数据平台做到了企业广告的精准投放,将广告投放到真正有兴趣的客户手中,避免了广播式投放的低效率。此外,Lenddo 等公司收集人们在社交媒体上的表现,为银行等金融机构提供个人的信用评级报告。总体来说,这类业务处于大数据产业链的最下游,能让最广大的中小企业和非 IT 企业也享受到大数据时代的红利,具有较大的发展空间。

当前大数据发展还存在一些障碍需要突破,主要是:① 隐私问题。大数据收集个人信息并使用,将造成一系列的侵犯隐私问题,如身份识别的攻击、不公平地使用敏感信息、影响公众的个人行为等。随着个人信息数据量与复杂度的增加,监管与保护问题将变得愈加具有挑战性。在大数据发展的同时,应当大力发展对大数据使用的监管技术以及大数据自身对个人隐私的保护能力。当然,企业本身是逐利的,任何隐私保护技术都无法替代法律,只有在法律上对企业加以约束才有可能解决问题。② 大数据产权的保护问题。目前大数据的产权归属并不十分清晰。例如,Google 公司强调其平台上的信息为信息提供者(即每个用户)所有,而其他绝大部分平台属性的大数据公司都没有对这个问题进行表态,而且这个问题在法律上也处于空白地带。③ 大数据人才缺口。麦肯锡研究报告指出,仅仅在美国市场,2018 年大数据人才缺口将高达 170 万。而根据艾瑞咨询发布的报告,2016 年中国大数据相关人才的缺口已经超过 100 万。大数据不仅仅需要相关 IT 技术人才,更需要大量的能够提出正确问题、运用大数据分析结果并且熟悉业务的人才。教育部门需要加强大数据人才培养的力度,以适应大数据时代对人才的需求。

第四节　生命编辑

习近平总书记在论述当代重大科技进步时举了人造生命这个重大科学进展。他说:这几年,这个领域的研究发展很快。2010 年第一个人造细菌细胞诞生,打破了生命和非生命的界限,为在实验室研究生命起源开辟了新途径。有的科学家认为,未来五至十年人造生命将创造出新的生命繁衍方式。这些不仅对人类认识生命本质具有重要意义,而且在医药、能源、材料、农业、环境等方面展现出巨大潜力和应用前景,也将给生命伦理带来全新挑战。

1953 年,沃森和克里克发现了 DNA 双螺旋的结构,由此,人类开始了在分子水平上进行生物学研究。随着转基因技术的日益发展,人类持续地改造植物、动物甚至人类自身的遗传物质。至 21 世纪初,人类全基因组测序的完成,标志着生命科学研究进入了一个以揭示基因功能为目的的后基因组时代,而在这一时代,基因组编辑技术毫无疑问成为了重要的研究工具和手段。虽然传统DNA同源重组技术可以定向改造基因,但它依旧存在耗时、耗力、成功率低等问题。而且,因其必须基于同源DNA,使得原有技术的通用性受到严重的制约。所以,一直以来,分子生物学家苦苦寻觅一种能够通用于动植物以及人类的高效、便捷的遗传物质改造工具。2014年,CRISPR/Cas9研究的突破性进展,终于为科学家找到了一把打开"生命编辑"之门的钥匙。

一、生命编辑——CRISPR/Cas9概述

CRISPR/Cas系统,全名为"成簇规律性间隔短回文重复序列/及其关联蛋白系统"(clustered regularly interspaced short palindromic repeats/CRISPR-associated proteins)[①],而CRISPR/Cas9是目前已发现的三种不同类型CRISPR/Cas系统的第二型。分子生物学家经过多年研究发现,CRISPR/Cas9最原始的功能就是充当细菌的免疫系统,以防止病毒的入侵。这一重大发现震惊了科学界:生物学家原本以为只有像人类这样的高等生物才有免疫系统,但CRISPR/Cas9的发现证明了单细胞甚至几十微米大小的细菌竟然也有免疫系统,而且具备自我进化、迅速适应和对抗新病毒入侵的能力。这一系列功能的实现,与其结构密切相关。CRISPR是细菌基因组中的一段重复序列,其特征与病毒基因序列高度相似。一旦病毒入侵,CRISPR序列就让细菌迅速识别病毒特征。尔后,细菌中的Cas9蛋白能够在CRISPR的指引下精确定位基因组,随后剪切破坏病毒DNA的重复片段。最终,遗传信息被破坏的病毒自然丧失了复制能力,也就更谈不上感染细菌了。换言之,CRISPR/Cas9正是超轻量级基因组定位系统(CRISPR)和基因剪刀(Cas9)的组合。这个结果清晰地指向了一种全新的基因组编辑技术:人们只需要设计一段几十个碱

---

① 参见琚存祥等《基因组编辑技术与模式动物》,载《生命科学》第27卷第1期。

基的 CRISPR,然后加上天然存在的 Cas9 蛋白,就可以随心所欲地定位和修改任何一段基因组①,不管其来源于细菌、植物、动物还是人类(具体流程见图 3.1)。同时,这一工具特别的简便易造。对实验室而言,设计制造自己的 CRISPR/Cas9 只需几天时间,造价也仅几十美元。而之前的技术(锌指核酸酶和类转录活化因子效应物核酸酶技术)则必须花费数万美元,耗费数月甚至数年准备时间。

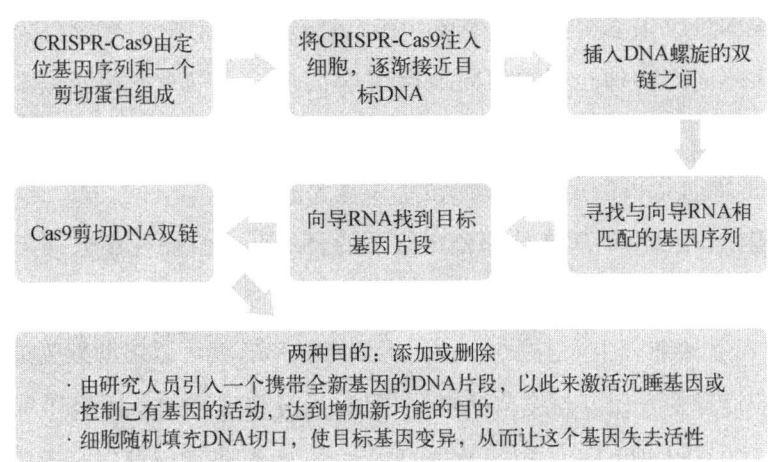

图 3.1　CRISPR/Cas9 的"生命编辑"过程②

尽管现在的生物学家将 CRISPR/Cas9 视为革命性的"生命编辑"工具,但其发现过程颇为曲折。早在 1987 年,日本研究人员注意到许多细菌的基因组携带着一些相同且重复的 DNA 短序列,但并不清楚它们的作用。研究人员只好谨慎地在论文中描述了一下这些短序列的碱基组成,就将其束之高阁了。而这一搁置,就过了近 20 年。在此期间,世界各地的科学家陆续在不同细菌中发现了类似的序列,但是始终不清楚这种序列到底意味着什么。现在我们可以清楚地知道,这些短序列就是 CRISPR。直到 21 世纪初,随着大规模基因组测序技术的成熟和生物信

---

① 参见王立铭《人类改造生命的"魔剪":CRISPR 发现之旅》,http://zhuanlan.zhihu.com/p/20547746,2015 年。
② 参见周佩琼编译《生命编辑》,载《新发现》第 126 期。

息学的兴起，人们逐渐积累了大量细菌物种的完整的、从头到尾的基因组DNA序列信息。2000年，西班牙科学家借助计算机基因组比对技术，发现20多种细菌和古细菌（一种相比细菌更加原始的单细胞生物）里，都带有结构组成相当类似的CRISPR序列。随着深入研究，他们又在不同的物种里发现了88段CRISPR序列。这引起了研究人员的高度关注。因为对于任何有机生命来说，小心翼翼地保存、复制和传递遗传物质信息都是件很困难也很浪费资源的事情。在自然选择的作用下，很难想象会有这么多不同的物种会不约而同地保留这么长长一串一点功能也没有的DNA序列。因此，一个直觉的猜测就是，CRISPR序列应该是有生物学功能的，而且很可能是对细菌来说至关重要的功能。

很快，在2007年，在杜邦公司旗下的丹尼斯克食品配料公司工作的科学家，在嗜热链球菌中严格证明了CRISPR序列对于细菌免疫系统的功能：在这种细菌中人工添加一段CRISPR序列，就可以帮助细菌抵挡某种对应病毒的入侵。与疫苗的机制相似，通过将病毒的基因组序列整合到自己的CRISPR序列中，下次同样的病毒入侵，细菌就可以正确识别和对抗它们了。但要清楚其中全部的机制，需要生物学不同领域的科学家共同努力。2009年，任教于美国加州大学伯克利分校的结构生物学家詹妮弗·杜德纳（Jennifer Doudna）利用X射线衍射的方法，在单个原子的尺度上了解了CRISPR RNA是究竟如何实现病毒基因组的精确定位的。但她并没有将研究目标进一步聚焦于Cas9蛋白这把基因剪刀。直至2011年，杜德纳在与法国分子生物学家埃马纽埃尔·卡彭蒂耶（Emmanuelle Charpentier）的交谈中，了解到Cas9蛋白似乎有独立完成利用CRISPR序列定位并切割病毒基因组的能力。但卡彭蒂耶并没有能力研究。两人一拍即合，带领各自团队联合开始研究CRISPR/Cas9系统。终于在2014年，她们完美揭示了其工作原理，并借此获得了2014年的生命科学突破奖（Breakthrough Prize in Life Sciences），每人获得300万美元奖金。相比于巨大的科学价值和市场前景，这些奖金或许微不足道。有分析人士认为,几年之内以 CRISPR 为基础的基因组编辑市场会达到每年数十亿美元的市场规模。而更乐观的估计则是,这是一个年销售额接近 500 亿美元的庞大市场。2014 年 4 月 15 日,美国专利与商标局(USPTO/US Patent and Trademark Office)授予了与 CRISPR/Cas9 技术相关的第一个专利,这项专利涵盖了 CRISPR/Cas9 技术在所有真核生物——包括各种动物、农作物和人类自身——中的应用。自此,正式开始了 CRISPR/Cas9 技术的商业化之路。

二、生命编辑带来的希望与挑战

虽然生命编辑——CRISPR/Cas9 的大规模商业化面临着技术和伦理等方面的挑战,但基于其强大的成本优势和无可比拟的通用性,我们依然可以预见 CRISPR/Cas9 技术将从以下几个方面为人类展开一个宏大的图景。

(一)优化基因

基于 CRISPR/Cas9 强大的功能,研究人员可以大批量、低成本地定向修改人类遗传物质中那些决定我们体格和智力的基因片段,自人类诞生起就憧憬的"青春永驻"将不再是幻想。虽然目前大部分人拥有的基因可以运行,但美国遗传学家乔治·丘奇(George Church)认为,这些基因并不一定是"性能最佳"。这一理论为人类基因组的优化奠定了基础。丘奇本人带领的几个团队研究了一些百岁老人的遗传特征,发现了六种罕见的基因组片段。它们能提高对心血管疾病(PCSK9 基因)、癌症(GHR 等基因)、糖尿病(SLC30A8 基因)、阿兹海默症(APP 基因)或病毒的抵抗力。借助 CRISPR/Cas9 这一工具,人类利用上述基因片段替换原有 DNA 信息,从而优化人体抵抗力。同时,CRISPR/Cas9 的纠错功能使其可以被应用于其他类基因的修改工作,如改变体味、降低疼痛敏感度、提高骨密度以及使肌肉更发达。

但许多专家也指出,虽然 CRISPR/Cas9 技术已趋于成熟,但实际上修饰基因带来的挑战往往超越工具层面。除了遗传病领域集中获得深入研究的基因外,目前几乎无法将某种基因与特定体征明确建立联系。以改良了1GF1基因的牲畜为例,它们先长出了发达的肌肉,但随后不知为何又退化了。这一例证就表明,对比遗传系统的精密与庞杂,我们的认识水平是如此的粗略与稚嫩。

(二)治疗所有疾病

遗传病、癌症、艾滋病……在 CRISPR/Cas9 发现的短短两年间,全球范围数十个实验室的研究结果表明,这一全新工具极有可能为人类带来彻底治愈这些疾病的终极方案。医生们希望利用 CRISPR/Cas9 技术实现 DNA 的"修复手术"。

早在 30 年前,基因治疗的概念就被广泛讨论,但如何实施则需要等到新技术来解决。如今,加州大学的简悦威(Yuet Wai Kan)团队尝试利用 CRISPR/Cas9 技术增强免疫系统中 T 淋巴细胞对艾滋病的抵抗力。他们首先筛选出人体内能够抵御 HIV 病毒的变异淋巴细胞基因组,尔后利用 CRISPR/Cas9 改造其他淋巴细胞,最后将其转化为干细胞并注入患者体内重建免疫系统(图 3.2)。目前,简悦威团队已完成了第二步,最后的步骤还有待继续探索。

图 3.2 利用 CRISPR/Cas9 治疗艾滋病的过程

(三)消灭有害物种

物种入侵、寄生虫病、害虫抗药性增加等这些有望通过 CRISPR/Cas9 技术解决。改编自 CRISPR/Cas9 系统的基因驱动(Gene Drive)技术能够令经人类改造的新基因在自然种群中迅速扩散,无论这一基因对该物种有害还是有益。哈佛大学欧文·爱德华兹(Owen Edwards)领衔的研究团队计划利用 CRISPR/Cas9 来降低物种的变异能力。如消除海蟾蜍产生毒素抵御捕食者的能力;或者摧毁含有"雌性"染色体精子的基因,从而导致只有雄性诞生。但这一方法有可能导致其他物种被误伤。所以此项应用需要将打击目标的精准度提高。

(四)改写所有后代的遗传文本

2015年4月,中山大学研究团队利用CRISPR/Cas9技术,进行了世界首次人类胚胎基因修复实验,旋即产生了巨大轰动。基于这一技术,研究人员成功修复了人类胚胎中导致β型地中海贫血的基因。而此前,人类胚胎的修复操作一直是实验室DNA修正技术的短板:原有技术侵入性太强,更有可能毁坏胚胎,而不是修正其基因。所以目前胚胎修复的方法是基于筛选健康胚胎(基因筛选),然后植入母亲子宫。但CRISPR/Cas9技术则跨出了一大步:不仅仅是选择胚胎,而且是随心所欲地重写其遗传信息(图3.3)。甚至,经这种方法修复的胚胎,修复后的性状还可以遗传给下一代。相信在不远的将来,依托CRISPR/Cas9技术,身患遗传病的家长经胚胎修复就可以生下一个健康的婴儿。

图3.3 利用CRISPR/Cas9修改人类胚胎的过程

但随着治疗对象的范围变广,科学家和医学家行动的道德和法律边界也在模糊。如果研究人员可以为父母消除子孙后代患病的风险,那么可否敲除自闭症、耳聋相关基因?进一步,是否可以敲除父母不希望子女出现的基因呢?自此仿佛踏入了纳粹"优生学"的领地。不仅如此,胚胎修复是否存在缺陷还未被时间充分证明,一旦贸然推进可能会给人类带来极大风险。

(五)发明新型宠物

现代宠物的诞生是人类对物种改造的极好例证。传统世代杂交的方法定向筛选性状耗时较长。和其他领域一样,CRISPR/Cas9技术可以使宠物遗传改良更为便捷。南京大学与广州生物医药研究院的联合团队利用这一技术成功敲除了两只比格犬的肌肉生长抑制素(MSTN)基因。新型比格犬比传统品种肌肉量增加一倍,更适合被训练成警犬。华大基因(BGI)的研究人员也曾开发过新型迷你宠物猪。在近期,CRISPR/Cas9培育的新兴宠物就将投放市场。

(六)不使用外来DNA制造转基因生物

转基因农作物已经在全球大规模种植,但以前的技术较多使用非本物种的外来基因,定向改造本物种性状。例如转Bt基因棉花就利用来自苏云金芽孢杆菌的Bt基因改造棉花性状,使其能够抗虫。但因此类转基因农作物较大的食品安全风险和伦理风险,大多数国家都严格审查其商业化种植资格。而CRISPR/Cas9技术可以通过局部变异修正已存在的一个或多个基因,或者使它们失去活性,从而在不引入外来基因的前提下改造农作物性状。2014年,中科院的研究人员通过使抑制小麦自然防御功能的基因失活,从而使普通小麦能够抵御白粉病。这种新方法因为不引入外源遗传物质,可以大大减少审批的阻力。美国农业部已经不把这类新兴农作物视为转基因生物了。而欧盟也预计在近期修改法规,此类生物的推广将不再需要繁琐的医学测试。

(七)拯救濒危和已消失的物种

随着西伯利亚冰冻猛犸象尸体的发现,人们再一次憧憬着再现其身姿的情景。通过提取保存的DNA,活着的近亲动物遗传物质可以与其融合,进而让消失的物种复活。CRISPR/Cas9技术为这一设想的实现提供了强大的工具。2015年,哈佛大学的研究团队基于此技术将14个猛犸象基因(设计耳朵大小、被毛等特征)加入亚洲象的杂交细胞中。猛犸象的基因一旦表达成功,不仅可以重现这一物种,还可以使亚洲象更能适应寒冷的气候。届时,这个混合物种就能入住新的领地。[①]

[①] 本章所涉及的科技发展部分的内容,由于作者不是这方面专家,参考并引用了科技文献,恕不能一一列出。

第四章 国家创新体系及其完善

深入实施创新驱动发展战略,需要推动加快形成以创新为主要引领和支撑的经济体系和发展模式。过去人们只是使用技术创新的概念,国家创新体系在总结知识经济时代的特征后提出,科技创新不仅包括技术创新,还包括知识创新。国家创新体系包括知识创新和技术创新两大系统。完善科技创新体系的关键是解决好两者的有效衔接。

第一节 国家创新体系理论

在现代科技进步中,科学新发现越来越成为科技创新的源头,而且原始创新的成果一般都是源自科学新发现转化的技术。这意味着知识创新的作用明显增强,知识创新和技术创新成为国家创新体系不可分割并相互衔接的两个方面。

一、国家创新体系理论的产生和发展

国际经济合作与发展组织(OECD)最先提出了国家创新体系的概念:创新需要使不同行为者(包括企业、实验室、科学机构与消费者)之间

进行交流,并且在科学研究、工程实施、产品开发、生产制造和市场销售之间进行反馈。因此,创新是不同参与者和结构共同体大量互动作用的结果。把这些看成一个整体就称作国家创新体系,①国家创新体系,不仅指出了从科学研究到新产品研发并进入市场的路线图,更为突出在此路线图中创新的不同参与者之间的互动和交流。在创新驱动的实践中,国家创新体系的内涵和外延都在扩大。我国的《国家中长期科学和技术发展规划纲要(2006—2020年)》中指出:国家科技创新体系是以政府为主导、充分发挥市场配置资源的基础性作用、各类科技创新主体紧密联系和有效互动的社会系统,目前,我国基本形成了政府、企业、科研院所及高校、技术创新支撑服务体系四角相倚的创新体系。

发达国家创新实践的不断丰富,引发了学术界对这些创新活动研究的不断深入。人们逐渐认识到,创新的发生并产生丰厚回报,不仅依赖于有效的研发活动,还来自于研发人员与生产者以及工作机构的相互关系。即所谓的"渐进创新"来自于工程师、技术员和操作工人的密切联系。这就涉及创新体系中的地理临近问题。加里·皮萨诺、威利·史(2014)在《制造繁荣:美国为什么需要制造业复兴》中详细讨论了地理位置上的邻近何时至关重要。他们以"产业公地"为主要概念分析道,虽然在价值链上,制造和研发看起来像微笑曲线独立的两端,但是在创新链上,制造和研发很多时候相辅相成,在某些产业,两者更是密不可分,制造本身就是创新过程不可或缺的组成部分,制造环节的过度外包首先会引起产业链外移,最终可能导致创新链的迁移。因此,从国家创新体系的角度来看,建设"产业公地"是完善国家创新体系的重要内容。要更加重视基础共性技术的开发,因为基础共性技术是"产业公地"的核心能力,也是创新型产业发育最关键的要素,是否掌握了基础共性技术决定了一个国家或企业能否在该领域树立主导地位。

---

① 参见 OECD,《以知识为基础的经济》,机械工业出版社1997年版,第11页。

从 20 世纪 70 年代开始,先行工业化国家开始采取各种措施把大学和产业园区紧密地联系在一起。面对整体公共基金缓慢的增长和对研究基金竞争的加剧,一些大学本身也在主动"企业化"以获得新的基金来源。[①] 当前新一轮产业变革的核心是制造业的数字化、智能化和网络化,相关的基础共性技术逐渐成为新的技术高地,发达国家正在加快布局,美国政府部署制造业创新网络,德国政府提出"工业 4.0"战略,千方百计加快这些技术的商业化。这些都是国家创新体系构建实践中的崭新内容。

越来越多的研究和实践证明,专业科学、技术系统及其外部联系所构成的创新网络所起的作用越来越重要。也就是说,创新中的各个方面对创新传播的影响都不可忽视。因为创新更多的是发生在各种思想的交界处,而不是局限于某一种知识和技能的范围内。新产品和新工艺的开发对外来研发资源,比如大学、政府实验室等产生了越来越大的依赖。网络之所以成为创新中心的原因包括:信息扩散可以加速创新发生,而网络是最有利于信息扩散的,且网络节点越多,越有利于信息交换和知识传播。资源共享可以减少创新成本,网络具有资源共享的独特优势。创新中需要用到专门资产,如某一专利技术等;创新需要组织间的学习;创新是"创造性毁灭"的过程,也表现为"创造性碰撞"的过程,这些都易于在网络中实现。资源需要的驱动产生了搜寻的行动,而搜寻行为结成了网络。当前各国政府都非常重视创新网络建设问题,事实上,创新网络的弊端同样不容忽视。如,网络内成员对网络外成员的排斥,维持网络联盟的高昂成本,网络封闭而形成的僵化、停滞和锁定等。

在技术创新体系中,企业的创新行为表现为,或者在企业内部进行研发,或者以购买和模仿的方式采用新技术。当技术创新上升为科技创新后,在产学研合作创新的体系中,企业可能不只是采用新技术的主体,还会成为孵化高新技术的一个主体(洪银兴,2012)。此时,"产"部门与"学、

---

① 参见[挪威]詹·法格博格等主编《牛津创新手册》,柳卸林、郑刚、蔺雷译,知识产权出版社 2009 年版,第 209 页。

研"部门共享租金索取权。有的时候,政府部门也会加入进来,形成政产学研的结合。

二、国家创新体系建设

加快建设国家创新体系主要涉及两个方面:一是着力构建以企业为主体、市场为导向、产学研相结合的技术创新体系;二是完善知识创新体系,强化基础研究、前沿技术研究、社会公益技术研究,提高科学研究水平和成果转化能力,抢占科技发展战略制高点。显然,驱动经济发展的创新不只是指技术创新,还包括知识创新。

创新驱动建立在国家创新体系基础上,实际上体现了技术进步模式的转变。我国已有的驱动经济增长的科技创新很大程度上是外生的,主要表现是:创新的先进技术大多是引进和模仿的,创新的先进产业是加工代工型的。这种模式的技术创新基本上属于国外创新技术对我国的扩散,创新的源头在国外。采用的新技术是国外已经成熟的技术,核心技术、关键技术不在我们这里。因此这种技术创新的意义在于缩短技术的国际差距,但不能进入国际前沿。转变创新驱动方式的基本要求是驱动经济增长的科技创新由外生转为内生。这就是立足于自主创新,形成具有自主知识产权的关键技术和核心技术。因此,创新驱动的着力点是以全球视野谋划和推动创新,提高原始创新、集成创新和引进消化吸收再创新能力。正如习近平总书记所指出的,实施创新驱动发展战略,最根本的是要增强自主创新能力,最紧迫的是要破除体制机制障碍,最大限度解放和激发科技作为第一生产力所蕴藏的巨大潜能。

科技创新的内生性关键在于明确科技创新的源头,这个源头或者是科学新发现所产生的原创性创新成果,或者是对引进的先进技术的再创新,从而形成拥有自主知识产权的核心技术和关键技术。

创新驱动经济发展是针对全社会而言的。因此创新驱动不只是要求新发明在某个企业那里转化为新技术,更为重要的是自主创新成果及时地在全社会推广和扩散。知识和技术等创新要素不同于物质要素，其使用具有规模报酬递增的特点，因而创新不排斥新知识、新技术的广泛采用。只有当全社会都能采用自主创新成果时才能谈得上驱动经济发展。根据熊彼特关于创新即创造性的毁灭过程的观点，强化市场竞争机制可以迫使各个企业竞相采用先进新技术；实施严格的知识产权保护制度，不只是保护创新者的权益，同时也能以这种机制推动技术创新成果（新技术）的扩散。

实施创新驱动的发展战略是个系统工程，既涉及知识创新，又涉及技术创新。实施创新驱动战略以人才为依托，不仅需要提高劳动者素质，更需要高端创新创业人才；既涉及经济发展方式的根本性转变，也涉及相应的经济体制的重大改革，既要发挥市场的调节作用，又要政府的积极介入。总而言之，需要各个系统形成合力，促进创新资源高效配置和转化集成，把全社会的智慧和力量凝聚到创新发展上来。

科技创新属于供给侧的内容，因此，国家创新体系建设属于供给侧改革的内容之一。我们都知道，现在诺基亚手机几乎从市场上消失了，可是就在五六年前，谁能想到全球手机第一品牌诺基亚会落得这般田地？诺基亚何以至此？有人说，诺基亚先是固守塞班系统，然后又弃塞班选择windows，两次选择都是战略失误，没有跟上消费者需求节奏的变化进行适应性创新，从而最终被市场淘汰。并得出结论：需求决定供给。这个结论其实正好反了。消费者的需求为什么会转向苹果OS系统或者安卓系统？那是因为技术的创新产生了新的市场需求，也就是说，是有效的供给创造了市场需求，市场需求又淘汰了无效的供给。

我国当下的现实问题就是产能过剩与供给不足并存，一方面传统制造业产能过剩，另一方面我国消费者又在国外市场表现出惊人的消费力，从奶粉到马桶盖，从箱包到菜刀……都可以从境外市场"携"回来。中国是"世界工厂"，怎么就制造不出自己需要的东西来呢？原因就是我们的供给能力出了问题。这个供给能力不是指生产多少东西的能力，而是能生产什么样的东西的能力,以及为谁生产的问题。如果产品或者服务的质量低下,对象出了偏差,那生产得越多,损失越大。因此,我们提"供给侧结构性改革",就是要通过人力资本、技术革新优化结构,淘汰落后产能,增强先进产能,目标是提高全要素生产率,生产出安全、卫生、品质高的产品和服务。从制造大国走向创造大国,需要质量立国。

第二节 科技创新路线图

在国家创新体系中,科技创新的路线图可以概括为:上游——知识创新,中游——孵化和研发新技术,下游——采用新技术。知识创新和技术创新耦合的环节在中游环节。科技人员带着科技成果进入技术进步的中游环节即孵化高新技术环节创业,企业将技术创新环节延伸到大学提供的科研成果的孵化创新阶段。这样,在孵化阶段知识创新主体和技术创新主体交汇,就形成企业家和科学家的互动合作。

一、科技创新的阶段及其路线图

创新包含了科学发现、发明、创新和创新的扩散的全过程。完整的科技创新不只是技术创新,还包括知识创新,特别是知识创新成果向技术创新的转化,在创新型经济中大学的知识创新和企业在高新技术孵化阶段相互交汇。

根据弗里曼对熊彼特创新概念的解释,创新包括发明、创新和创新的扩散三重概念。[1] 其中创新是指新发明(新产品、新工艺、新方法或新制度)第一次运用到经济中去的尝试。这样我们可以对创新作广义和狭义

---

[1] 根据弗里曼的概括,发明是指为新的或改进的产品、工艺或制度而建立的新思想、图纸或模型,通常表达一种前所未有的构思。创新是指新发明第一次引入商业中去的全过程。创新的扩散是指创新的成果经过全体潜在采纳者之手扩散以提高全社会生产率。(参见《新帕尔格雷夫经济学大辞典》第2册,第925页)

解释。狭义的创新,只是指重大科学发明的应用,通常就是我们现在讲的孵化高新技术。广义的创新是现在所讲的科技创新,包括科学和技术两个方面,因此科技创新的路线图应该以广义的创新概念来说明。所谓创新型经济,体现资源节约和环境友好的要求,是以知识和人才为依托,以创新为主要驱动力,以发展拥有自主知识产权的新技术和新产品为着力点,以创新产业为标志的经济。显然,创新型经济包含了整个科技创新的完整过程。

现在人们讲到创新主体一般都是定义为企业。如果将创新只是限于技术创新,也就是限于狭义的创新领域,这个定义是准确的。但是,如果将创新扩大到科技创新,也就是广义的创新领域,这个定义就是不完整的。因为完整的科技创新不只是技术创新,还包括知识创新,知识创新的主体不是企业,而是大学和科研机构。

在包括知识创新环节、创新的知识孵化为新技术的环节和采用新技术的环节的科技创新的全过程中,技术创新主要是在中下游环节的创新;知识创新主要是在上游环节的创新,这是技术创新的源头。知识创新阶段涉及科学的两个层次:第一层次是科学发现,创造出知识;第二层次是科学发明,科学发现所创造的知识可以成为科学发明的基础。

技术创新就是创造新产品和新技术。技术创新的最终环节是将新技术应用于生产过程。在过去相当长的时期中,技术创新相当多的是源于生产中经验的积累、技术的改进。而在现代,技术创新的源泉更多的来源于科学的发明。特别是在20世纪后期产生新经济以来,科学发现的成果越来越多的直接成为技术创新的源泉。科技进步的趋势是:科学上的重大发现到应用于生产、转化为现实生产力的时间越来越缩短,从上百年缩短到几十年、十几年,现在从一个科学发现到应用于生产几乎是同时进行的。

在熊彼特那个时代(上世纪二三十年代)以及后来相当长的时期中,根据弗里曼的解释,创新有两个局限:一是局限于企业中,大学还没有介入创新体系中。二是局限于企业制度及产品和技术的创新,即发现新产品,采用新技术。而在现代特别是在进入知识经济时代后这两个局限性被打破了。第一,创新是知识与技术的结合,这样大学也就介入了创新体系。① 第二,以波特的竞争力理论为代表,创新所突出的是产业创新。② 科学上的一个突破很快就成为技术上的突破,并实现产业化,形成新的产业。电子信息产业、生物医药产业、新能源产业、新材料产业就是这样形成的。

基于上述科技创新的新现象,人们一般以知识经济来概括。与过去的以技术和经济结合为特征的技术经济时代不同,知识经济指的是科学创造的知识直接与经济结合,或者说科学发现直接成为生产和经济增长的要素。新材料、电子信息、生物工程、能源等高科技研究领域所取得的新突破和新发现,很快就得到应用并直接转化为生产力。现代科学研究的成果所创造的生产力要比过去的时代高得多。可以说现代经济增长是以知识创新为基础的增长。因此,大学和科研结构所从事的科学研究即使是基础研究都不再是远离经济的。其作用就如新增长理论所指出的,要么是知识创造,提供知识资本,要么是知识传播,提供人力资本。这样,科学技术的第一生产力作用在现代经济中得到了充分显示,其中科学的作用更为明显。

长期以来,知识创新和技术创新是脱节的,科学家的研究停留在知识创新阶段,企业的技术创新主要限于企业内的自我研发,科学家和企业家之间的联系是中间梗塞的。知识经济时代知识创新与经济增长的紧密结合推动了两个方面的转型。

首先是科学研究的转型。在过去相当长的时期中科学研究的选题全凭研究者的兴趣爱好。最初的转型以美国阿波罗计划为代表,科学

---

① 从本质上看,创新体系是由存在于企业、政府和学术界的关于科技发展方面的相互关系与交流构成的。(OECD:《以知识为基础的经济》,机械工业出版社1997年版,第11页)
② 国家的影响力通常是针对特定产业或产业环节,而不是个别企业。(参见波特《国家竞争优势》(上),台北:天下远见出版公司1996年版,第16页)

家(包括基础研究)的研究开始转向国家目标,但这时的科研主要是军事目的,重大的科学发现迅速应用于战略性军事工程和武器装备。随着冷战时代的结束,世界范围的竞争逐步由军事装备竞争转向经济竞争,美国的国家战略也就由谋求世界军事霸权转向经济霸权。与此相应,重大科学研究重点就由军事目的转向经济目的。以电子信息技术发现和应用为代表的美国新经济就是这一转型的成果。现在,世界范围内科学研究的国家目标导向和经济目的已经成为趋势,即使是作为兴趣爱好的研究也要服从于国家目标。我国政府确定的重大科学研究的专项规划就体现了这一精神。这个转型表明大学等科学研究系统进入了创新型经济的系统。[①]

其次是技术创新的转型。在过去相当长的时期中企业的技术创新主要是依靠自身的技术和研发力量,熊彼特当年所定义的创新也主要是指企业内要素的组合。在新经济时代,微软公司不过几年就一跃超过具有百年发展历史的福特和通用等制造业公司而成为世界首富,这种"一夜暴富"的现象颠覆了过去的技术创新路径。这就是,利用当代最新的科学发现的知识可以实现大的技术跨越,建立在知识创新基础上的新产业的产生可以导致产业结构的革命性变化。由此导致企业技术创新两个方面的转型。一是技术创新的先导环节向前延伸到科学向技术的转化过程,大学和科研机构的知识创新成果成为其技术创新的主要源泉。二是企业的技术创新注意力转向产业创新。这又进一步加强了知识创新的需求。

在新经济时代,科技转化为生产力的速度成为竞争力的重要指标,与此相应,人们对发展高科技的创新机制的关注点,由关注技术的采用转向关注技术进步的源泉(知识的创造领域)及其转化。这就提出了加强大

---

① 知识经济中科学系统的主要功能是:(1)知识的生产——发展和提供新的知识;(2)知识的传播——教育和开发人力资源;(3)知识的转让——传播知识和提供解决问题的措施。(参见OECD《以知识为基础的经济》,机械工业出版社1997年版,第17页)

学、科研机构与产业部门的联合与合作的要求。每当讲到采用高新技术很多人就想通过引进来实现，引进固然需要，但是在现阶段的中国，高科技的国际差距小于高科技产业的国际差距。在高校和科研机构发现的高科技与国际先进水平的差距，并不像高科技产业的国际差距那么大。原因是由于科学家和信息的国际流动，高校特别是研究型大学发现和掌握的高科技与国际先进水平的差距较小。企业直接从研究型大学获取最新科学研究成果并产业化，就可缩小并在一些领域消除高科技产业的国际差距。这意味着费用较低的创新捷径是：推进产学研结合，使高校和科研机构发现的高科技成果迅速产业化、商业化。我们所讲的产学研结合，并不一定是将研究机构办到企业，而是要建立产学研紧密结合的机制。就像美国的硅谷紧靠斯坦福大学一样。这里的关键是建立知识的创造和知识向生产力转化的上中下游联系，一方面解决好大学和科研院所研究课题的商业化价值问题，另一方面解决好企业敢于对高科技研究进行风险投资问题。

日本在相当长的时期中技术创新居于领先地位，主要是因为其较早认识到并领先推进产学研合作，其模式是将研究所和研发机构建在企业。但在美国进入新经济阶段后日本的技术创新的势头明显下降，原因就是办在企业的研究机构与大学相比所掌握的高科技还不是最新最高的。由此也就提出了新的转型内容，即技术创新路径面向研究型大学的转型。

二、孵化新技术阶段是知识创新和技术创新交汇点

科技创新的路线涉及由大学的知识创新，到孵化高新技术，再到企业将高新技术转化为现实生产力的技术创新过程。其中孵化高新技术即科技创新的中游环节，[①]从产学研合作角度分析是关键性环节，它是连接知识创新和技术创新的桥梁与纽带。

---

① 这个环节实际上就是熊彼特定义的创新三阶段中的创新环节。但熊彼特把这个环节放在企业内，而在大学介入后，这个环节就不完全在企业内了。

在目前从科学研究到企业采用新技术的路线图分析中,我们发现在科学研究成果到企业采用新技术之间存在着明显的断层:科研机构研究出的成果通过鉴定、获得国家专利或奖励,就算完成了;企业则是自我研发新技术。因此无论是哪一方都不会主动花大的投资和精力进入科技成果转化过程,致使我国许多处于国际国内前沿的科研成果和国家专利束之高阁,形成科研成果的严重浪费。

自从 20 世纪后期产生新经济以来科技创新出现新趋势,就是技术创新和知识创新在中游环节即高新技术孵化阶段相互交汇,这样高科技的孵化领域成为知识创新和技术创新的交汇点。也正是这种创新的交汇产生了知识经济。

大学的知识创新延伸到了孵化阶段,意味着大学的知识创新不限于创造知识(包括基础研究项目结项、发表学术论文、申请到国家专利等),还要向前走一步,将科学研究成果推向应用。在现实中基础研究和应用研究之间的界限、科学和技术之间的区别已经模糊。而对企业来说,企业的技术创新不能限于自身的研发力量,需要得到大学和科研机构开发的新技术。企业获取新技术的途径固然可以通过技术交易的途径,但购买技术还有成本效益的考虑,而且企业获取新技术还有自身的特殊要求。因此相当部分企业将技术创新环节延伸到了大学提供的科研成果的孵化创新阶段。这样在孵化阶段知识创新主体和技术创新主体交汇,就形成企业家和科学家的互动合作。

科学家的科学研究追求的是学术价值,追求的是学术领先地位和重大科学发现。企业家追求的是商业价值和市场前景。当两者进入高新技术孵化领域,其追求的目标和角色就发生了转换。科学家带着知识创新的成果进入高新技术孵化阶段需要以市场为导向,解决创新成果的商业价值,企业家带着市场需求进入高新技术孵化阶段,是以技术的先进性为导向。由此产生两者的相互导向,解决了学术价值和商业价值的结合,从而使创新成果既有高的科技含量,又有好的市场前景。

长期以来，在知识创新和技术创新的衔接阶段即孵化高新技术阶段存在断层，原因是这一阶段的创新主体不明确。大学和科研机构进入孵化阶段只是承担延伸研究的功能，其孵化高新技术的市场方向不明，而且缺乏足够的资金支持，显然无力成为主体。孵化高新技术的主体只能由企业担任。过去企业只是把自己作为技术创新主体的地位界定为采用新技术的主体，但这种技术创新的主体地位是不完全的。现在要克服知识创新和技术创新之间的断层，必须真正解决企业在孵化新技术阶段的主体地位。其必要性在于：一方面，技术创新的主要过程都是通过企业实现的；另一方面，也是更为重要的，孵化出的新技术必须具有商业价值和产业化价值，能够确定其商业价值的只能是企业；再一方面，孵化新技术需要足够的投资，这些投资可能通过高科技产品进入市场而得到回报。因此，孵化高科技的投资主体应该是企业。

产生于20世纪90年代的罗默的新增长理论以微软公司为例指出：在现代经济增长中，科技成为决定经济增长的独立要素。投资投在高科技的研究开发上比投在生产上产生的效益更高。企业进入高新技术孵化领域提供的创业投资，是风险投资。原因是科学发现不一定在较短的时间内孵化出新技术，孵化出的新技术不一定有商业价值，因此出现投资风险。但有风险就会有收益。从风险和收益对比分析，科技创新从产生新思想，到研发新技术，再到形成的新技术被采用，风险等级是越到后期阶段风险越小，效益等级则是反过来的。与此相关，企业科技投入的强度，越是到后期需要的投入也越多，因为到后期，风险小，商业价值也已明朗，技术所有者的要价也会相应提高。相反，企业对创新的前期阶段投入的强度则较低。所有这些表明，企业对科技投入有个投资阶段的选择问题。

企业成为孵化高新技术的主体是要突出技术创新的企业功能。这里的企业是多种类型的，可以是生产企业进入技术开发领域，也可以是由科研机构转向的科技型企业，也可以是专事孵化新技术的风险投资企业和中介服务机构等。它们的共同功能是承担这个领域的投资职能。

我们一般是以企业研发投入作为企业创新能力的标志,考核指标是研发投入占企业销售收入的比重。现在的问题是,不仅企业的研发投入比重太低,而且研发投入的投向也需要重新考虑。① 如果研发投入只是限于企业内的自我研发,或者只是用于购买现成技术是不够的。企业需要直接进入孵化高新技术的领域。与风险投资公司的投资目标不同,企业技术创新投资的目标是投资收益,面向新技术研发往往同企业的长期发展相关,因而有长期投资的准备,其进入的阶段固然会考虑新技术靠近进入市场的时间,但不乏有理性的企业家对科技创新投资的阶段也越来越向前移,甚至在新技术的种子阶段就进入。企业从外部获取科技创新资源主要有两条途径:一是通过向大学和科研机构提供风险投资获取可以孵化为高新技术的科研成果;二是从国内外引进握有高新技术的高端科技人才,实际上这也是风险投资。这样,企业家真正成为了风险投资家,真正实现了与科学家的合作。

以上分析表明,高新技术孵化阶段是科技创新的关键阶段。在这里知识创新与技术创新交汇,实现新知识向新技术的转移。企业作为技术创新的主体应该在这个领域中主导产学研合作平台的建设。

第三节 科技创新体系的进一步完善

国家创新体系包括知识创新和技术创新两大系统。完善国家创新体系的关键是知识创新系统和技术创新系统的衔接与集成。知识创新体系解决创新驱动的科学新发现导向,并提供原创性自主创新成果,创新主体是大学及其科学家。技术创新体系解决创新驱动的市场导向,形成实实

---

① 知识经济的一个突出表现是研究与发展费用具有较高的比重。目前发达国家企业的研究开发费用一般占其销售额的 5% 以上,在 OECD 国家研究与开发费用一般要占 GDP 的 2.3% 以上。这些研究与发展费用不仅是投在企业,还有大量的是投在大学和科研机构。

在在的新技术、新产品。创新主体是企业。长期以来,我国的这两个创新体系是"两张皮"。我国科学论文数量已经居世界之首,但产业结构仍然处于中低端。两者之间的差距也说明了建设和完善国家创新体系的重要性。

一、提升知识创新能力

当今的科技进步同以往的最大区别是,科学新发现越来越成为技术创新的源头,新技术的策源地也从企业转到了大学的实验室和孵化器。其基本原因是技术创新需要的是原创性技术,即原始创新成果,尤其是颠覆性技术。显然,技术创新同知识创新的对接有着自身的要求。

知识创新体系建设,涉及基础研究、前沿技术研究和社会公益技术研究。由于原创性技术一般都是来源于科学的新发现即知识创新成果,知识创新也就有顶天立地的要求,一方面要瞄准处于国际前沿的科学问题,另一方面要瞄准国民经济发展的现实课题。

在知识经济背景下,知识的创造、科学的发展成为技术创新的源头。因此,科技创新的关键是提高知识创新能力。我们可以从诺贝尔自然科学奖获得者高度集中于几个创新型国家的原因分析中,明确提高国家知识创新能力的基本要求:一是以追求原始性科技创新为国家发展的基本战略取向,二是具有独特且富有活力的国家创新体系,三是拥有培养、造就科学精英的世界一流大学,四是有着强大的科研经费投入。[1] 针对我国现状,特别强调提高以下两个方面的能力:

一方面,提高知识创新能力与科学研究水平有关。技术创新所要求的知识创新目标是,既要培育能占领未来市场的知识型产品,又能够抢占世界科技和产业发展的制高点。现代经济增长是以知识为基础的增长,技术创新依托知识创新,技术和产业创新以科学新发现引领。因

---

[1] 参见陈其荣《诺贝尔自然科学奖与创新型国家》,载《上海大学学报》2011年第6期。

此实现科技创新的关键是知识创新目标的国家导向。科学家科学研究的选题从单纯的研究者的兴趣爱好转向国家目标导向有个过程。现在在世界范围内,科学研究的国家的经济目标导向已经成为趋势,即使是兴趣爱好的研究也要服从于国家目标。

习近平总书记在十八届五中全会上指出,我国的科技创新由跟踪进入跟踪和并跑、领跑并存结合的新阶段。这就要求我们在创新的世界比赛中与发达国家并跑并且领跑。这意味着驱动经济增长的科技创新需要由外生转为内生。长期以来,跟踪创新的先进技术大多是外生的。引进创新和模仿创新虽然能够跟上世界科技进步的步伐,但永远落在发达国家后面。加工代工型的高科技产业所采用的技术基本上属于国外创新技术对我国的扩散,是国外已经成熟的技术。不掌握核心技术、关键技术的产业不可能有国际竞争力,这种跟踪国际新技术的技术创新不能进入国际前沿。现在中国已经是世界第二大经济体,技术创新不能再走跟随创新的路子。这就需要立足于自主创新,形成具有自主知识产权的关键技术和核心技术。在此背景下,实施创新驱动发展战略,关键在两个方面:一是提高科技创新能力,尤其是知识创新能力;二是解决好知识创新和技术创新对接的载体和路径。

提高知识创新能力是提升科技创新能力的基础。目前我国同发达国家的科技经济实力差距体现在创新能力上。我们的企业就不能停留于企业内部的技术创新,需要得到从事知识创新的大学提供的有知识产权的原创性成果及其转化的新技术。不仅如此,企业的技术创新也需要获取国际最新的科学技术。由于新技术的知识产权限制,新技术的国际流动性明显弱于科学和知识的国际流动性,大学利用国际最新科学发现进行技术创新,可能实现技术的跨越,企业依托大学的技术创新就可能在许多领域得到当今世界最新科学技术的推动。由跟踪转向并跑和领跑的科技创新,关键是在创新的源头上提高创新能力,包括科学新发现所产生的原创性创新成果以及对引进的先进技术的再创新,从而形成拥有自主知识产权的核心技术和关键技术。

知识创新具有开放性。知识的流动不像技术的流动受到的限制那么多。人才的国际流动、信息通过互联网的流动,使新知识无阻碍地流动。因此,知识被定义为"能够被交流和共享的经验和信息"[①]。从一定意义上说,我国科学技术的跨越并且占领世界制高点首先靠的是知识创造和共享,以创新的知识带动技术的跨越。因此,建立最为先进的信息传输通道与国际信息共享制度和机制,使科技人员获取当代最为前沿的相关领域信息,是提升知识创新能力的重要途径。

在现代经济中,国家竞争力主要由国家创新力来衡量。国家创新力不是个体创新力的相加,而是对科技创新的国家集成能力。即使是在发达的市场经济国家,最为成功的重大的科技创新计划都是由政府规划并组织实施的。例如美国的农业研究计划、空间研究的阿波罗计划、研究核弹的曼哈顿计划等。其中最重要的科技进展都是在政府实验室以及政府资助的实验室中取得的。我国实施的科技重大专项(例如过去的"两弹一星",现在的航天和奔月计划)也是这样。由国家直接实施的重大专项科技计划所取得的重大科学技术突破会带动全社会的科技进步。为此需要实施国家科技重大专项,从科学思想上突破重大技术瓶颈,为技术创新提供科学思想,研究科技创新的国家目标导向。按此要求,在十八届五中全会上习近平总书记明确提出:需要推进有特色高水平大学和科研院所建设,鼓励企业开展基础性前沿性创新研究,重视颠覆性技术创新。实施一批国家重大科技项目,在重大创新领域组建一批国家实验室。积极提出并牵头组织国际大科学计划和大科学工程。依托这些项目和载体,可以产生突破性重大知识创新成果。

提高知识创新能力的基础是提高学习和认知能力。这是吸收并创造知识的前提。学习是指取得新信息,增强理解力。学习过程有三个阶段:

---

① [美]维纳·艾莉:《知识的进化》,刘民慧等译,珠海出版社1998年版,第60页。

获取知识、共享和传播已学到的知识、应用知识。① 其主要路径有:加强创新型人才培养,尤其是突出提高高等教育的质量,也包括各类人才的继续教育,使之不断获取最新的相关领域的最新知识;通过计算机和通信网络对新知识新技术数字化并进行传播,从而形成"信息化社会";通过促进公众接受多种知识和技能的训练以掌握学习的能力,从而形成"学习型社会"。

二、推动科学技术向现实生产力的转化

科技创新与过去我们习惯讲的技术创新的区别,主要反映为创新源头的区别。虽然科技创新仍然需要企业作为创新主体,但创新的源头在大学和科研机构从事科学研究的科学发现和技术突破。因此科技创新包括知识创新和技术创新,两者的结合就表现为科学发现转化为新技术并得到采用。

在过去相当长的时期中,知识创新远离经济,只有技术创新紧靠经济。而在现代,明显的趋势是科学创造的知识直接与经济结合,直接成为生产和经济增长的要素,从而经济增长的决定性因素由技术转向知识。例如新材料、信息、计算机、清洁能源、生物工程等高科技研究领域的成果和新发现迅速创造新的产业从而直接转化为生产力。在这场无声的革命中,经济发展直接依赖于知识的创新、传播和应用,知识密集型产品的比例大大增加,知识型产业取代传统产业占据主导地位,生产知识并把知识转化为技术和产品的效率即知识生产率,取代劳动生产率成为衡量经济增长能力的主要指标。因此,现在大学和科研机构所从事的科学研究(包括基础研究)不再是远离经济的。

在过去的创新体系中,知识创新和技术创新在时间和空间上是分开的,知识创新限于大学和科研院所从事的科学研究。而现在知识创新与

---

① 参见[美]维纳·艾莉《知识的进化》,刘民慧等译,珠海出版社1998年版,第150页。

技术创新交互进行。

科学毕竟不是技术,在未与生产结合之前,它是以知识形态存在的一般生产力;科学只有转化为技术并应用于生产,才物化为直接的生产力。马克思指出,"社会生产力已经在多大的程度上被生产出来,不但在知识形态上,而且作为社会实践的直接器官,作为社会实际生活过程的直接器官被生产出来"①。显然,科学技术成为第一生产力的核心问题在"转化",也就是科学新发现孵化为新技术、新产品,从而科学技术转化为现实生产力。让人们接受一个新观念,常常是一件非常困难的事,即使这个观念有明显的可取之处。同样,许多创新知识需要一个漫长的扩散过程才会被广泛接受和应用。而这一扩散过程不仅直接影响创新知识的实际应用,而且对于创新知识自身的完善以及再创新亦异常关键。

实施创新驱动经济发展战略对科技创新的要求,不仅要"顶天",还需要"立地",也就是科学研究进入技术创新体系,更多的科学发现成果转化为现实生产力。这对大学本身也有自身价值实现的要求,因为科学发明的价值在于应用。许多重大的科学发现在其应用之前是不知道有多大价值的。只有在科学发明者与企业的合作创新中,科学发明的价值才能得到较为充分的实现。因此,在大学和企业合作创新体系中,大学不仅要确立自身的知识创新主体地位,切实发挥其知识创新主体的作用,出重大的达到国际一流和先进水平的原创性创新成果,还要向前走一步,创新具有产业化价值的高科技成果,并积极参与将创新的高科技成果产业化的过程,以实现科学发现的价值。

我国目前的科学研究水平并不低,在许多领域已进入世界先进行列,每年推出的高水平的科研成果成千上万,但大部分成果只是停留在纸上,停留在礼品、展品和样品上。这种科研成果的浪费,症结就在于科学研究只是停留在知识创新阶段,科学家们没有带着创新的科研成果再向前走

---

① 马克思:《政治经济学批判大纲》第3分册,刘潇然译,人民出版社1963年版,第358页。

一步进入孵化新技术阶段。科研成果没有进入现实的生产过程,不能带来物质财富的增加,就不能成为现实的生产力。

在技术创新的源泉更多来源于科学发明的现阶段,知识创新和技术创新、科学家和企业家不能直接交汇和协同,就不能产生基于原始创新的技术创新成果。因此,当前我国解放生产力,首要的就是解放科学技术这个第一生产力,加快科技成果转化为现实生产力的速度。其路径就是大学和企业、科学家和企业家都进入孵化新技术阶段进行协同创新。

科学技术转化为现实生产力的速度直接决定经济增长速度。科学发现成果越来越多地直接成为技术创新的源泉,科学获得了在很短的时间内成为现实生产力的能力,根本原因是"转化"(即孵化为高新技术)越来越成为科技创新的重点。

自从20世纪后期产生新经济以来,科技创新出现的新趋势,就是技术创新的先导环节和知识创新的后续环节均延伸到了科学知识转化为生产力的领域,高新技术孵化阶段就成为技术创新和知识创新的交汇点。也正是这种创新的交汇产生了知识经济。其效应是越来越多的新技术、新产品和新企业在这个阶段产生,从而成为创新驱动经济发展的重要表现。这样,衡量一个地区和企业的科技创新能力,就不能只是看有多少研发投入,更要看有多少孵化器之类的创新平台。

科学新发现的价值在于经过开发所产生的新技术实现产业化和商业化。而且,一种新科学发现可能开发为许多项新技术,甚至可能持续地开发出新技术。对科学新发现进行技术研发不只是企业的事情,需要科研机构和科学家的介入,这就提出了加强大学、科研机构与产业部门协同创新的要求。也就在这种背景下,大学介入了技术创新体系。[①]

[①] 从本质上看,创新体系是由存在于企业、政府和学术界的关于科技发展方面的相互关系与交流所构成的。(参见 OECD,《以知识为基础的经济》,机械工业出版社 1997 年版,第 11 页)

三、新科技的社会扩散

创新驱动经济发展是针对全社会而言的。因此创新驱动不只是要求新发明在某个企业那里转化为新技术，更为重要的是自主创新成果及时地在全社会推广和扩散。只有当全社会都能采用自主创新成果时才能谈得上驱动经济发展。

从建设创新型国家考虑，科学的新发现不仅要求迅速转化为新技术，从而转化为现实生产力，还要求新知识、新科学发现迅速向全社会扩散，提高全社会的科学水平和科技能力。这里讲的扩散新科技，不仅涉及大学创造的新知识的扩散，还包括研发出来的新技术在全社会的扩散。

弗里曼的创新定义就包含了创新扩散的内容。艾弗雷特·M.罗杰斯将创新的扩散定义为："创新通过一段时间，经由特定的渠道，在某一社会系统的成员中传播的过程。"创新扩散中包含四个主要因素：创新、传播渠道、时间以及社会系统。[①] 本质上来说，创新的扩散是一个社会化的过程，也就是多个个体对新构想的主观感受沟通的过程。通过这种社会化的沟通过程，创新的意义才会逐渐显露出来。[②] 正如艾弗雷特·M.罗杰斯所说，"一项创新要被扩散和接受，仅有明显的益处是不够的"[③]，创新知识的有效扩散不仅以创新知识的期望为前提，还需要以完善的创新体系为基础。

不仅是科学新发现具有外溢性，以科学新发现孵化的新技术也有外溢性。创新投入的资本的边际生产率具有递增效应，能提高全社会的生产率。这是知识生产的外部正效应。正因为有这种外溢性，新科技的社会范围的扩散就有了必要和可能。前面所分析的大学与企业协同创新、科学家和企业家在研发新技术中的互动本身，就属于新科技的扩散路径。

[①] 参见艾弗雷特·M.罗杰斯《创新的扩散》，辛欣译，中央编译出版社2002年版，第10页。
[②] 参见艾弗雷特·M.罗杰斯《创新的扩散》，辛欣译，中央编译出版社2002年版，前言部分第3页。
[③] 艾弗雷特·M.罗杰斯：《创新的扩散》，辛欣译，中央编译出版社2002年版，第7页。

在此基础上,新知识和新技术的社会扩散机制可以从以下四个层面建立。

首先是企业层面。马克思的分析是:首先采用新技术的企业获取超额剩余价值,其他企业由于内在的剩余价值规律和外部的竞争规律的作用而竞相采用新技术,从而推动全社会劳动生产率的提高。可见竞争在推动新技术扩散中的作用。熊彼特关于创新即创造性的毁灭过程的观点,也是说的强化市场竞争机制可以迫使各个企业竞相采用先进的新技术。

其次是创新者层面,也有必要主动推动成果扩散。一方面,实施严格的知识产权保护制度,推进知识产权营销,新技术的使用者向创新者支付报酬,不仅能使知识产权收益最大化,还可使新技术得到广泛使用;另一方面,创新者依据其新技术制定技术标准,也可在全社会范围推动技术创新成果(新技术)的扩散。

第三是社会层面。一是通过计算机和网络将新知识、新技术数字化进行传播,从而形成"信息社会"。二是通过促进公众接受多种知识和技能的训练以掌握学习的能力,从而形成"学习型社会"。

第四是公共部门层面。政府部门、大学等教育机构承担起传播新知识、新技术的职能。政府部门要搭建传播新技术的信息平台。大学等教育机构通过教育培训等方式传播新技术,提高全社会接受新知识、新技术的能力。互联网、云计算等将会成为传播扩散新技术的重要平台。

四、政府对知识创新和技术创新的集成

无论是科学家还是企业家,他们分别进行的知识创新和技术创新,都有自主性,都有自己的兴趣爱好。国家目标的导向作用就在于对各个主体的自主创新进行引导,使之与国家目标衔接。这里特别强调国家的引导和支持。政府职能从研发管理向创新服务转变。完善国家科技决策咨询制度。坚持战略和前沿导向,集中支持事关发展全局的基础研究和共性关键技术研究,加快突破新一代信息通信、新能源、新材料、航空航天、

生物医药、智能制造等领域核心技术。瞄准瓶颈制约问题,制定系统性技术解决方案。①

自主创新包括原始创新、引进消化吸收再创新和集成创新三个方面。如果说前两个创新主要是企业进行的话,集成创新则主要由政府推进。②要对从大学到企业的创新过程进行集成和组织。这里所说的政府作用主要是指地方政府的作用。由于创新型经济涉及大学等知识创新主体与企业的关系,这种关系不可能只是靠市场联系来协调。这就需要政府的组织和引导。一是重视研发投入,二是重视人力资本的投入。这两个方面都需要政府的介入。原因是,无论是创新知识还是传播知识都有外溢性。就是说,新知识、新技术不只是创新者得到收益,全社会也会受益。

根据从知识创新起到最后技术创新成果被应用的科技创新路线图分析,创新成果的社会收益率是从高到低的次序,私人收益率是从低到高的次序。这也决定了政府介入创新的不同阶段的强度。基础研究必须要由政府足额投入。在进入新知识孵化为新技术阶段,政府仍然应该继续投入。由于这个阶段企业成为了投资主体,政府不可能也没有必要全部投入,因此在这个阶段的投入主要是引导性投入。其作用是吸引大学和企业在孵化高新技术领域对接,体现政府的集成创新作用。例如政府选择大学与企业合作研发的高科技项目给予启动性资金支持。这种投入实际上起着风险投资作用。在我国专事风险投资的公司还没有较大发展、其投资行为还缺乏长期性的情况下,政府承担起引导性的风险投资功能,不失为一种推动科技创新的手段。当然政府进行这种风险投资不能完全采取行政手段,通过基金形式市场化运作效率会更高。

对一个地区来说,创新型经济首先是创新源的建设,那样就会不只是

---

① 参见《中共中央关于制定国民经济和社会发展第十三个五年规划的建议》,2015年10月29日。

② 在知识经济中政府的政策应当有新的聚焦点。其中的优先重点如下:1. 促进知识的扩散;2. 提高人力资本素质;3. 促进组织结构变化。(参见 OECD,《以知识为基础的经济》,机械工业出版社1997年版,第16页)

获得一次性提供的创新项目,而是能源源不断地得到实验结果、创新成果和科学突破。具备这种科研能力的是研究型大学和科学院。由于优质科教资源的地区分布很不平衡,许多地方缺少这类大学,而且长期以来拥有科教资源的大学与地方和企业的发展也是相脱节的。这就需要地方政府从制度安排和资金引导两个方面吸引能源源不断地创造创新成果的大学和科学院的研究机构和研究人员进入本地区。其基本方式有:一是政府出资建设各类科技园、孵化器等产学研合作平台,吸引企业和大学进入这些研发平台。二是政府出资吸引大学进入科技园建立研究院和研发机构,鼓励研究人员进入从事应用性和研发性研究。这些产学研平台可能建在科技园,也可能建在企业,建在企业的产学研合作平台同样可能得到政府的引导性投入。需要强调的是,政府的资金投入之所以称为引导性投入,是要明确无论是政府在哪方面投入都不能包下全部投入,只能是投入一部分,从而对企业和社会的科技创新投入起引导作用。

政府推动创新的手段不只是资金引导,更为重要并且具有长效功能的是制度创新引导。创新型经济的必要条件是集聚各类创新创业人才,发展创新型经济最缺乏也最需要的是高新技术高端产业的领军人才。这些人才有许多需要从国外引进,他们的一些特殊要求不可能从大学和企业那里得到满足,更需要政府的制度安排。而且引进这些人才就相当于风险投资,其主要风险在于他们带来的高新技术不会在短期内产生效益,也不一定有看得见的市场前景。这种投资不少企业是望而却步的,这就需要政府的介入,对大学和企业引进这些人才不仅需要提供资金支持,更要给予制度和政策的支持,从而形成开放的环境和广纳人才的制度安排。

在制度安排上,企业是技术创新主体,对企业创新的推动力更为有效的是市场竞争压力,竞争的压力会迫使企业不断地进行研究开发。因此政府对全社会的创新只是起推进和引导作用,不能代替企业的主体作用。即使是资金引导也更多的是针对大学和科研机构的。政府的制度引导突出体现在提供创新的环境和法律制度,其中最为重要的是严格的知识产权保护制度。创新的持续动力,是创新者的创新成本得到补偿并获得创新收益。如果知识产权得不到有效保护,创新者的创新收益受到损害,就会挫伤创新者创新的积极性。因此政府的制度安排是保证创新者得到足额的创新收益,甚至能够在一段时间中保持其依靠知识产权的垄断性。这样才可以保证创新的可持续性。

政府引导科技创新,不仅仅是引导大学和企业的合作创新,更为重要的是这种合作创新要有明确的国家目标导向。就是说合作创新的新技术必须符合国家发展目标,这就是在自主创新成为国家战略的架构中,不仅要求基础研究服从国家发展目标,还要求产学研合作创新以增强国家和地区的竞争力为目标。

现阶段的国家目标导向,突出产业政策导向。正如波特所指出的:"国家的竞争力在于其产业创新与升级的能力。……当竞争的基础转为创造和知识积累时,国家的作用就变得日益重要,创造与保持竞争优势也变成本土化的过程。……不同国家有不同的竞争力形态,没有哪个国家能在所有或大多数产业中独领风骚。因此,各国都能在特定的产业成功,因为本国环境对于这些产业最有前瞻性、活力与挑战性。"[①]根据波特的国家竞争力理论,产学研合作创新所要谋求的是产业创新与升级的能力。政府的集成创新作用就在于积极推动科技创新和产业创新的互动与结合,并且将这种创新与国家发展战略性新兴产业的目标衔接。

根据中关村、深圳等科技园的经验,政府将知识创新和技术创新两大系统集成与衔接的载体主要有两个方面:

一是政府规划并建立大学科技园区,吸引大学和企业进入,推动大学与地方政府、与科技企业全方位合作,推动大学科技园成为大学教学、科研与产业相结合的重要基地,成为高新技术企业孵化的基地、创新创业人才培育的基地和高新技术产业辐射催化的基地。大学科技园所要追求的

---

① [美]迈克尔·波特:《竞争论》,高登第等译,中信出版社2003年版,第160页。

目标,要由原来的产值、利税指标转向科技成果转化率指标和孵化出的高新技术企业指标,特别是要重视孵化出的具有自主知识产权的高科技产品和技术的指标。

二是建立科技孵化器。所谓孵化器,是为科技人员孵化新技术和科技创业提供一个集中研发的场地和种子资金,配有通讯、网络与办公等方面的共享设施。孵化器具有共享性和公益性的特征。孵化器举办者会对进入者提供系统的培训和政策、融资、法律等方面的咨询,并且提供市场推广等方面的服务,旨在对高新技术成果、科技创业企业进行孵化,使创业者将发明和成果尽快形成可以进入市场的技术和产品,各类风险投资者也进入这里选择投资项目,从而降低创业企业的风险和成本,提高企业成活率和成功率。在孵化出新技术的同时,也就孵化出了新企业和企业家。孵化出的新企业一旦达到一定规模,就会飞出孵化器,进入产业园。

由政府主导建设的上述载体,目标是培育具有自主知识产权的技术和科技企业,为创新的科技成果提供适合创业的硬件和软件环境,营造吸引、凝聚优秀科技人员和经营管理者创新创业的良好环境。按此要求,开发区的建设就不能仅仅停留在传统的"九通一平"上,既要为吸引大学和科研机构的研究人员进入提供适宜的研究、生活环境,还要具备科研成果转化为现实的生产力所需要的条件。因此,大学科技园需要增强为各类企业转化高新技术成果提供综合配套服务的功能,其中包括为有技术但缺乏管理经验的高科技企业提供管理咨询服务,为高科技企业提供各种信息、市场等方面的各种服务。大学科技园不排斥继续引进和利用外资。但根据高新技术开发区的功能,引进外资的门槛也应设在技术水准上,只有具有较高技术含量的外资才能进入,要更为重视引进跨国公司的研发中心。

第五章　产业创新及其同科技创新的对接

我国创新型国家建设目标是：2020年进入创新型国家行列，若干重点产业进入全球价值链中高端；2030年跻身创新型国家前列，主要产业进入全球价值链中高端；2050年建成世界科技强国，成为世界主要科学中心和创新高地。可见创新型国家建设目标与产业创新程度密切相关。产业创新则依托科技创新。

第一节　以科技创新为先导的产业创新

实施创新驱动发展战略，需要看清世界科技发展大势；发展科学技术，必须具有全球视野，把握时代脉搏。国际金融危机发生以来，世界主要国家抓紧制定新的科技发展战略，抢占科技和产业制高点。这一动向值得我们高度关注。我国的创新驱动必须紧紧抓住正在孕育的世界科技和产业革命的机遇，突出利用最新科技成果的产业创新，占领科技和产业的制高点。

一、科技和产业革命的历史与新趋势

正如迈克尔·波特所说，竞争力是以产业作为度量单位的。国家竞

争力通常针对特定产业,而不是个别企业。① 在现代经济中,产业竞争力比企业竞争力更重要。产业创新的重要性,不只是新产业本身具有更高的效益和发展前景,更为重要的是,产业竞争力是一个国家、一个地区的竞争优势所在。国家和地区的竞争力在于其产业创新与升级的能力。由于创新的新兴产业能够带动整个产业结构的优化升级,一个国家和地区在某一时期的竞争力和竞争优势,就看你有没有发展这个时代处于领先地位的新兴产业,形成具有自主创新能力的现代产业体系。

从世界发展的历史看,18世纪以来,技术革命尤其是科学技术革命一直是产业革命的先导,产业革命是技术革命的结果。第一次技术革命是18世纪的蒸汽机和机械革命,关键技术包括动力和机械等技术;第一次产业革命是机械化革命,主导产业包括纺织工业、煤和铁、机械、蒸汽机和铁路等。第二次技术革命是19世纪的电力和运输革命,关键技术是电力、运输、化工和电讯等技术;第二次产业革命是电气化革命,主导产业包括电力、石化、钢铁、汽车和家电等。第三次技术革命是20世纪的电子和信息革命;第三次产业革命是自动化和信息化革命。有学者认为,第三次技术和产业革命可分为两个阶段:第一阶段是电子和自动化阶段,关键技术有电子、自动控制、激光、材料、航天和原子能等技术,主导产业包括电子工业、计算机、原子能、航天和自动化产业等。第二阶段是信息化和智能化阶段,关键技术有信息、云计算、量子通信、智能和绿色等技术,主导产业包括信息产业、电子商务、物联网、无线网、大数据、智能制造(3D打印)、先进材料、智能机器人、智慧城市、绿色能源和生物产业等。②

德国推出的"工业4.0"计划实际上把18世纪以来的产业革命分为四次:第一次是机械化,即"工业1.0",第二次是电气化,即"工业2.0",第三次是信息化,即"工业3.0",第四次是以智能制造为主导的第四次

---

① 参见[美]迈克尔·波特《国家竞争优势》(上),台北:天下远见出版公司1996年版,第15—16页。
② 参见何传启《新科技革命引发新产业革命》,载《人民日报》2015年7月5日。

工业革命即"工业4.0"。

尽管对正在孕育的新产业革命是属于第三次还是第四次存有争议，但有一点是共同的，即科技革命是产业革命的先导。通过进一步的观察和研究可以发现，前两次科技革命和产业革命不是同时发生的，两者间隔的时间较长，尤其是第一次科技革命和第一次产业革命，第二次科技革命和第二次产业革命的间隔时间大大缩短，而当今的科技革命和产业革命的新特点是两者几乎同时进行。新的科学发现随之带来的是新产业革命。正在兴起的新科技催生了生物技术、新材料、新能源、环保等新兴产业。新技术突破加速带动产业变革，对世界经济结构和竞争格局产生了重大影响。

习近平总书记2013年9月在十八届中央政治局第九次集体学习时的讲话中指出：当前，从全球范围看，科学技术越来越成为推动经济社会发展的主要力量，创新驱动是大势所趋。新一轮科技革命和产业变革正在孕育兴起，一些重要科学问题和关键核心技术已经呈现出革命性突破的先兆。物质构造、意识本质、宇宙演化等基础科学领域取得重大进展，信息、生物、能源、材料和海洋、空间等应用科学领域不断发展，带动了关键技术交叉融合、群体跃进，变革突破的能量正在不断积累。根据习近平总书记的概括，现在世界科技发展有这样几个趋势：一是移动互联网、智能终端、大数据、云计算、高端芯片等新一代信息技术发展将带动众多产业变革和创新，二是围绕新能源、气候变化、空间、海洋开发的技术创新更加密集，三是绿色经济、低碳技术等新兴产业蓬勃兴起，四是生命科学、生物技术带动形成庞大的健康、现代农业、生物能源、生物制造、环保等产业。

面对世界科技发展新趋势，当今世界的经济竞争表现为产业竞争。世界主要国家纷纷加快发展新兴产业，加速推进数字技术同制造业的结合，推进"再工业化"，力图抢占未来科技和产业发展制高点。一些发展中国家也加大科技投入，加速发展具有比较优势的技术和产业，谋求实现跨越发展。对此,我们必须高度重视、密切跟踪、迎头赶上,与发达国家进入同一创新起跑线。

二、产业创新是科技创新的目标

已有的"创新"定义,从熊彼特到弗里曼,都把创新的内涵概括为新发明、新产品、新工艺、新方法或新制度第一次运用到经济中去的尝试。①与此定义相应,人们长期把创新归结为技术创新。从20世纪后期出现以信息技术为代表的新科技革命以来,创新实践出现了以下两大趋势:

第一,技术创新上升为科技创新。这反映出创新源头的变化。过去的技术创新主要是在企业中进行的,现在技术进步的源泉更多的来源于科学的发明。利用当代最新的科学发现的成果迅速转化为新技术可以实现大的技术跨越。例如,新材料的发现,信息技术和生物技术的突破,都迅速转化为相应的新技术。这种以科学发现为源头的科技进步模式,体现了知识创新(科学发现)和技术创新的密切衔接与融合。对这种以科学发现为源头的技术创新新现象的概括,就是科技创新。

第二,产业创新成为科技创新的终端。过去的技术创新着重在产品和工艺创新,现在的科技创新则落脚在产业创新。新的科学发现随之带来的是新产业革命。如果说过去一项重大科学发现到产业上应用需要隔上数十年的话,那么现在的趋势是科技创新和产业创新几乎是同时进行的。例如,新的科技进展迅速催生生物技术、新材料、新能源、环保等新兴产业。这就是通常所说的高科技产业化。以科技创新为先导的产业转型升级,体现了知识创新和技术创新的结合,反映了现代世界科技和产业发展的趋势。建立在新科技革命基础上的产业创新,意味着采用最新科技成果,其技术含量更高,附加值更高,也更为绿色。

上述创新实践的两大趋势表明,科技与经济的联系越来越紧密,科技

---

① 参见《新帕尔格雷夫经济学大辞典》第2册,经济科学出版社1986年版,第925页。

创新几乎与产业创新同时进行。科技创新不是单纯的工艺创新,产业创新已经由工程师时代进入科学家时代。我国实施创新驱动的发展战略需要解决好科技创新和产业创新的衔接问题,主要涉及两方面问题:一是转化,即科技创新成果如何迅速转化为新产品或产业新技术;二是协同,即科技创新领域的科学家与产业领域的企业家协同创新新产业。这两个方面就是产业化创新的基本功能。产业化创新居于科技创新和产业创新之中,使科技创新更为实,培育出产业升级的增长点。

在全球化、信息化、网络化的条件下,我国有条件与其他发达国家进入同一个创新的起跑线,其基础性条件是,大学和科研机构掌握的高科技的国际差距相对来说,要比高科技产业的国际差距小。科学研究没有国界,只要能够着力推进科学发现向新技术转化,最先应用新发明,就可以产生具有自主知识产权的创新成果,尤其是在重点领域占领世界科技和产业的制高点。在此背景下,一方面大学和科研机构要主动介入技术创新体系;另一方面政府和企业不能只关注外资,更要关注大学和科研院所。主动接受高校和科研院所高科技的辐射可以缩小高科技产业的国际差距。

产业创新不仅涉及发展战略性新兴产业,也涉及传统产业的创新。实际上每个阶段的产业结构中都是传统产业占较大比重。在资源有限的条件下,各个地区在发展战略性新兴产业时都面临着与发展传统产业的两难选择。对这两难选择破题的基本路径是创新驱动。就是说,传统产业的发展不一定完全放弃传统,但必须创新驱动,突出在三个方面:一是采用最新科技,与信息化深度融合;二是向节能环保的绿色产业转型;三是进入新兴产业的产业链。

现代经济增长的实践证明,先行国家的产业结构转型升级都是在科学技术取得重大突破的基础上实现的。这意味着科学技术不仅是第一生产力,还是产业结构转型升级的第一推动力。技术创新及其成果的高速扩散,是推动产业结构高度化的重要因素。没有科学技术的突破就不会有新产业的产生,没有新技术的扩散就不可能有产业结构整体水准的提升。顺应现代增长的趋势,我国实施创新驱动的发展战略需要解决好科技创新和产业创新的对接问题。产业创新依托科技创新,科技创新是先导,产业创新是目标。现在的科技创新则落脚在产业创新上。利用当代最新的科学技术成果迅速转化为新产业,可以实现大的技术跨越。

第二节 科技创新和产业创新的对接

提出科技创新和产业创新对接的重要原因,是基于我国这两个方面创新的严重脱节。一方面我国的科技人才和科技论文数量已居世界之首,另一方面我国的产业水准还处于中低端。即使是高新技术产业,还是缺少自己的原创性核心技术和关键技术。因此,我国转向创新驱动经济发展的基本要求是,强化科技同经济对接、创新成果同产业对接、创新项目同现实生产力对接。这几个方面可归结为科技创新和产业创新的对接。

一、在孵化和研发新技术阶段对接科技创新和产业创新

在科学发现即知识创新成为科技创新的源头的背景下,孵化和研发新技术阶段就成为知识创新和技术创新的交汇点。过去知识创新和技术创新是脱节的,大学停留在知识创新阶段,企业采用现成的技术,由此许多具有原始创新价值的成果束之高阁。自从20世纪后期产生新经济以来科技创新出现新趋势,就是技术创新和知识创新在中游环节即高新技术孵化阶段相互交汇。一方面技术创新的先导环节前移到科学向技术的转化过程,另一方面知识创新的环节延伸到了科学知识转化为生产力的领域。这样高科技的孵化领域成为知识创新和技术创

新的交汇点。也正是这种创新的交汇产生了知识经济。新产业也正是在这种交汇处孕育。

二、以共同的中高端创新目标对接科技创新和产业创新

产业结构优化升级需要有创新的新兴产业来带动。知识创新和技术创新以产业创新为导向和目标，可能实现大的技术跨越，导致产业结构的革命性变化。就战略性新兴产业来说，它是新兴科技和新兴产业的深度融合，既代表着科技创新的方向，也代表着产业发展的方向。对战略性新兴产业的培育，我国与其他发达国家不仅处于同一起跑线，而且存在着国际竞争，更需要自主创新，以最新的科学发现应用于产业创新，以占领世界产业的制高点。

我国的产业结构水准之所以长期处于低端，原因是我国同已有的几次产业革命都是失之交臂，我国的产业创新只能是模仿和引进，跟随在发达国家后面。现在中国具有了领先而不是跟随的科技和产业创新的经济实力。经济全球化、信息化、网络化又为各个国家提供了均等的科技和产业创新的机会。在此背景下，我国没有理由再错过新科技和产业革命的机会。

近年来欧美发达国家推出的产业升级目标可以作为高端化的参照系，例如德国推出的"工业4.0"计划。撇开三次产业结构的差距，可以发现我国的制造业处于低端水准突出在科技含量上。首先是产业档次处于中低端。其次是在高科技产品的全球价值链上中国制造部分处于中低端。第三是绿色化程度处于中低端。中低端产业结构与中高端产业结构的差距，可以归结为产业的科技水平和科技含量的差距。

科技创新和产业创新对接的目标是科技创新和产业创新都必须达到中高端，与发达国家进入同一个创新起跑线。科技创新和产业创新与发达国家进入同一创新起跑线，指的是产业创新的共同主攻方向。库兹涅茨把现代经济增长看作是以划时代的创造发明为基础的一个过程：科技

和产业的"时代划分是以许多国家所共有的创造发明为依据的。这是现代经济增长的一条特殊真理"①。在现时代,无论是科技创新还是产业创新,都应该瞄准具有划时代意义的创造发明,如清洁能源、新材料、生物技术、节能环保技术、新一代信息网络技术,尤其是正在兴起的智能技术及相关产业。

三、在攀升全球价值链上对接科技创新和产业创新

经济全球化的重要特征是跨国公司在全球范围内布局产业链,从而形成全球价值链。现代国际产业竞争的重要特征是全球价值链之间的竞争。国际分工演变为高科技产品在不同国家的生产环节的分工,也就是根据各个国家的资源禀赋条件进行生产环节的分工。产业创新的一个重要方面是改变我国企业所处的全球价值链的低端制造地位,依靠创新攀升全球价值链的中高端。现在全球价值链正在发生结构性变化。其背景是:一方面世界金融危机和欧美主权债务危机爆发以来,欧美国家经济处于长期的衰退和低迷状态,世界经济增长速度整体放缓;另一方面在新科技革命推动下,产业创新速度加快。由此产生的全球价值链的结构性变化有三个表现:一是在信息化、网络化条件下,全球价值链由封闭转向开放。二是全球价值链中欧美国家跨国公司的主导地位正在被打破,许多产业领域的附加值较高的两端的地位已经和正在被发展中国家的公司占领。三是在开放式创新推动下,全球价值链在各国间分布的增值环节的固化已经被打破,梯度性转移和攀升成为常态。在此背景下产业结构的中高端化就不是过去意义上的替代进口品,而是价值链攀升。

虽然中国制造的产品在世界上有规模优势,但没有全球价值链的优势。目前我国企业包括引进的外商投资企业基本上是以比较优势嵌入全

---

① [美]库兹涅茨:《现代经济增长》,北京经济学院出版社1989年版,第250—251页。

球价值链的,所处的环节基本处于产业结构低端的制造环节。核心技术和关键技术环节不在我国的居多,中国创造部分少,品牌也是用外国的多。我国生产的许多高科技产品要么是代工的,要么是在国内加工组装的,要么是"贴牌",附加值都很低,由此产生了低附加值问题。在全球价值链结构性变化的背景下,我国企业参与全球价值链就需要依靠创新实现向中高端攀升:一是在已有的全球价值链上攀登价值链中高端。基本方向是,在低端制造环节向劳动和资源环境成本更低的国家和地区转移(如越南等东南亚国家)的同时,一方面进入研发环节,另一方面产品加工向中高端转变,进入精密度、技术要求和附加值更高的元器件生产环节。其途径包括:边干边学,对关键高技术的引进消化吸收再创新,以及吸引跨国公司的关键技术和核心技术的研发机构进入中国本土。二是建立以我为主导的价值链。建立拥有我国原创性的有自主知识产权的核心技术和关键技术的产品生产和销售的全球价值链,推动我国在国际市场上具有优势的产品生产如高铁、装备制造等生产环节走出去。所有这些产业链(价值链)上的技术创新很大程度上依赖科技创新的成果转化,利用原创性科技成果推进产业创新。掌握和替代国外所拥有的较高附加价值的核心技术和关键技术的研发,需要自主创新和新技术的应用。只有这样,才能进入价值链的高端,提高产业附加值。

四、在产学研协同中对接科技创新和产业创新

国家创新体系理论强调,创新需要使不同行为者(包括企业、实验室、科学机构与消费者)之间进行交流,并且在科学研究、工程实施、产品开发、生产制造和市场销售之间进行反馈。因此,创新是不同参与者和结构共同体大量互动作用的结果。[①] 这里所讲的各个创新阶段和参与者之间的互动还只是在科技创新范围内的创新活动,并没有讲到科技创新与产

[①] 参见 OECD,《以知识为基础的经济》,机械工业出版社 1997 年版,第 11 页。

业创新的互动。

产业创新既要依靠大学和科研机构的科学发现,又要依靠企业所掌握的市场的需求。两者结合才能成功地进行产业创新。按此要求,产业创新的关键和重要路径是产学研协同创新,也就是产学研各方共同介入创新。作为知识创新主体的大学及其科研人员的介入,解决创新的科学导向;作为技术创新主体的企业及企业家的介入,解决创新的产业化导向。这种协同也可以在很大程度上降低产业创新的风险。

产学研协同创新有共同的研发平台。过去大学和企业一般是在各自的平台上分别进行科技创新和技术创新,两者通过技术转移来联系。而产业化创新则需要建立大学和企业共同进入的研发新技术的平台,在同一个平台上实现科学家和企业家的互动,共同研发产业创新的技术,这样就可以源源不断地产生产业创新所需要的新技术。这同一般的技术转移是不同的过程。

根据我们的实证研究结果,不同行业对科技创新的需求不同,相应的产学研协同创新的方式也不尽相同。在不同行业科技创新有不同的方式。①

一是知识创新带动型产业创新。这是在需要突破性科技创新来带动产业创新的领域采取的创新方式。在生物技术、制药行业、航空航天和环保等高技术产业领域,产业化创新一般需要突破性创新,其创新模式以科学技术型为主导,更依赖于基础科学研究成果,因此在这类产业领域,企业和大学合作进行的产业创新更偏向于大学及其科学家的作用,产业化创新主要通过共建研发和孵化新技术平台进行。

二是技术创新带动型产业创新。这是在需要持续不断进行科技创新的领域采取的创新方式。化工、新能源产业、电子及通信设备制造业等领域的技术进步虽然都依赖于突破性科技创新,但在突破性科技创新后,技

---

① 参见洪银兴等《产学研协同创新研究》,人民出版社2015年版,第6—7页。

术创新主要是对所取得的突破性进展不断地开发新技术,其产业化创新更多是渐进性创新。这方面创新的速度很快,尤其是电子信息等行业的创新模式以互动式为主导,就像软件和互联网企业需要不断推出新产品、新服务。因此,产业化创新更多的在企业内的研究院和研发机构进行。但会注重大学和科研机构在基础研究领域取得的新的研究成果,为创新下一代新技术和新产品作准备,而且特别重视从大学获取人才和培养技能型劳动力。

三是采用新技术型产业创新。这是在被称为中低技术产业领域采用的创新。服装、食品、家具、零售等传统产业也被称为中低技术产业,但不意味着没有产业化创新的机会。恰恰是这些行业因技术门槛低而竞争激烈,更需要通过产业化创新来提升竞争力。过去,传统产业的创新靠自身的技术改造,现在则要靠社会的科技进步,采用最新科技,例如应用数字化的机器设备、采用"互联网+"、利用机器人、采用节能减排技术等。

四是传统产业"+互联网"新技术。在现阶段,移动互联网进入哪个产业领域,哪个产业领域就能得到根本改造并得到提升。如:互联网+零售即产生网购和电子商务,互联网+金融即产生互联网金融等。面对"互联网+"的挑战和冲击,现有的传统制造业和服务业响应"互联网+"的路径就是"+互联网",实现转型升级。现阶段几乎在所有产业领域,都可能是"互联网+"和"+互联网"共存并互为补充。"互联网+"可能成为科技创新和产业创新无缝对接的一个重要手段,也将成为对接传统产业和新兴产业的重要纽带与平台。十八届五中全会提出实施网络强国战略,实施"互联网+"行动计划,必将大大推进我国包括传统产业在内的各个产业中高端化的进程。当然,"互联网+"是代表性概念。现实中提升和改造传统产业还有"绿色化+"要求。可以设想,随着智能化技术的创新和应用,也可能出现"智能化+"的效应。可以说,只要采用最新技术,再传统的产业都可以成为现代产业。

第三节 建立产业化创新机制

"产业化创新"的概念是2014年底的中央经济工作会议提出的,强调更多靠产业化创新来培育和形成新的增长点,把创新成果变成实实在在的创新活动。产业化创新作为产业创新的原动力,介于科技创新和产业创新之间,产业化创新概念在实践中的体现,或者是给科技创新提供理念和方向,或者是直接成为连接科技创新和产业创新的桥梁。产业化创新突出的是科技创新的成果迅速转化为新技术、新产业,衔接市场需求与研发供给,培育和形成新的增长点。

产业化创新不只是概念,更重要的是机制。其基本功能是它以产业化为目标的科技创新能有效衔接知识创新和技术创新两大体系。产业化创新有两个导向:一是产业化导向,其中包括市场的商业化价值的导向。二是科技水平导向,其中包括先进性的技术价值导向。这两个导向结合所产生的创意开发出的新技术新产业,就可能占领产业和市场的制高点。

一、科技创新和科技创业的对接

产业化创新与一般的科学研究的创新不同,它不是单凭研究者的爱好,而是直接以产业创新为目标。产业化创新既要依据科学发现提出新创意,又要孵化出新技术,还要将新技术进行产业化应用;既涉及科技创新,又涉及科技创业。科技创业也就是将科技创新的成果(新技术、新发明)产业化。在许多场合是科技创新者带着孵化出的创新成果创办企业。也有现有的企业将新技术进行产业化,从而实现企业的转型升级。

这里讲的创业不是一般的创业,而是科技创业,是依托科技创新的创业。因此科技创新和产业创新对接的意义就是通常所说的打通从创新到创业的"最后一公里"。其过程包括:依据科学发现产生新创意,研发和孵化新技术,新技术产业化。

从科技创新和科技创业的区别与联系看,科技创新是提供明天的技术,科技创业则是将今天的科技转化为 GDP。在许多场合,知识和技术转化为生产力是通过知识和技术的创业实现的。现实中科技创新和科技创业的脱节导致了科技成果的浪费。从由科技创新发展到科技创业的进程看,科技创业不同于一般的创业,它是将新科技成果孵化为新技术和企业的创业,是转化科技成果的创业,是创办科技企业的创业。因此科技创业有如下两个含义:

第一,科技创业一般是利用科技创新所孵化出来的新技术、新产品进行创业。在许多场合是科技创新者带着孵化出的创新成果创办企业,也有现有的企业将新技术进行产业化。高校和科研机构允许和鼓励科技人员创办科技企业,利用其与科研机构的天然联系或者直接利用其成果孵化新技术和新企业是产业化创新的重要方面。

第二,创办科技企业的基本条件是知识、技术及其专利之类的科技成果。科技创业与一般的创业不同,不仅需要资本投入,更需要科技投入,实际上常常是先有科技投入,或者先有创意,再有资本投入。因此科技创业就不能一开始就以资本投入数量(注册资本量)作为办企业的门槛,而应该以有无科技成果和成果的科技含量作为门槛。

创业就要有资本。由于科技创业以科技创新为基础,因此,科技创业的资本就不仅仅是物质资本,还包括知识资本和人力资本。在说明科技创业的特点时,必须明确知识资本(包括人力资本)是科技创业的"本"。当然,科技创业不是不要物质资本,而是雇佣关系发生了根本性变化。一般的创业主要靠资本(资金),科技创业主要靠知识和技术。前者是以资金招技术,后者则是以知识和技术招资本(资金)。一般的创业是物质资本雇佣劳动,知识和技术成为资本的生产力。科技创业是物质资本被知识资本所雇佣。就是说创业的主动因素是知识和技术,物质资本则作为风险投资,从属于知识资本。知识资本和人力资本越来越成为起决定性作用的资本,作为知识资本和人力资本人格化的"知本家"成为科技创业的中心。相较于物质资本,知识资本和人力资本增殖的速度更快,增殖能力更强。

创新到创业,最大的障碍是存在不确定性和风险。这同新创意孵化新技术阶段与市场较远相关。正如费尔普斯所说:"事实上,所有创新都有偶然或者随机的因素。在一定程度上,新产品开发成功和得到商业化应用都是概率问题。""创新是走向未知的历程。"① 风险主要有四个:一是转化风险:新的创意能否开发成新技术、新产品不确定。二是市场风险:创新技术和产品进入市场能否被市场接受,其价值能否得到实现,是不确定的。三是技术风险:创新成果是否具有先进性是不确定的。四是财务风险:创新投入的成本可能得不到补偿。所有这些不确定就是风险。虽然新的商业创意能够成功产生企业的不多,但一旦成功,就可能成为市场领先者。因此科技创业的物质资本基本上是风险投资。

产业化创新有以新产业替代旧产业的内容。在产业发展史上,以下两种现象需要引起重视并说明:

一是常常不是传统产业创造出替代自己的新产业。熊彼特当年在阐述其创新理论时就指出:创新通常可以说是体现在新的企业中,它们不是从旧企业里产生的。例如,并不是驿路马车的所有主去建造铁路。② 其原因可以用创新理论来说明。创新就是创造性毁灭。已有的产业部门(或者说传统产业)有工艺创新的动力,有降低消耗的创新动力,但不可能有以产业创新来毁灭自己的动力。由于资产的专用性,产业创新所产生的沉没成本,已有的市场都会成为包袱,阻碍对自己的产业创新。因此,产业创新往往产生在已有产业的外部。

二是科技创业最适合中小科技企业。过去的理论特别青睐大企业的技术创新,而在孵化高新技术方面最为有效而且成功的往往是小企业。

---

① [美]费尔普斯:《大繁荣:大众创新如何带来国家繁荣》,余江译,中信出版社2013年版,第36页。
② 熊彼特:《经济发展理论》,第74页。

究其原因:一是高新技术往往是新兴企业推动的,新兴企业一开始常常是小企业;二是对创业者的激励能力,小企业更强;三是对创新失败的风险约束,小企业更强。实践还证明科技型小企业往往是民营企业最有效,而大企业的功能则是通过购买孵化出来的高新技术而使之推广。

以上两种情况提出的问题是:产业化创新的发动者是谁?往往既不是实力雄厚的大企业,也不是对本行业熟悉的行业内企业,而是行业外的科技创业的小企业,也就是"草根企业"。要对这种现象作出理论说明,牵涉到实施创新驱动发展战略的着力点的选择。特别是要研究以产业化创新起步的草根企业从小到大的成长之路。研究自20世纪后期产生新经济以来的产业化创新尤其是科技创业可以发现,产业化创新创业成功的往往是科技型小企业和草根企业。例如,率先进行电子信息技术的产业化创新的比尔·盖茨领导的微软、乔布斯领导的苹果、我国的华为和中兴在上世纪八九十年代都还只是小企业,但它们在世界信息技术和产业革命的浪潮中抓住了时机,在信息技术的产业化创新上取得了突破。成立于1999年的阿里巴巴最初也是小企业,率先进行了互联网领域的产业化创新。

面对科技型小企业引领的产业化创新,现有的大企业,如大型汽车企业、大型钢铁企业、大型化工企业,不会游离于创新之外。除了自身的技术改造之外,还会分出(或者被挖走)一部分科技资源(包括科技人员和科技成果)支持科技型小企业的创新创业。不仅如此,有一部分大企业也正在根据上述创新规律探索产业化创新的道路,如海尔那样的大公司在企业内组成一个个按新创意组成的创新团队,大公司可能由一个个从事产业化创新的科技型小企业组成。

二、新兴产业的成长壮大

产业化创新不只是产生在该时代处于领先地位的新兴产业,而是要求这些新兴产业在产业结构中占主导产业地位,形成具有自主创新能力

的现代产业体系。在现阶段上述新产业实际上在不少地区已经出现,但要成为主导产业,还需要解决三个关键性问题:

第一是新产业的规模经济问题。新兴产业目前还是星星点点,尽管全国加总可能达到相当的规模,甚至有人近乎产能过剩,而事实情况是,一方面每个地方的新产业都没有形成集群,达不到规模经济;另一方面新产业从研发到制造到采用,没有形成产业链,达不到范围经济。因此,新产业的发展需要借助规划和市场的力量优化布局,不仅要推动同类产业形成集群,还要通过分工与合作形成产业链。

第二是新产业的成本控制问题。虽然新产业有很好的市场前景,但在其产生初期普遍遇到的问题是成本太高。这里面既有研发成本的补偿,也有生产所用的资源(材料)成本,特别是还有沉没成本。因此其价格大都处于高位,市场一时难以接受,由此直接影响了新产业的发展。针对这种状况,一方面需要进一步推进科技创新,发现并应用降低成本的新技术和新材料。另一方面需要政府介入。由于新产业所采用的新技术本身就具有外溢性,全社会都能得到其收益,因此政府应该给予新产业技术研发必要的补偿和投入,从而降低新产业对研发成本的补偿。同时,为推广新产业产品,政府也须采取一些鼓励和补偿政策,来降低沉没成本。例如对一些原来使用化石能源而现在转向使用清洁能源的企业所进行的技术改造提供必要的补偿。

第三是创新产业需要足够的空间,这属于范围经济。长三角地区经过工业化和发展开放型经济,已有的工业项目几乎已经布满,经济能量超出了国土范围。在这种情况下,发展创新型经济项目就存在空间不足、范围不经济问题。为此需要从范围经济的角度扩大创新产业的范围经济,其途径包括:一是淘汰和转移传统制造业,腾出空间来发展新产业。特别是在各个开发区,孵化出的产业和企业没有必要都留在开发区,孵化出来的产业和企业到一定阶段就要"飞出去"。只有这样才能使开发区不断地创造新产业、新企业,保持创新活力。二是扩大创新型经济的势力范围,把一部分制造环节放到其他地方去,品牌、核心技术、关键技术留在本地,就可大大扩大创新型经济的范围经济。

新兴产业的成长壮大更多还是要靠市场的选择和推动。产业化创新成功的企业有可能依靠市场的力量,以其创新的技术引领新产业的产生和成长。例如阿里巴巴以其互联网技术进入零售产生电子商务(网购业),进入金融领域产生互联网金融业。产业化创新成功的科技型小企业,不仅在市场竞争中胜出并迅速扩大规模,而且带动整个产业结构的提升。如微软和苹果一跃超过老牌的福特等"百年老店",领导了世界的信息技术革命。华为和中兴均成为全球最大的电信设备制造商和商用网络的巨头,极大地推动了我国产业结构的信息化。阿里巴巴一跃成为全球顶尖的电子商务巨头,并且与腾讯等企业一起推动了"互联网金融",以"互联网+"技术推动了传统产业的转型升级。

三、国家对科技和产业创新的引导

针对创新到创业的不确定性和风险,对接科技创新和科技创业的关键在一个国家和地区的经济活力。所谓经济活力,正如费尔普斯所说:"是创新背后的深层动力与制度的综合体:革新的动力、必要的能力、对新事物的宽容以及有关的支持制度。"[1]研究科技创新的国家目标导向,需要提出国家创新力概念。不可否认,相较于计划经济,市场经济中的创新力是最强的。特别是市场经济赋予了个体强大的创新力。但是,在现代经济中,国家竞争力主要由国家创新力来衡量。国家创新力不是个体创新力的相加,而是对科技创新的国家集成能力。即使是在发达的市场经济国家,最为成功的重大的科技创新计划都是由政府规划并组织实施的。

首先是解决知识创新目标的国家导向。由于现阶段的产业创新是以科学新发现引领的,因此产业创新首先是知识创新的国家目标导向,也就

---

[1] [美]费尔普斯:《大繁荣:大众创新如何带来国家繁荣》,余江译,中信出版社 2013 年版,第22页。

是科学家科学研究的选题从单纯的研究者的兴趣爱好转向国家目标导向。现在,在世界范围内,科学研究的国家目标导向和经济目的已经成为趋势,即使是出于兴趣爱好的研究也要服从于国家目标。我国正在推进的蛋白质研究、量子调控研究、纳米科学研究、发育与生殖研究、全球变化研究和干细胞研究等国家重点研究计划取得突破,必然会推动产业的重大创新。

国家竞争力体现为产业创新的能力,尤其是每个时期的战略性新兴产业都是由国家规划和确定的,国家目标确定后就需要引导创新的两端——知识创新和技术创新——都与国家目标衔接。一是在科学规划基础上的国家目标引导,明确需要引领未来、重点突破和支撑发展的领域。二是举国家之力给予重点支持。原因是重大的科技和产业创新不仅需要足够多的资金支持,而且这种投资具有长期性和风险性。国家为此提供专项投入才能有效加快重大的科技和产业创新。

其次是协调大学和企业的合作创新。创新型经济中的产业创新依赖于科技创新,不是单个企业的行为,不是单纯的技术创新,而是个系统,是产学研多个主体介入的合作创新活动。就是说,现代经济增长是以知识创新为基础的增长。产业创新依托科技创新,需要企业的技术创新与大学的知识创新两大创新系统的集成。集成创新即创新系统中各个环节之间围绕某个创新目标的集合、协调和衔接。承担这种系统集成职能的是政府,这就需要国家参与,并以国家目标为导向。

政府的集成创新作用就在于积极推动科技创新和产业创新的互动与结合,对从大学到企业的创新全过程进行集成和组织。尤其是为之提供合作创新的平台。在政府引导和搭建的合作创新平台和成果转化机制上,实现知识创新和技术创新两大创新系统的集成。

第六章　产学研协同创新

十八届三中全会关于全面深化改革的决定明确提出建立产学研协同创新的机制。2013年9月30日,习近平总书记在主持中共中央政治局第九次集体学习时又要求:围绕使企业成为创新主体、加快推进产学研深度融合来谋划和推进创新。在创新实践中,产学研协同创新机制与过去所讲的产学研合作有明显的区别,其创新效果十分明显。为了在更大范围推进产学研协同创新,需要对这种创新机制的必要性及其运行方式和机制在理论上作出说明。

第一节　由"技术转移说"到"协同创新说"

产学研结合是技术创新体系的重要组成部分。对其结合方式,过去在经济界和理论界一直提产学研合作创新,现在提产学研协同创新。两者的区别不应该只是词语表述的区别,应该从理论和实践意义上明确其内涵的变化。

日本政府是产学官合作的创始者,早在20世纪60年代初就开始通过相关法律和政策,鼓励和引导大学、研究机构和产业界进行合作,推进产学官协作的发展,进入90年代后,日本政府积极推进产学研一体化进程,把高校、科研单位和企业的科研力量,通过多种方式,有机合作,进行实用技术攻关。

纽约州立大学的亨利·埃兹科维茨教授(Henry Etzkowitz)和阿姆斯特丹科技发展学院的劳德斯特夫教授(Leydesdorff)在1995年提出了"大学、产业、政府"三重螺旋创新模型。该模型利用生物学中有关三螺旋的原理解释政府、大学和企业之间相互依存的互动关系,指出在以知识为基础的社会中,大学—产业—政府三者之间的相互作用是改善创新条件的关键。大学、产业、政府在相互结合和作用中,各自保持价值和作用,同时又在一定程度上承担着其他机构的部分功能,从而形成知识领域、行政领域和制造领域的三力合一。该理论还强调大学、政府和企业的交互是创新系统的核心环节,三方螺旋共生合作、共同推动创新螺旋的上升,促进创新价值的最终实现。

以上理论所界定的产学研合作的内涵可以概括为两个方面:首先,是指企业、科研院所和高等学校之间的合作;其次,合作创新的路径通常指以企业为技术需求方,与以大学和科研院所为技术供给方之间的合作,从而促进技术创新所需各种生产要素的有效组合。[①]

人们通常用"技术转移"说来说明知识创新和技术创新对接的路径。其背景是大学从事的科学研究与企业进行的技术创新是分开的,因此创新的新技术需要从大学和研究机构向企业转移。相应的就有各类技术转移机构。现在,技术转移说已无法解释科学与技术日益融合的趋势。在现实中,基于原始创新的技术创新成果是在孵化新技术阶段产生的,就需要将知识创新和技术创新的对接由"转移说"转向"协同说"。大学及其科学家同企业及其企业家共同进入创新平台,在创新平

---

① 参见百度百科"产学研合作"。

台内对接知识创新和技术创新,这样创新的技术就不只是转移,而是协同创新的共同成果。

美国硅谷的实践则创造了产学研协同创新的模式。依托斯坦福大学强大的科研实力和校方对产学研合作的鼎力支持,硅谷建立了大学、科研机构与产业界紧密的协同创新关系,成就了硅谷的创新奇迹。从理论上概括硅谷等地的创新模式可以发现,与产学研合作创新相比,产学研协同创新主要有以下两个方面的创造和理论假设:

首先,产学研协同创新不只是大学和科研院所作为技术供给方与企业作为技术需求方之间的技术转移的关系,而是在科学新发现为导向的技术创新中大学和企业各方都要共同参与研发新技术,尤其是大学和企业各方共同建立研发新技术的平台和机制,在研发新技术的过程中,企业家和科学家交互作用。这正是产学研协同创新的真谛。这也可以说是产学研由"合作"变为"协同"的重要区别。①

其次,产学研协同创新的环节主要在科学发现或创新的知识孵化为新技术的环节。过去,技术创新的最终环节是将新技术应用于生产过程。在现代,一方面,技术创新的先导环节进一步延伸到科学向技术的转化过程,相应的,企业家的职能也延伸到这里;另一方面,科研机构和大学不只是停留在知识创造和传播环节,其知识创新活动也延伸到了科学知识转化为新技术的领域。这样高科技的孵化领域成为知识创新和技术创新互动并协同的环节。

第三,产学研不完全是企业、大学和科研院所三方机构协作的问题,而是指产业发展、人才培养和科学研究三方功能的协同与集成化。具体地说,一方面作为"学"的大学中包含了科学研究机构,同时承担着科学研究的功能。另一方面"产"也不只是企业,是指产业发展,或者说产业创

---

① 根据系统论原理,所谓协同,是指系统中各子系统的相互协调和合作或同步的联合作用及集体行为,创造出1+1>2的效应。

新，与此相关除了作为主体的企业外，还有各种类型的研发机构、风险投资家。因此产学研合作从总体上说是大学与产业界的合作，涉及科学研究、人才培养与产业界的合作创新。即使是科研院所单独推进的与产业界的合作，也不能没有人才培养这个环节。

突出产学研协同创新系统中的人才培养即教育的功能，是基于在现代经济增长中人力资本作用的凸显，原因是新技术的孵化和采用都需要有掌握相应的科学知识的人才。人力资本积累即人的知识和技能的积累。专业化的知识技能积累可以产生递增的收益并使其他投入收益及总规模收益递增，从而产生提高全社会生产率的收益递增的外部正效应。因此人力资本是现代经济增长的决定因素和永久动力，不同地区、不同企业的生产率差别根本上是由人力资本方面的差异以及各自的人力资本比较优势所致。在此背景下，产学研协同创新的能力就依赖于体现人力资本积累水平的企业家的创新素质和参与科技创新的科技人员的知识积累。

产学研协同创新载体在本质上就是一个由众多知识处理单位构成，专业化从事知识吸收、知识开发、知识共享、知识转移、知识应用的集合体。该集合体不断吸纳现存的知识储备，利用内部有效的知识创新机制，衔接市场需求与研发供给，孵化和研发出适应并且引导市场的新技术、新产品甚至新企业。

在同一创新平台上，科技创新成果从研发到新技术采用不再只是技术转移，而是共同研发的成果。共建的创新平台和新技术孵化器，无论是建在企业，还是设在大学和科研院所，都是开放的。进入研发平台的新思想、新创意不只是进入平台的科学家的科研成果，进入平台的科学家还会根据企业家的需求利用国内外的创新成果为之提供科学思想，从而在平台上产生源源不断的新技术。

第二节 技术创新的双重导向及其协同

对我国现阶段的技术创新体系的一般表述为：企业为主体，产学研结合，市场为导向。如果考虑到新科技革命条件下技术创新的源泉，就不能把技术创新的导向只是限于市场导向，还应该关注并重视科学发现导向。只有明确了技术创新受科学发现和市场的双重导向，才有大学和企业、科学家和企业家协同创新的要求。

过去科学发现（知识创造）同技术创新是截然分开的两个阶段，企业的技术创新主要是依靠自身的技术和研发力量。熊彼特当年所定义的创新也主要是指企业家主导的企业内要素的组合。技术创新相当多的是源于生产中经验的积累、技术的改进，而与科学发现的联系不紧密，大学及其科学家没有直接介入技术创新体系中。

而在现代，特别是在20世纪后期产生新经济以来，技术创新更多的来源于科学的发明，也就是说，科学发现的成果越来越多地直接成为技术创新的源泉。利用当代最新的科学发现的知识可以实现大的技术跨越，建立在知识创新基础上的新产业的产生可以导致产业结构的革命性变化。

纵观当代科学发现和技术创新可以发现，两者之间的融合和协同的趋势越来越明显。其表现是，科学发现成果到生产上应用的时间显著缩短。按照科学——技术——生产的一般逻辑，一个重大科学发现到生产上应用，过去需要经过相当长的时间（上百年、几十年）。原因是，新的科学思想出现后，先要经过以它为基础所作出的技术发明，然后在成批生产中得到应用，中间间隔的时间较长，以至于科学对技术进步的影响很难觉察。据统计，1900—1930年的75种重大发现，从研究到应用于生产的平均周期是36年。到20世纪50年代中期，从科学发现到实际应用的时间减少到5—10年，相当于建设一个大型现代企业的时间。到20世纪末，科学上的重大发现到生产上使用、转化为现实生产力的时间进一步缩短，有时几乎是同时进行的，甚至出现新科技革命和新产业革命同时产生的趋势。出现这一趋势的主要原因在以下两个方面：

首先，过去发达国家发展高科技主要用于军事目的。冷战结束以后，发展高科技则主要转向经济目标。国际经济竞争便集中表现为科学技术的竞争。科技创新的重点已经转向提高产业竞争力，抢占世界高科技产品市场，在这种竞争格局中，科学研究的核心问题已不完全是或者说已不仅仅是追求学术上的先进性。科研成果产业化、商业化的速度和质量同样成了科技创新所追求的目标。一种新的科学发现产生以后，接下来的问题是迅速地实现向生产力的转化，于是科技攻关有了直接的经济目的。现代经济增长将主要由科学技术的进步来说明，科学技术成为生产力要素体系中的主导因素。经济增长速度主要由科学发现转化为现实生产力的速度决定，科技转化为生产力的速度成为竞争力的重要指标。我国在经济总量位居世界第二、人均 GDP 进入中等收入国家水平后，利用最新科学发现成果进行技术创新更为迫切。

其次，从 20 世纪后期产生新科技革命以来，技术进步的新趋势是科学与技术密切结合。在现代技术进步诸因素中，知识的扩展是核心因素。现代知识扩展不同于近代以前那种依靠简单的经验积累所获得的知识扩展，它是一种科学知识和技术知识的有机结合。这种以科学发现为源头的技术创新意味着技术创新上升为科技创新，体现科学发现（知识）与技术创新的结合。大学和科研机构的知识创新成果成为其技术创新的主要源泉。因此科学向技术的转化过程成为技术创新的先导环节。科学发现——技术创新——生产就成为相互融合的过程。在此背景下，作为技术创新主体的企业和作为知识创新主体的大学都有协同创新的动力。企业成为技术创新主体后，企业不只是在采用新技术上成为主体，还进入新技术孵化阶段，直接参与技术创新。现在，国内许多发达地区的企业对科学家的渴望胜过当年发展乡镇企业时对工程师的渴望，吸引大学及其研发中心和实验室的劲头胜过当年吸引外资,这就反映出这种科技创新的新趋势。

实践证明,技术创新由市场导向,实际上只是指创新的技术要有市场价值,要得到市场的实现。而创新的技术要具有先进性,则需要科学发现或知识创新导向。在过去相当长的时期中企业的技术创新主要是依靠自身的技术和研发力量,在企业内进行技术创新,即使是要采用新科技成果,一方面是模仿新技术,另一方面是采用已经孵化出来的新技术。这里没有大学及其科学家的参与。这样,企业苦于自身创新能力的不足,创新的技术不可能处于前沿,在市场上也不可能有竞争力。

在现代经济增长中,技术创新的源头在科学发现,因此技术创新最为明显的是科学发现导向。现代的技术创新与过去的技术创新的重大区别是,过去的技术创新处于工程师时代,而现在的技术创新则进入科学家时代。就是说,以科学发现为源头的技术创新,既需要企业家作为创新主体,解决技术创新的市场价值,也需要科学家进入,以其科学发现解决技术创新的先进性。因此,协同创新从一定意义上说是对技术创新起导向作用的两个方面的协同。单纯的科学发现导向的技术创新不一定为市场所接受,单纯的市场导向的技术创新不一定具有先进性。这样技术创新过程就是科学发现同市场之间的耦合和互动过程。这就是协同创新。

根据信息不对称理论,在新技术交易和转移场合,大学及其科学家创新的成果能否为企业家接受,实际上存在信息不对称。企业并不完全知道创新成果的先进性程度,科学家创新技术也不完全知道其技术是否能为市场接受。因此既可能存在创新风险,也可能存在市场风险。科学家和企业家进入同一个创新平台进行协同创新,就可能在互动中克服因信息不对称所产生的风险。这也在很大程度上解决了科学家的科学研究的导向问题。原来科学家的研究方向大都是凭自己的兴趣爱好,其科学研究究竟有多大的应用价值往往是不清楚的,现在与企业家协同创新也就接上了"地气",既能得到国家目标导向,又能得到市场导向,同时在协同创新中得到企业家的互动,创新成果的价值可能最大化。

第三节 孵化新技术是协同创新的基本功能

如前所述,协同创新的提出是基于科学发现和市场的双重导向。现代科技进步的实践证明,研发新技术就是科学发现与技术创新内在融合的体现。因此,科技创新的着重点就不只是技术的转移,更为重要的是利用科学发现成果进行新技术研发,在此基础上才会提出技术转移问题。

科学技术成为第一生产力的核心问题在"转化",也就是科学新发现孵化为新技术、新产品,从而科学技术转化为现实生产力。科学技术转化为现实生产力的速度直接决定经济增长速度。科学发现的成果之所以越来越多地直接成为技术创新的源泉。科学之所以获得了在很短的时间内成为现实生产力的能力,根本原因是,"转化"(即孵化为高新技术)越来越成为科技创新的重点,这也是产学研协同创新的内容。

科学新发现的价值在于经过开发所产生的新技术实现产业化和商业化,而且一种新科学发现可能开发为许多项新技术,甚至可能持续地开发出新技术。对科学新发现进行技术研发不只是企业的事情,需要科研机构和科学家的介入,这就提出了加强大学、科研机构与产业部门协同创新的要求。也就在这种背景下,大学介入了技术创新体系。[①]

中国的科技创新涉及两大体系:一是国家创新体系,包括基础研究、前沿技术研究、社会公益性技术研究。所有这些研究属于知识创新的范围,在这个体系中,研究型大学是创新主体。二是技术创新体系,即以企

---

① 从本质上看,创新体系是由存在于企业、政府和学术界的关于科技发展方面的相互关系与交流所构成的。(参见 OECD,《以知识为基础的经济》,机械工业出版社 1997 年版,第 11 页)

业为主体、市场为导向、产学研相结合的技术创新体系。长期以来这两大创新体系是"两张皮",缺少衔接和协同。产学研协同创新的含义就在于把这两个方面的创新结合起来。

在技术创新的源泉更多的来源于科学的发明的现阶段,知识创新和技术创新、科学家和企业家需要直接交汇和协同,否则,不能产生基于原始创新的技术创新成果。因此,当前我国解放生产力,首要的就是解放科学技术这个第一生产力,加快科技成果转化为现实生产力的速度。其路径就是大学和企业、科学家和企业家都进入孵化新技术阶段进行协同创新。关键是建立知识的创造和知识向生产力转化的协同关系,一方面解决好大学和科研院所研究课题的商业化价值问题,另一方面解决好企业敢于对高科技的研发进行风险投资的问题。

实践证明,在大学周边建立的孵化器尽管不可能将新思想都孵化出新技术,甚至失败的居多,但只要孵化成功,一般都具有原创性,并且有良好的市场前景。即使孵化失败,失败成本也低,原因是在孵化器中随时调整技术方向,可以降低孵化失败的沉没成本。

根据协同论原理,所谓协同是指进入系统的各方围绕同一个目标,能力互补,需求匹配,相互耦合,共同作用。因此,产学研协同创新,关键是解决好大学与企业分别作为知识创新主体和技术创新主体在进入孵化新技术领域中的协同关系。

就大学来说,服从于建设创新型国家的目标,既要顶天又要立地。顶天即参与国家创新体系的构建,在基础研究、前沿技术研究和社会公益性技术研究中发挥主力军作用。立地即解决国民经济重大的发展问题,特别是在进入孵化新技术阶段后参与以企业为主体的技术创新体系,成为技术创新的生力军。大学进入孵化新技术领域,从一定意义上说是将"顶天"的成果"立地":一方面提供科技创新成果和孵化新技术的思想;另一方面提供研发人才,以所拥有的实验室和多学科力量作为孵化新技术的后台支撑。

就企业来说,作为技术创新的主体进入孵化新技术领域,不仅仅是在采用新技术方面成为主体,更是在孵化新技术方面成为主体。其必要性在于:一方面技术创新的主体工作及主要过程都是通过企业实现的;另一方面,也是更为重要的,孵化出的新技术必须要具有商业价值和产业化价值,能够确定其商业价值的只能是企业;再一方面,孵化新技术是可能有回报的,尽管也有不确定的风险,因此企业投资可以成为其资金来源。这意味着产学研合作创新平台的建设、孵化器的建设的主要投资都必须由企业承担。

知识创新和技术创新的协同实际上是科学家与企业家的协同。本来,科学家的科学研究追求的是学术价值,追求学术领先地位和重大科学发现;企业家追求的是商业价值和市场前景。但当两者进入高新技术孵化领域,两者追求的目标和角色就发生了转换。科学家带着知识创新的成果进入高新技术孵化阶段需要以市场为导向,解决创新成果的商业价值;企业家带着市场需求进入高新技术孵化阶段是以技术的先进性为导向。由此产生两者的相互导向,解决了学术价值和商业价值的结合问题,从而使创新成果既有高的科技含量,又有好的市场前景。

科技创新的趋势和产学研协同创新的上述定义就把大学推到了科技创新的中心地位,就是说,大学在知识创新领域的主体地位是已经明确的,而在孵化新技术领域的创新中心定位,则要进一步明确。作为创新中心,大学不是孤立地进行人才培养和科学研究,而是将人才培养和科学研究的职能延伸到新技术孵化领域,与作为技术创新主体的企业协同作用。科学研究职能延伸到新技术孵化领域,意味着参与研发新技术也成为大学的本职。由于其科研人员对科学新发现具有更多的知识,因而会主导新技术研发,其中包括科技人员带着科技成果进入孵化高新技术环节创业。大学的人才培养职能延伸到孵化新技术领域,意味着大学要为孵化新技术提供相应的人才,并且要为孵化出的新技术的采用进行人才培训。

第四节　产学研协同创新的平台和机制

尽管明确了协同创新的必要性,但在现实中,产学研协同创新过程不是自然而然的过程,存在各种阻力。这意味着大学和企业各方参与协同创新要有动力,而且要有长期维系的机制。

其实,在没有提出产学研协同创新以前,大学的科研人员就有与企业家在技术创新上的合作,其开发的新技术转让给企业,科研人员也可能进入企业帮助解决技术难题。但这种合作只是项目合作,项目完成,如果没有新的项目,合作就结束了。而且,这种合作只是科研人员与企业的私人行为。现在提出产学研协同创新与之有明显的区别:第一,是大学与企业有组织的合作,进入合作创新平台的科研人员不是孤立的个人,而是依托了其所在大学的人才和科研成果。第二,不限于项目合作,具有特征性意义的是大学与企业共同构建协同创新的组织(平台),与过去的项目合作相比,这种有组织的合作创新可能产生源源不断的创新成果。第三,企业和大学不仅建立了研发共同体,也建立了互利共赢的利益共同体。

产学研由合作转向协同可以用交易成本理论来说明。在大学(科学家)与企业(企业家)分别进行研发技术和采用技术的场合,对企业来说,在新技术的转让和交易存在交易成本的情况下,新技术的研发者和参与者进入同一个创新平台就可节省交易成本。已有的产学研协同创新平台大致有以下两种形式:

一种形式是产学研协同创新平台建立在企业中。一批国际知名的大企业拥有先进的科研设备和雄厚的研发资金,吸引大学的科研人员进入。在不少发达国家,企业拥有的科技人员约占全国科技人员总数的 60%—85%。企业自身对科技开发的投入也在不断上升,以日本为例,企业投入的科技费用已占全国科研投入的 82% 以上。在我国的深圳也是这种模式,90% 以上的科研人员、科研项目、科研成果在企业中。

另一种形式是产学研协同创新平台建立在大学中。主要形式是企业投资在大学共建研究中心、研究所和实验室,进行联合科技攻关与人才培养;企业在大学和科学家那里发现有商业价值的新思想就提前介入,为该项目研发提供风险投资和市场信息,支持其将新思想往前走,在实验室进行实验,并进行新技术孵化,期间会有企业不间断的投入和不间断的新的科技创新成果的进入,从而不间断地产生可以进入市场的新技术、新产品。

高效率的产学研合作创新载体运作方式,不仅能够顺利完成科学创新、技术创新和成果转化的重要任务,而且能够提高自主创新能力和实现创新型国家建设的最终目标。根据产学研合作的发展趋势和合作内容,可将产学研合作的运作方式划分为人才培养型、研究开发型、生产经营型和政府主导综合型四种模式。①

一、人才培养型产学研合作

人才培养型产学研合作是指以培养学生或产业工人的优良素质、综合能力和竞争能力为重点,利用学校与企业、科研单位等多种教育环境和教育资源,充分发挥各自在人才培养方面的优势,将传统的学校课堂教育同以积累实际经验、培养实践能力为主的生产、科研紧密结合的新型合作模式。实践证明,人才培养型产学研合作不仅可以改革现有的教育模式、拓展教育体系、发挥产学研联合教育功能,而且也是培养创新型人才、促进产学研合作各方整体创新能力的提升、实现科技创新可持续发展的有效途径。

人才培养型产学研合作方式是深化我国创新型教育体制改革的必然趋势。人才培养型产学研合作创新载体是指,以"经科教联动、产学研结合、校所企共赢"为指导原则,以政府为主导、产业为导向、企业为主体,以

---

① 本节的以下部分引用葛扬在参与洪银兴主编的《产学研协同创新研究》(人民出版社2015年版)中所写的内容。

营造环境为重点,以技术和制度创新为保证,以转化科技成果、孵化高新技术企业、培育复合型创新人才为主要任务的区域创新体系。大学创新联盟汇集高校和科研院所的力量,运用市场运作方式,引入风险投资机制,营造创新创业氛围,吸引国内外高新技术项目和人才,最终成为高新技术企业的孵化基地、高新技术项目的开发基地、高科技信息的集散基地、高科技创业人才的储备和培育基地。

在大学创新联盟中,高校通过结成联盟实现师资、知识生产、知识传递等方面优质资源的共享,改变优质资源分散分布的现状,对于各校的科研、教学水平的提高,对于科技成果的迅速转化具有重要意义。优质资源共享可以降低各校的重复建设,使有限的资金得到更高效的使用,从而使高校更加专注于核心竞争能力的开发。通过整合与共享优质资源,联盟将起到倍增器的作用,各个成员学校将大大降低办学成本、大大拓展办学领域、大大增强办学实力,这些优势和效果都是高校通过单枪匹马式、封闭式的办学方式所无法达到的。科教城的建立也有利于高校和企业降低寻找合作伙伴的成本。当一块有限空间中聚集了本区域大多数高校的时候,企业将会很容易发现合作项目和伙伴。高校联盟与企业的地方属性也将是校企间信任的一个重要因素。这一切均有利于形成以大学为知识创新中心、企业为知识应用中心的知识联盟,使校企间的产学研合作具有可持续性。

提升人才培养型产学研合作创新载体的关键在于三个方面:首先,建立人才交流和培养的机制。共同确立用人需求,制定人才培养方案,共建培训基地,努力实现产学研联合人才培养的长效化发展。其次,加快学科群与产业群的对接。人才培养型产学研合作需要围绕重大项目,整合创新资源,推进学科的交叉融合,使得科学研究在生产实践中实现集成,集中对接市场支柱行业的产业群,形成具有核心竞争优势的技术群,推动产业群的发展与提升。再次,加大政府在产学研合作人才培养领域的政策支持力度。地方政府应制定产学研合作创新载体人才培养专项政策,引导科技创新园区内部相关企业加强与科研院所高端人才之间的合作,发挥校企双方优质资源优势,引领行业技术创新。

二、研究开发型产学研合作

研究开发型产学研合作是指产学研各方为了加强产业的科技研发能力而开展的多样化合作,是科技创新主体依靠其自身和外部力量联合进行的一种科技创新活动。随着科技创新速度与科技全球化进程的加快,单靠企业自身研发很难跟上科技进步的节奏。因此,创新型企业为了在激烈的市场竞争中赢得竞争优势,必然通过多种途径将内部研究开发与外部技术创新源有效结合起来,以增强其市场竞争能力。

在研究开发型产学研合作过程中,企业主要通过与科研院所、高等院校和政府等组织机构的联合研发形式,应对研发过程中的高额投入和不确定性,尽可能地规避风险,缩短产品的研发周期,从而节约交易成本,提高创新效能。研究开发型产学研合作创新载体的具体形式包括以下几种:

第一种形式:契约式产学研合作。契约式合作,即企业与大学签订合作契约,共同进行研究和开发,但并不是成立新的法人实体,如委托研发协议、合作研发协议、研发联合体、研发联盟等。契约式产学研合作的最大特点就是以项目为纽带将产学研各方结合到一起。项目的提供者既可以是企业,也可以是高校或研究所机构。如果项目所生产的效益分别与产学研各方的利益一致,就可在相关方面之间形成局部的共同利益,进而形成以项目为纽带的契约结合。在契约式产学研合作模式中,企业经过合作掌握了特殊的技术、专利、生产等稀缺性资源,重构了自身的资源和能力,通过创新成果获得较高收益,并带动企业其他资源的收益递增;大学则由于提供了企业需要的资源而获得收益。在这里,收益并不仅仅指项目经费等狭隘的经济利益,还包括专利、成果归属权以及奖励、声望、名誉等非物质利益。合作的最终结果是资源的所有者获得经济租金,合作双方实现双赢。

第二种形式:联合承担科研课题。企业的研发机构与大学的研究机构就具体课题进行联合研究开发,充分利用各自的资源优势,实现优势互补。对高校而言,这种形式具有比较大的自主性。大学科研优势与企业的资金优势相互补,一旦课题得到认可便可以得到资金和设备条件的支持,从而获得科技创新链条的延伸,也是社会服务平台的延伸;对企业而言,这种形式可以根据企业的战略发展要求来核定所要支持项目,激活企业的研发能力,提升企业的科技竞争力,从而保证企业长远发展目标的实现。例如,IBM为了建立和增强与我国一流知名高等院校及其知名学者或研究人员的联系和合作,寻求和推动双方共同感兴趣的联合研究项目。每年IBM公司都会成立由高级主管和资深技术人员组成的专门执行委员会,从著名高校中挑选和确定出具有研究意义的科研项目,与高校共同进行研究。

第三种形式:联合实验中心。建设这种实验室的关键在于,要根据各种类型院校自身的办学特点,深入研究相关企业的特点和需求,努力找出双方的交集,联合建设市场导向型实验中心。联合实验中心可以实现高校与企业的优势互补。一方面,高校可以利用在科技研究上的优势,积极引入企业的资源加入到高校专业实验室的建设中,从而扩大专业实验室建设急需的资金来源;另一方面,企业以联合实验中心为纽带,依托高校的教学、科研和人才的综合优势,培训和提高职工的科学技术和文化素质,推动企业的技术革新。校企共建联合实验中心,不仅能够有效解决长期以来教学与生产相脱节这一高等学校人才培养的老大难问题,而且可以针对新技术进行持续开发工作,使企业在技术上保持在同行业中的竞争优势,并源源不断地为企业开发出换代产品。

第四种形式:高校—企业合办研究院。高校—企业合办研究院(简称"高校—企业研究院")是指企业在高校建立的研究所、实验室、相关学院与培训中心等研究与发展机构。目前,这种合作方式已经成为股权式产学研合作的主要方式,冠以某企业名称的实验室、研究院是大学进行科学研究的重要创新平台。企业通过共建研发中心,把企业真实的研发项目搬到学校,安排企业技术人员与大学教师组成研发团队,共同研究新技术、开发新产品,充分利用高校优质资源和技术支持,既可以提升企业品牌,又能吸引更多的优秀科研人员参与企业的发展,为企业培养相关科学与技术后备人才。高校—企业研究院是实现产学研合作的高层次目标的重要载体。通过遵循利益共享、风险共担的产学研合作利益分配机制的基本原则,合作各方均能从中获取较大的利益,能够将企业产学研合作的短期目标和长期目标有机结合起来,逐步实现培养人才以及提升技术、创新能力与市场竞争能力的长期目标。

从实际情况看,各种研究开发型产学研合作方式在具体运作过程中还存在着一些问题。首先,研发过程中各方目标取向不一致。学校或科研机构通常会比较注重追求学术成果和技术领先地位,对产品市场价格信息和企业的经济效益考虑较少。而企业关心的是商业回报和市场竞争优势形成,过分重视技术研发产生的短期经济效益,而缺乏长期的创新战略考量,对研究开发的长期性投入认识不足,容易用短期的经济效益来评价一项技术的可行性。其次,研发过程中信息的不确定性影响技术成果的成功率。产学研合作创新中的不确定性主要与创新项目选择的不确定性、研究开发过程的不确定性、市场需求的不确定性和商业景气循环中的不确定性等因素有关。上述不确定性是技术研发过程中固有的风险所导致的契约当事人共同面对的难以预期的变化,是产学研合作创新的难点所在。再次,研发产生的外部性会导致"搭便车"现象。产学研合作创新的目的不外乎取得作为无形资产的技术或更高层次的新产品。而技术的这种公共物品属性决定了政府对技术或专利权的保护可能存在着缺陷,研发技术的产权所有者无法防范技术效果的外溢,更不能限制技术的外部经济性,这一点对研究开发型产学研合作具有消极影响。最后,产学研各方存在违约的动机。技术创新和应用存在的不确定性,技术本身的专业性以及技术合约当事人之间存在的信息的不对称性,必然导致合约条款不可能无所不包。所以,当履约所能获得的预期收益不足以对合约当事人产生应有的激励,且履约又存在固有的不确定性时,某一方合约当事人就有可能出现机会主义行为,不愿完全履约或推脱违约责任。

为了推动研究开发型产学研合作方式中各方采取合作型博弈,使得研究开发型产学研合作取得成功,必须努力在消除双方之间的信息障碍的基础上,达成一个对双方均具有约束力的协议。必须强调研发过程中的信息沟通、理性安排和契约保证,把制度创新和技术创新结合起来,以制度创新推动技术创新,采取有效措施切实解决产学研合作中存在的问题。因此,为了推进研究开发型产学研合作创新载体的合理发展,必须发挥企业的主导作用,协调好技术、商业和生产战略之间的关系,以市场为导向,使技术能成功地转化为生产力,并创造出经济效益,避免无效的技术创新。为了保证产学研各方合作的稳定性,需要从企业、政府、产业三个层面进行制度安排和组织强化,建立规范化的研发合作进退机制,减少产学研各方利益冲突。尤其是当不同企业与科研机构存在价值目标冲突时,需要有规范的进入退出机制确保冲突对创新载体的负向冲击最小。

三、生产经营型产学研合作

生产经营型产学研合作是指产学研各方围绕科技含量高、附加值大的新产品(或技术专利)进行研发、生产和经营的一种运作模式。在合作过程中,除了要考虑企业自身现实的生产条件、适应能力等重要因素以外,新产品研制开发的方案还将市场选择、消费对象等纳入其中,从而全方位挖掘新产品的开发价值与社会价值,即企业经济效益与社会效益。随着消费水平的提高与消费观念的更新,传统的以低价取胜的无差异产品竞争策略正逐渐被市场淘汰,取而代之的则是产品差异化竞争,也就是产品创新的竞争。由于产品创新是生产经营型产学研合作的重要组成部分,是产学研合作创新载体持续发展的引擎,所以要维持和巩固企业生存与发展的基础,就必须围绕科技含量高、附加值大的新产品进行研发、生产和经营。生产经营型产学研合作创新载体的具体形式包括以下几种:

第一种形式:专利权投资入股。专利权投资入股是专利直接体现为资本的一种形式,也是专利资本化的重要形式之一。对于产学研合作的研发机构来说,在研发过程中形成的技术(或产品)专利权作为一种重要的知识产权,可以成为投资入股的客体。专利权人没有获得即时兑现,而是以股东或合伙人的身份获得所投资企业的一部分股权,未全部或部分丧失专利所有权。专利入股是很多拥有技术但无资金的创新者实现专利转化、体现价值、获得回报、持续创新的捷径,也是商业合作谈判的重要筹码。以专利形式入股的产学研合作创新具有重要的社会经济价值。一是可以促进科技成果迅速转化为生产力。发达国家的科技成果转化率已达50%左右,而这些年我国始终在10%以下,一个重要的原因就是知识与资本的结合途径少而且不畅。二是专利入股可以激发科研人员的创新动力。专利入股让只有技术而没有资金的创新者成为企业的合伙人,也由此让他们担负了企业的经营风险。三是通过专利入股方式,企业可以降低新技术引进成本,增强企业竞争力。通过这种方式,企业不仅得到了新技术,还得到了相关的创新人才,成为企业培养持续创新能力和竞争优势的源动力。

第二种形式:博士后工作站。中国博士后制度是中国借鉴国外培养优秀人才的经验,结合中国国情创立的一项吸引、培养和使用年轻高级人才的制度。通过博士后进站工作的方式,与企业共同攻克技术难关,提高产品和产业的国际竞争力。企业博士后科研工作站被誉为:企业技术创新基地,高等院校和科研院所科技成果转化的中介,高级科技和管理复合型人才成长的摇篮。产学研联合共同培养博士后,可以做到优势互补,缩短博士后科研课题和实际应用的差距,加速科研成果的产业化。博士后工作站的研究项目来源于企业的生产实践,是企业本身迫切需要研究的技术问题。一经研究出成果,就可以直接投入中试和大批生产,从而实现科研成果直接转化为生产力。

生产经营型产学研合作常常受到我国企业自身"造血"功能不强的影响。传统的模仿式创新,形成了独特的企业生存方式,结果对产学研合作创新植根的土壤产生不利影响。同时,较低的专利产业化水平导致企业缺乏有效的专利利用战略。现阶段,中国企业在同一层面上的技术资源浪费严重。不少拥有专利技术的产学研各方习惯于"孤军奋战",对专利的利用缺乏有效的沟通。很多企业不愿意对已有的产品进行再次技术创新,使原本属于自己的市场被他人利用先进技术和产品分割等方式抢占。而且,产学研合作没有建立相应的配套措施保证专利技术的实施、转化,放弃专利的现象比较严重,企业也没有相应的技术储备。因此,必须以市场为导向选择高技术含量、高附加值、高市场份额的项目,为产学研合作奠定创新基础。以企业为主体,积极探索生产经营型产学研合作的有效形式。建立专利保险制度与专利资产证券化制度,推动专利的产业化发展,发挥专利资产融资杠杆的作用。

第五节 产学研协同创新是个系统工程

在现实中,产学研各方进入同一创新平台进行协同创新并不那么顺畅。在孵化新技术领域,企业和大学属于不同的系统,即使是创新也有不同的目标和追求。尤其是大学及其科学家长期以来基本上停留在知识创新阶段,要他们往前跨一步进入孵化和研发新技术领域,既需要压力也需要动力。在这方面政府的推动和激励必不可少。也正因为如此,上述三螺旋理论及日本的产学研结合模式都被概括为产学官。政府参与并推动产学研协同创新的必要性体现在以下两个方面:

首先,不仅是科学新发现具有外溢性,以科学新发现孵化的新技术也有外溢性。创新投入的资本的边际生产率具有递增效应,从而能提高全社会的生产率。这是知识生产的外部正效应。其社会效益明显高于私人效益。而且,孵化新技术是风险投资,并不都能成功,私人投资对之往往望而却步。这提出了政府参与知识创新及其与技术创新协同过程的要求。既然知识和新技术有外溢性,政府作为社会利益的代表有责任参与投资。政府为了推动科技创新,向孵化新技术环节投资就十分必要。当然政府对建设孵化器之类的孵化新技术的投资是引导性的,不可能代替企业的投资。

其次,科技创新不仅要以市场为导向,还要国家目标导向,尤其是产业创新之类的涉及国民经济发展方向的科技创新。现实中,无论是科学家还是企业家,他们分别进行的知识创新和技术创新,都有自主性,都有自己的兴趣爱好。政府介入新技术孵化阶段,就不只是将他们粘合在一起,还要引导他们的协同创新与国家目标衔接,从而实现与国家目标的协同。在这里政府实际上对产学研进行的创新起着集成和导向作用。

基于政府引导和集成作用,我国现阶段的产学研协同创新准确地说是政产学研协同创新。根据中关村等科技园的经验,将知识创新和技术创新两大系统集成和衔接的主体是政府。政府建科技园,支持科技孵化器建设,实际上就是政府主动参与产学研协同创新的组织和搭建平台。政府的引导和集成除了投入和政策支持外,其载体主要有两个方面:一是政府规划并建立大学科技园区,二是建立科技孵化器。在孵化出新技术的同时,也就孵化出新企业和企业家。孵化出的新企业达到一定规模,就会飞出孵化器,进入产业园。

产学研协同是一个系统工程,其功能和作用都是双向的。任何强调其中一方而忽视另一方的做法,都会使系统遭到破坏,其协同的整体效应将大大削弱。因此,产学研协同创新有了平台还必须要有机制。需要构筑并完善一个透明的使产学研各方互利互惠、利益共享、风险分担的利益机制。这是产学研协同创新成功的必要条件。

产学研协同创新可以说是各方优质资本的投入。具体地说,在协同创新共同体中产学研各方都提供资本:"产"提供物质(货币)资本,"学"培育人力资本,"研"提供知识资本。产学研协同创新是三方资本的集合,缺一不可。进一步说,产学研协同创新平台作为一个产权组织,不只是物质财产的产权组织,而是包含物质产权和知识产权在内的产权组织。

协同创新还有个风险分担和利益共享的要求。虽然产学研各方进入的协同创新是由物质(货币)资本粘合的,但不能单纯以物质资本的回报来确定利益分享。知识资本和人力资本在产学研协同创新共同体的资本结构中占主导地位,知识产权在共同体的产权结构中占主导地位。因此,协同创新的利益分享的基本要求是保障知识和技术创新者的私人收益,使其发现新技术的成本得到补偿并能得到更高的收益。只有这样,才能鼓励大学参与产学研协同创新,调动科技人员研究和开发高新技术的积极性。为了使知识资本的价值得到充分的评价,主要的制度安排在两个方面:一是技术资本化。在企业的股权结构中,在充分评估技术投入价值的基础上安排技术股,在收入分配中充分实现投入的技术的价值。二是技术商品化。在技术转让时使科技成果得到科学的评估,以充分实现其价值。当然孵化新技术不成功的风险也应该由参与各方共同分担。

突出知识资本和人力资本在协同创新中的创新贡献及其收益,是因为人力资本和知识资本的积累是现代经济增长的重要因素。知识分解为一般知识和专业化知识,各自在促进经济增长中起不同作用。一般知识的作用增加规模经济效益,专业化知识的作用可以增加生产要素的递增收益。这两种作用结合在一起便可使资本和劳动力等其他投入要素的收益递增。这种递增收益体现了知识产权的收益(垄断利润)。递增的收益又可重新用于技术创新,形成如下良性循环:创新投资促进知识创新,知识创新促进规模收益的提高,从而使经济持续增长。知识不仅形成自身的递增效应,而且能够渗透于资本和劳动力等生产要素,使资本和劳动力等生产要素也产生递增收益,从而使整个经济的规模收益递增。

总的来说,产学研协同创新是在科学新发现成为技术创新的源头背景下提出的。这种协同创新体现了知识创新和技术创新的协同,是大学作为创新中心同企业作为创新主体的合作。这种协同创新不是简单的项目合作,而是共建创新平台的合作,是利益共同体。政府在其中起着引导和集成作用,因此是政府引导的企业为主体、大学主动参与的产学研协同创新。

第七章　企业的创新主体地位及其创新行为

在技术创新体系中,企业是创新主体。不仅如此,在整个创新发展中创新主体也是企业。需要指出的是,虽然在理论上确认了企业的创新主体地位,但在现实中并不是个个企业都能成为创新主体的,即使是在科技资源相对丰富的地区,创新成果也并不比科技资源相对缺乏的地区丰硕许多。其原因在哪里?根本的原因是缺乏创新主体。因此,我国转向创新驱动,不仅需要科学家的积极参与,更需要企业成为创新主体。这是创新发展的基础。

第一节　技术创新体系和企业的创新主体地位

科技创新和技术创新,一字之差反映出创新内涵的根本性变化。这表明技术进步的源头由企业内部进行研发新技术转向了科学新发现转化为新技术,在现实中表现为企业的创新活动更多依靠大学和科研机构进行产学研合作创新。与此相应就会牵动企业作为创新主体的含义的拓展以及技术创新体系的完善。

一、技术创新体系的完善

技术创新体系的内容包括：企业为主体，市场为导向，产学研结合。提升技术创新能力，需要以下三个方面的完善：

首先是强化企业的创新主体地位。中共中央关于制定十三五规划的建议中强调，"强化企业创新主体地位和主导作用，形成一批有国际竞争力的创新型领军企业，支持科技型中小企业健康发展。依托企业、高校、科研院所建设一批国家技术创新中心，形成若干具有强大带动力的创新型城市和区域创新中心。完善企业研发费用加计扣除政策，扩大固定资产加速折旧实施范围，推动设备更新和新技术应用"[1]。强调企业成为技术创新的主体，是要突出企业的创新功能，但不是说企业自然能够成为创新主体。在现实中，许多企业并没有成为创新主体。而且相当部分企业虽然是技术创新的主体，但受制于自身的自主创新能力并不强，难以发挥出主体作用。

其次是健全技术创新市场导向机制。这就是十八届三中全会所说的："发挥市场对技术研发方向、路线选择、要素价格、各类创新要素配置的导向作用。"强调市场导向，突出的是市场需求导向，创新的技术要有市场价值，要得到市场的实现，同时，创新要素需要从市场上获取。创新要素市场供求及其调节的要素价格引导创新要素的流向。正如中共中央关于制定十三五规划建议中所表述的，"扩大高校和科研院所自主权，赋予创新领军人才更大人财物支配权、技术路线决策权。实行以增加知识价值为导向的分配政策，提高科研人员成果转化收益分享比例，鼓励人才弘扬奉献精神"[2]。

第三是推动产学研结合。科学新发现对技术创新的导向可能使技术创新紧跟科学发现，进入科技进步的前沿。研究硅谷之类的大学科

---

[1] 《中共中央关于制定国民经济和社会发展第十三个五年规划的建议》，2015年10月29日。
[2] 《中共中央关于制定国民经济和社会发展第十三个五年规划的建议》，2015年10月29日。

技园就可发现,这里的技术创新基本上是以科学新发现为导向的。明确了技术创新受科学发现和市场的双重导向,就有产学研协同创新的要求。在相当长的一段时期中,企业的技术创新主要是依靠自身的技术和研发力量,在企业内进行技术创新,即使是要采用新科技成果,一方面是模仿新技术,另一方面是采用已经孵化出来的新技术。实际上企业自身也有与大学合作创新的要求。现阶段的企业虽然是技术创新的主体,但苦于自身创新能力的不足,创新的技术不可能处于前沿,在市场上也不可能有竞争力,难以发挥出主体作用,只有在与大学的合作创新中才能提高创新能力。企业主动进入高新技术研发和孵化领域,主动参与并引导高校、科研机构的新技术研发,依靠这种合作,企业能得到源源不断的创新成果,其主体作用也能充分发挥。现在,国内许多发达地区的企业对科学家的渴望胜过当年发展乡镇企业时对工程师的渴望,吸引大学及其研发中心和实验室的劲头胜过当年吸引外资。这正反映了创新型经济的发展趋势。

二、企业作为创新主体的定义

从熊彼特提出创新概念起到现在,企业作为技术创新主体包含以下三个含义:

创新主体含义1:企业是新技术的采用主体。涉及采用新技术以推出新产品和新服务;采用新技术改造生产和服务流程,以降低成本和提高质量。

创新主体含义2:企业是新技术的研发主体。从技术创新的发展史分析,最初的技术创新活动是在企业内部进行的,其中包括生产过程中工人依据其经验积累所进行的技术发明和创新。后来在企业内部建立了专门的研发机构进行产品和技术的研发,研发人员集中在其中开展研发活动。

创新主体含义3:企业是技术创新的投资主体。一般认为,企业是否成为创新主体的标志就是看研究开发和设备投资这两项先行投资的费用。在日本,一个企业的研究开发费用占其总销售额的5%以上,设备投资费用也占其总销售额的5%以上,便可判断该企业是在实施创新战略。①

概括起来,在技术创新体系中,企业的创新行为就表现为:或者在企业内部进行研发,或者以购买和模仿的方式采用新技术。对企业来说,其创新主体地位最为突出的表现,是获取新技术的方式以及企业创新投入所进入的阶段。在这里企业实际上有购买新技术和自主研发新技术的选择:如果企业在市场导向下购买的新技术是有商业价值的技术,对企业来说,这是最小市场风险的新技术采用,但交易成本大,新技术提供者对购买者的要价高,企业为购买新技术所支付的成本也较高。针对这种成本,企业会以市场为导向转向依靠自身的研发力量进行自主研发。这种获取新技术的路径明显的商业利益是,其研发成本低于购买新技术的费用。

以上企业作为技术创新主体作用的三个方面的定义,基本上反映了熊彼特那个时代以及后来的相当长的一段时期中科学发现和技术进步的联系不是那么紧密的背景:在过去相当长的一段时期中,科学发现和产业革命在时间与空间上是分开的。也就是说,从重大科学发现到产生相应的产业革命或在生产上应用往往时隔几十甚至上百年。而且,一个科学发现转化为新技术后应用的时间也较长,会维持较长的一段时期后才会被新的科学发现所产生的新技术替代。

以科学发现为导向的创新路线图表明,由技术创新上升为科技创新的标志性变化是,现阶段的技术创新不只是停留在采用新技术环节,而是延伸到了科学新发现孵化为新技术的环节。这样,科学发现转化为新技术的速度明显加快,新技术的来源也日益多元化。由于科学家和科研人

---

① 根据日本学者上野明的分析,一个企业采取攻势经营的标志,就是看其研究开发和设备投资这两项先行投资的费用。在日本,一个企业的研究开发费用占其总销售额的5%以上,设备投资费用也占其总销售额的5%以上,便可判断企业是在开展"以攻为主的经营"。

员的介入,最新科学发现所孵化出的高新技术科技含量更高。与此相应,企业的创新活动也出现新趋势:企业不只是成为采用新技术的主体,还会主动参与到产学研合作创新体系中。这样,就有了企业作为技术创新主体的第四个含义:

创新主体含义4:企业是孵化新技术的主体。企业成为孵化新技术的主体有三个方面的必要性:一方面,虽然在科技创新背景下孵化新技术有产学研多个主体参与,但其中的主体工作及主要过程主要依靠企业投资来实现;另一方面,孵化出的新技术虽然有技术先进性的要求,但最终成果必须要具有商业价值和产业化价值,能够确定其商业和产业化价值的只能是企业;再一方面,孵化新技术是可能有部分回报的,因此孵化新技术的投资理应由企业提供。

企业成为孵化新技术的主体有自身的要求。企业虽然是技术创新的主体,但受制于自身的自主创新能力并不强,难以发挥出主体作用,只有在与大学及科研机构的合作创新中才能提高创新能力。在此,企业进行的技术创新就不只是限于新技术的推广和应用,而是参与到科学发现向新技术的转化过程中去,只有这样才能抢占新技术的先机。这是技术进步路径的革命性变化,体现了知识创新(科学发现)和技术创新的密切衔接与融合。

企业提前进入产学研合作创新阶段,甚至在新思想产生阶段就进入,为新思想孵化为新技术提供研发投入,这是技术创新路径的创新。企业的这种投入与企业的长期发展相一致。但是企业提前进入新思想和新技术研发的投资风险较大,或者是新思想一时研发不出新技术,或者是研发出的新技术进入市场没有商业价值,或者是研发出的新技术进入市场时被更新的技术所排挤。当然,高风险也可能有高收益。创新项目一旦获得成功,就有较高的商业价值。对企业进入不同创新阶段的费用和效用进行比较可以发现,就获得同样的创新成果来说,企业在孵化阶段就进入所支付的研发投入与在技术被孵化出来后购买该新技术所支付的成本相比,前者明显低于后者。

以上企业创新主体含义的拓展,体现了企业创新行为的创新。这四个创新主体含义即企业的创新功能,彼此间不是相互矛盾的。一个企业具备其中的某个或某几个功能,就意味着承担了技术创新主体的职能。四个功能都具备,尤其是具备第四个功能的,则是具有特征性意义的创新型科技企业。作为创新主体的企业,可以是现有的生产企业进入技术开发领域,也可以是由科研机构转型的科技型企业,也可以是专事孵化新技术的风险投资企业和中介服务机构等。

在我国,深圳之所以成为创新发展的典型地区,原因就是企业的创新主体地位明显,表现为四个90%:90%以上的研发人员集中在企业,90%以上的研发资金来源于企业,90%以上的研发机构设立在企业,90%以上的职务发明专利生产于企业。这"四个90%"集中反映了深圳企业在自主创新中的主体地位。

三、互联网条件下的创业创新

互联网络技术改变了人们的交往方式和市场交易的方式。移动计算技术将人们的沟通方式从邮政、书信、电报、电话等形式变为全方位的瞬间沟通方式。网络的交互式、组群式沟通方法大大提高了企业和人们的沟通效率。市场交易不受空间和时间上的限制,市场交易的成本大大缩小,时间大大缩短。交易成本减少使得过去潜在的个性化需求逐步变成实际需求,这些实际需求的大量涌现就意味着新的商业机会的出现。在买方市场上抓住商业机会,就意味着成功。因此,嗅觉敏锐的学习型企业或知识型企业提前采用网络和计算机技术,实施流程再造和跨行业、跨地区甚至是跨国界的资源整合,迅速捕捉商业机会。

企业制度创新是通讯和计算机技术革命的直接后果。在"互联网+"背景下,企业的产品和服务正在快速地满足广大客户多样化的需求,过去潜在的需求被激发出来,新的需求不断地被创造出来。企业寻找交易伙伴、消费者寻找产品和服务的时间与成本的减少,使得新的盈利机会不断出现,新的市场、新的产品、新的服务被创造出来。察觉到这些潜在需求的企业积极进行商业流程再造,捕捉住潜在的盈利机会。

托马斯·弗里德曼在《世界是平的》一书中指出了使世界平坦的十大因素:个人电脑的风行、网景和IE浏览器的出现、免费的工作流软件等。它们的汇合已经创造了一个全新的平台,它是一个全球性的以网络为基础的竞争平台,全球范围内的通讯成本迅速下降,便捷程度飞速提高,信息传输量巨大。它的运作不再受到空间和时间的限制,企业可以跨越时空隔阂,到全球寻找质优价廉的生产要素,提高生产效率。越来越多的工作被细分了,任何能被数字化的服务、呼叫中心、商务支持或知识工作都可以外包给世界上最廉价、最有效率的供应商。企业通过外包将自己不擅长的业务转移给其他公司去做,而集中于本企业最擅长的业务,这样不仅可以节约成本,而且有利于形成或保持企业核心竞争力。

创业企业是拥有潜在获利能力并能达到一定规模的年轻组织。这些企业的绩效严重依赖于跨越边界的组织安排①,必须解决协同问题。

移动通讯使得沟通成本大大降低,缓解了市场信息不对称和资产专用性,降低了市场进入门槛,催生了新兴产业,并使得传统产业的交易成本锐减。信息技术革命彻底变革了公司与供应商、顾客的接触方式。这些发展使得公司和产业内部,以及跨越公司和产业的组织方式和经济交换模式发生根本改变。

为了创造并捕捉商业机会,企业家从跨越公司和产业边界的视野去寻找解决问题的途径。通过引入创新性的跨越边界的组织设计,他们可以创造财富。创新性商业模式设计与企业绩效成正比。公司变革不仅能够通过重新组合它们自身控制的资源来实现,也能够通过影响合伙人、供

---

① 参见 Hite, J M., W. S. Hesterly, "The evolution of firm networks: From emergence to early growth of the firm", *Strategic Management Journal*, 2001(22):275-286。

应商和顾客的行为来实现。企业制度创新已经成为企业家的核心任务，也成为创新的一个源泉。

企业制度创新不仅改变了企业的规模，而且改变了企业的组织结构。不同的商业模式具有不同的内部组织成本和市场交易成本。企业制度创新本质上是在权衡了不同的交易成本后，企业所选择的最有利于自身的组织规模和组织形式。在市场交易条件或者产品生命周期发生改变的情况下，企业重新审视自身的产品（或服务）设计、研发、生产、销售以及增值服务流程，对比因受到条件改变而影响到的有关架构的内部组织成本和外部交易成本后，重新选择组织模块，重新设计组织形式和流程。

四、企业为主体的合作创新模式

有组织的合作创新可能产生源源不断的创新成果。这种合作创新组织大致有以下五种模式：

第一种模式是合作创新仍然在企业中进行，但与传统的技术创新最大的不同是将产学研合作创新平台建在了企业中。一批国际知名的大企业拥有比大学和研究所更先进的科研设备和更雄厚的科技研发队伍。如微软公司就是在企业内部建立了一个大型实验室。在不少发达国家，企业拥有的科技人员约占全国科技人员总数的60%—85%。企业自身对科技开发的投入也在不断上升，以日本为例，企业投入的科技费用已占全国科研投入的82%以上。在我国的深圳，90%以上的科研人员、科研项目、科研成果在企业中。在这里，企业的创新主体地位非常突出，这些企业的成果转化、产品更新形成抢占市场份额的强大的竞争优势。

第二种模式是创新外包，也就是企业将创新和研发活动外包给大学和科研机构。将科技创新外包给大学和科学家，以服务于企业内部的创新活动，不仅可以节省创新成本，而且可以保证创新项目的先进性。以英特尔公司为例,该公司在美国和英国的大学周边建立了四个小型实验室,以方便实验室与大学之间的创意交流。该公司的创意设想都来自这样的实验室。[1] 当然,这类企业不是将创新都外包出去,而是将部分创新工作外包出去。其前提是企业只有在推进创新时才有将部分创新活动外包出去的需要。

第三种模式是进行创新项目的合作。企业在大学和科学家那里发现有商业价值的新思想就提前介入,为该项目研发提供风险投资和市场信息,支持其将新思想往前走,在实验室进行实验,并进行新技术孵化,期间会有不间断的投入直至产生可以进入市场的新技术、新产品。

第四种模式是企业投资建立产学研合作创新平台,有的建在大学,也有的建在政府建设的科技园中。在这里企业和大学不仅建立了研发共同体,也建立了利益共同体。与上述项目合作模式相比,这种共建创新平台的模式有两个重要特点。一是由个人的合作变为有组织的合作,二是由个别项目的合作变为长期的多项目的全面合作。企业可以从合作创新平台上获得源源不断的创新成果。

第五种模式是风险投资家组织的产学研合作创新。面对科学新发现,风险投资家提供孵化新技术的投资。在这里,产学研的合作是由风险投资粘合在一起的。当然,这些风险投资家的投资目标不是长期经营企业,其投资是作为创业投资,在孵化出的新技术创造出新企业后就要退出,转向新的孵化新技术项目。正因为这种创业投资属于风险投资,因此对从事这类投资的投资者的要求特别高。原因是,科学新发现有没有孵化新技术的价值,孵化出的新技术能否进入企业,企业能否利用新技术获利,这些都是风险投资家所要考虑并需要自始至终关注的。

---

[1] 参见[美]托尼·达维拉《创新之道》,刘勃译,中国人民大学出版社2007年版,第50—73页。

第二节　科技企业家及其创新职能

创新是在企业实现的,而承担创新职能的是企业家。只有在企业经营者成为企业家后,企业才成为创新的主体。尤其是科技创新,经营者不仅要成为企业家,更要成为科技企业家。科技企业家的基本功能是对产学研协同创新的组织。企业是创新主体,不等于说所有企业都能成为创新主体,关键是企业中要有创新的组织者。这个组织者就是企业家。在现实中有些科教资源丰富地区的科技创新能力却不如科技资源相对缺乏的地区,其主要原因就是不同地区拥有科技企业家的差别。一个区域、一个企业能否转向创新型经济,就看是否拥有科技企业家。就如斯坦福大学旁边有硅谷,不等于说所有大学旁边都有硅谷。科技企业家向哪里集聚,哪里就可能形成科技创新和科技创业的环境。

一、科技企业家的界定

对企业家的创新素质和职能,从熊彼特开始经济学家们早有一系列的界定和论述。熊彼特把生产要素新组合的实现称为"企业",把职能是实现新组合的人们称为"企业家"。根据熊彼特的定义,经营者只有在从事创新活动时才能成为企业家。"每一个人只有当他实际上'实现新组合'时才是一个企业家,一旦当他建立起他的企业以后,也就是当他安定下来经营这个企业,就像其他的人经营他们的企业一样的时候,他就失去了这种资格。这自然是一条规则"[①]。

创新就有风险,厌恶风险就没有创新。因此企业家的创新精神就被归结为敢于承担风险的精神。就是说,企业家不但不厌恶风险,而且敢冒风险、勇于开拓、不断创新。这是企业家的基本素质。

---

① [美]约瑟夫·熊彼特:《经济发展理论》,第87页。

人们还把企业家的作用概括为决断力。企业成功的关键是,每逢遇到有关企业命运前途的紧要时刻,都是富有旺盛的企业家精神的领导者作出了出色的决断。

也有人把企业家精神概括为不满足于已有成就、不满足于现状的不断进取的精神。始终抱有勇于进取、向更高目标挺进的雄心壮志,这是企业保持活力和创新力的根本所在。

应该说以上创新素质和精神科技企业家都必须具备,但对科技企业家来说,只是具备这些还不够。科技企业家需要有特定的素质和功能。这是由科技创新的特点和在科技创新条件下企业特定的创新地位决定的。

原有的企业家理论特别强调彰显企业家的独立个性,突出企业家独立自主的创新活动。而在技术创新提升为科技创新后,企业不能只是在自身范围内从事产品和技术创新,而必须利用最新科技成果。这样,其技术创新的阶段就要延伸到科学新发现孵化为新技术的阶段。进入孵化新技术阶段的创新主体,不仅有作为技术创新主体的企业,还有作为知识创新主体的大学和科研机构,这就是产学研的合作创新。在多个主体进入的孵化阶段,起主体作用的更应该是企业,因此就需要科技企业家。科技企业家的职能不一定是自己进行科技创新活动,而是推动和组织创新活动,包括对企业的技术创新与大学的知识创新两大创新系统进行集成,对多个主体进入的新技术孵化活动进行组织协调。这种职能不是一般的企业家能做到的,需要科技企业家发挥作用。在这里企业家的创新活动就由彰显个性转变为突出协同创新。这种协同创新有两个含义:第一,由于企业家的组织和协调,形成产学研各个创新主体之间的互动和交互作用。第二,科技企业家所推动的企业创新的动力不只是竞争,更是合作,尤其是进入其创新链的各个主体间的合作。

企业从孵化新技术阶段就进入的创新过程具有不确定性、协同性和连续性的特点。科技企业家需要以其战略、组织和财务安排来加以应对和组织。

企业的创新投资是一种直接投资,它面对的是技术、市场和竞争环境的不确定性。在这些不确定因素下确定创新投资的方向、方式和投资战略,这本身体现了科技企业家敢冒风险的素质和洞察市场的能力。企业从新技术孵化阶段就进入创新过程,也就延长了整个创新阶段,体现了企业创新的长期行为,由此也产生了创新的连续性和不间断性。科技企业家的组织职能就在于不间断地引导创新并根据最终的市场目标及时调整创新方向,直至开发出品质更高、成本更低的产品进入市场并取得财务回报。

显然,在科技创新中,对企业家来说,有了创新的企业家精神还不够,还需要具有创新的思维,具有围绕创新组合生产要素(创新要素)尤其是协调产学研各方的能力。只有这样,才能使创新得以成功。

在产学研合作创新的体系中,科技企业家不只是主要的投资者,更是孵化新技术的引导者。原因是,一方面科技企业家具有企业家的素质,能够洞察市场需求,体现以市场为导向;另一方面科技企业家具有科学家的素质,能够洞察科学新发现的科学价值,体现创新成果的先进性导向。现实中有的企业家办的企业没有科技含量,原因是他缺乏科学家的素质;有的科学家办的企业不成功,原因是他不是企业家。

企业进入科学新发现孵化为新技术的产学研合作创新阶段,体现了科学家和企业家的合作。在这个过程中科技企业家起着主导作用。新技术的选择和采用,新技术的市场前景,孵化新技术的投入,都是由企业家主导的。实际上,在过去的技术创新中也有企业家与科学家的合作,但那主要是项目合作,项目一完成,如果没有新的项目,合作就结束。现在由企业家主导的产学研合作创新带来的新现象,是构建合作创新的组织(平台)。

现实中,我国改革开放催生的第一代科技企业家,基本上没有科技背景,但他们依靠科技人员发展起了科技企业。比如,在他们的推动下逐渐形成了以研制开发、经营电子产品为主的民营科技企业群体——"中关村电子一条街"。后来产生的第二代科技企业家大多具有高学历和创新思维,掌握着高科技知识,他们从事的领域紧密追踪世界高科技发展的前沿,即发展信息技术、网络技术、软件技术、新能源技术等,直接面对并参与国际高新技术领域的竞争。显然,科技人员带着科技成果进行科技创业是科技企业家形成的重要途径。由于这些企业与大学和科研院所有着天然的联系,因此在获取科技成果和孵化新技术方面具有持续性。

在我们肯定从科学新发现孵化为新技术阶段就开始进入,从而进入技术创新链的最前端的科技企业家的作用时,不能忽视处于技术创新链后端的企业家,只要他们致力于创新,从事研发和采用新技术的创新活动,就是企业家,尽管不一定是科技企业家。他们与科技企业家配合并互动,以提升全社会的创新能力。

二、科技企业家的科技创新行为

企业的技术创新确实需要以市场为导向。市场的新需求、市场供求变化都会提出技术创新的需求,从而引导科技创新的方向。市场也会检验创新成果能否为市场接受,创新是否存在风险也最终由市场来检验。但是,创新的实践表明,只是强调创新行为的市场导向存在着片面性。在科技创新背景下,技术创新除了市场导向外还有另一个方向的导向,这就是科学新发现的导向。在科技创新中,科学与技术紧密结合,新的科学发现直接引导技术创新。科学新发现对技术创新的导向就可能使技术创新紧跟科学发现,进入科技进步的前沿。研究硅谷之类的大学科技园就可以发现,这里的技术创新基本上是以科学新发现为导向的。

技术创新无论是以科学新发现为导向还是以市场为导向,实际上都需要科技企业家的行为导向。企业的创新行为目标归结起来就是企业的价值创造和提升,这是企业创新的内生动力。按此目标,科技企业家的创新行为就不是被动地接受科学新发现的导向,也不是被动地接受市场导向。就像宏观经济学中所界定的企业家行为一样,企业家对宏观经济政策不只是适应性预期,更是理性预期,能够引导宏观经济政策。在创新领域也是这样,企业家会以其理性的行为对这两种导向进行引导。

就科学新发现对技术创新的导向来说,科学新发现属于知识创新,是基础性创新,具有明显的先进性。这些创新成果的应用价值何在?能够孵化为什么样的技术?这单靠科学家是不行的,需要企业家的介入。科技企业家的作用就是对科学新发现应用和孵化为新技术的过程进行引导,以体现技术创新成果的科学价值和商业价值的统一。

再就市场对技术创新的导向来说,企业家的创新行为不只是适应市场供求,而是理性地引导市场。具体地说,作为市场导向的主要是消费者行为。消费者行为引导市场,进而引导技术创新,那么谁来引导消费者呢?乔布斯的"苹果"模式表明①,科技企业家可能引导消费者行为,使消费者知道应该和需要消费什么(艾萨克森,2011)。在这里企业家行为实际上是创造消费者,这就将技术创新和引导消费者直接结合了起来。

因此,技术创新本质上是科技企业家行为导向,其对技术创新的两个方面都进行了导向,既引导科学新发现孵化为新技术的导向,又引导市场对技术创新的导向。科技企业家的这种导向实际上是主动连接市场和科技创新过程。在原来意义的创新的市场导向中,从市场提出需求到研发适应市场需求的新技术需要经过多个阶段,从市场导向到技术创新需要一系列的"试错",从而产生创新风险和成本。而在科技企业家引导和创造消费者与科技创新结合的模式中,科技创新和市场导向直接互动,就不存在传统的市场导向的创新模式中所要经历的阶段和"试错"成本,因而可以加快创新的过程,减少创新的风险。当然这种创新行为一般的企业家是难以做到的,只有科技企业家才能做到。成功的科技企业家既能引

---

① 乔布斯曾说:"一些人说'提供给顾客他们想要的'。但这不是我的方法。我们的工作是在他们之前思考顾客将需要什么。我想亨利·福特曾说过,'如果我问顾客他们想要什么,他们会跟我说"跑得更快的马!"'人们不知道他们想要什么,直到你展示出来。这就是为什么我从不依据市场调查。我们的任务是推敲出还没有出现的信息。"

导孵化的新技术,又能引导消费者。由此开发的技术和产品一般都有良好的市场前景。

科技企业家对技术创新行为的引导不是随意的、盲目的,本身又要受企业家对创新的价值取向的支配。就如美国学者彼得·杜拉克所说:"企业家的革新,并非不分青红皂白地去找'风险',而是一种有目的、有系统的活动,是刻苦的追求与科学的变化,响应变化,努力从中捕捉革新的机会。"也就是熊彼特所讲的,"为了他的成功,更主要的与其说是敏锐和精力充沛,不如说是某种精细。它能抓住眼前的机会"[①]。由此提出了对企业家的创新决策和创新行为实施的科学性要求。企业家创新决策和行为的价值取向,也就是创新技术的价值主张。这种价值取向主要涉及三个方面:

首先是科技企业家的创新目标。过去的理论对企业家的经营目标有两种界定。一是从企业所有者利益要求界定的,即企业利润最大化目标。二是从企业经营者利益要求界定的,即经营者的规模最大化目标。在说明科技企业家的创新目标时,这两个界定就都不适用了。科技企业家追求的是创新价值,也就是建立在创新基础上的企业整体价值的提升。就是说,科技企业家在对创新的费用和效用进行权衡的基础上所采取的创新行为有明确的提升企业价值的目标。从这一意义上说,依靠创新实现企业价值提升是科技企业家的价值所在。

其次是科技企业家的社会责任。企业家本来就有社会责任的要求,例如关心社会福利、重视环境保护、关爱弱势群体等。而对科技企业家来说,其社会责任不只是这些,还有两方面要求:一是由科技创新成果的社会影响所决定,创新成果既可能给社会带来福利,也可能带来危害。例如发明的三聚氰胺用于牛奶生产就严重危害人类健康。现在市场上出现的所谓"毒胶囊"、"地沟油"等都可以说是科技成果,但它们决不能是科技企业家所为。因此科技企业家的创新目标必须与其社会责任相一致,创新

---

① [美]约瑟夫·熊彼特:《经济发展理论》,第22—93页。

出人民能得到福利的新技术,例如节能环保的绿色化技术就是科技企业家的社会责任所在。二是企业家创新行为的国家目标导向。科技创新的国家目标即解决国家急需解决的重大科技问题。国家目标主要通过国家重大的科技创新计划和产业政策体现。前者主要由科学家实施,后者则主要由企业家实施。具有社会责任的科技企业家会主动将自己的创新行为与国家目标(主要是产业政策)衔接。作为理性的企业家,不只是适应国家目标的导向,甚至可能以自己的创造影响国家科技目标和相关科技政策的制定与调整。

第三是企业创新行为的文化导向。企业的创新并不都是获取新技术,获取文化创意也是创新的重要途径。其文化创新可以形成软实力,从而形成企业竞争力。正如乔布斯所说,"说到底,产品要以品位取胜","伟大的产品是品位的胜利。而品位则是学习、观察并沉浸到过去与现在的文化时所获得的一种副产品"。[①] 文化创意包括品牌创造和推广、企业和产品形象的设计等。这些企业文化反映的是企业家的文化,是以文化形态表现出来的企业家的道德观和价值观。从这一意义上说,创新的文化导向实际上指的是企业家的道德观和价值观导向。正因为如此,提高科技企业家的文化素质,对提高企业的创新能力以及由此产生的创新成果的市场影响力和市场扩展力至关重要。

第三节　商业模式创新

成功的创新不仅要靠领先的技术,而且还要有出色的商业模式相辅。原因是,一方面技术创新是有成本的,或者说会增加成本,但为技术创新而增加的成本可以因商业模式的创新而得到消化;另一方面发现一个新

[①] 转引自张意源《乔布斯谈创新》,海天出版社 2011 年版,第 154 页。

市场需要以相应的商业模式去开拓和扩大,这样创新产品就能因商业模式的创新而为市场所接受并能扩大市场。这意味着创新一种新技术需要同时创新商业模式。创新成功的企业一般都能平衡好创新中的技术改造和商业模式的改造这两方面的工作。①

一、企业的商业价值追求

科技企业不仅要推进技术创新,还要推进商业模式创新。这两方面创新都同企业的价值主张相关。

企业的价值主张需要依据企业自身的经营战略与核心能力,寻求一种新的要素配置方式来实现价值捕获。其价值捕获包括目标客户和发现价值需求两方面内容。消费者的价值需求既有显性的,也有隐性的、潜在的。所谓发现价值需求,就是对消费者的隐性的、潜在的需求进行细致的观察、询问和发掘,了解消费者真正的需求是什么,并在此基础上提出适宜的客户价值主张。在新经济时代,像苹果这样的公司是自己创造客户需求和价值主张,也就是说,将原本并不存在的需求和价值全新地创造出来。价值主张创新的理念使得公司专注于自己的产品生产中对消费者真正有价值的活动,因此,价值主张创新是企业商业模式创新的"顶层设计"。新的价值主张意味着企业新的战略定位、新的核心能力配置和新的要素组织模式,意味着企业新的价值认同与客户分享,在创造客户价值的基础上寻求新的利润源泉。

从提升创新企业价值来说,创新企业的价值主张主要涉及以下三个方面关系的处理:一是改变产品和服务价值的主张,即开发新的产品和服务或者延伸现有产品价值的主张。二是供应链的创新,这涉及供应链各个环节的整合,及与供应商关系的创新。三是目标顾客的创新即发现新的市场。这样,创新企业的价值实现体现技术创新、产品创新、市场创新

---

① 参见[美]托尼·达维拉《创新之道》,刘勃译,中国人民大学出版社2007年版,第50—73页。

的互动。业绩良好的企业都是既改进技术又开发新的商业模式。按此要求,科技型企业的创新行为就有以下三个方面的选择:

一是自主创新与开放式创新的关系。这涉及企业对某项新技术是自主研发还是购买采用的权衡和决策。由模仿创新转变为自主创新,反映企业创新能力的提升。自主创新指的是创新具有自主知识产权的新技术、新产品,既包括原始创新,也包括对引进的技术进行消化吸收后的再创新。但是,自主创新不等于封闭创新。企业在研发新技术、新产品的过程中决不排斥利用和引进新知识、新技术。企业在与其他企业甚至其他国家主攻同一创新方向过程中,也需要吸收和引进别人的新发明、新技术。在保持自己拥有自主知识产权的核心技术的前提下进行这种开放式创新,不仅可以保证创新成果在技术上保持自己在创新领域的领先地位,同时也可避免重复研究并节省研发费用。研究乔布斯的创新模式可以发现,其任何一个新款式产品并不都是采用自己研发的新技术,而是采用人家研发的最新最先进的技术,自己只是研发并拥有其中的核心技术。如他所说:"向着一切好的创意开放。"

二是研发投入与人才投入的关系。科技创新不节省投入,但有个投入方向问题,是重点投在研发活动上还是重点投在人才上,就有个权衡和选择问题。乔布斯认为,创新与研发资金的多少没有多少关系,关键是你所拥有的人才状况,因此他就形成了与微软不同的创新模式。后者坚信,高达数百亿美元的研发投入是微软保持稳健发展的最有力的后盾(张意源,2011)。现实中这两者不可能截然分开。研发依靠人才,吸引高端研发人才从事高端创新活动,也需要有足够的研发投入。

三是生产增值方式和服务增值方式的关系。这个关系的把握会影响创新行为的着力点。人们一般认为科技创新主要是解决生产领域中的技术问题,因而企业价值的提升和增值就靠生产中的技术创新。而在现阶段企业运行的价值链中不只有生产环节,还有服务环节。其中的服务环节不仅也能增值,甚至可能有更高的增值能力。服从于提升企业价值的需要,科技创新不只是提供生产新产品的新技术,也要提供产生新服务的新技术。我们从 IBM 由制造业企业向服务业企业成功转型的案例中发现,其放弃 PC 等方面的制造领域的技术创新,而集中力量在软件和管理等服务领域进行创新,成效非常明显:一下子占领了世界软件服务业领域的制高点,其在服务领域增值的能力也明显强于在生产领域增值的能力。这表明,企业价值增值方式转型是商业模式创新的重要方面。

企业家的一个核心的设计任务就是制定企业与供应商、顾客和合伙人的新的商业交往的方式。诸如戴尔这样的电脑产业抢先采用非完整的、灵活的商业模式,使得生产和销售以新颖的方式组织,以转变获利方式。即使初创企业复制了现存组织的商业模式,它们也必须使这些商业模式的设计去适应它们独特的市场环境。计算机和通讯成本的大幅度降低,大大增加了跨越边界的组织形式设计的可能性。[1] 企业家往往在寻求通过打破其所在行业现存竞争规则来做交易的全新方式。[2]这引发了企业制度创新。

二、技术创新与商业模式创新的相关性

创新一种新技术需要同时创新商业模式。从科技创新中获取最大价值是创新企业成败的关键。每一种新产品的商业模式都是围绕产品价值实现的终极目标设计的。商业模式决定了产品进入市场和获取价值的具体方式。从价值链的视角来看,商业模式创新就是对整个价值链实施延长、分拆、外包、出售和整合,优化企业整个价值链的各种价值活动,创造新的价值活动,并提高价值创造效率。

20 世纪 90 年代,网络和计算机技术在全球范围内的普及运用催生

---

[1] 参见 Christensen, C. M., "The past and future of competitive advantage", *MIT Sloan Management Review*, 2001(42):105 - 109。
[2] Ireland, R. D., M. A. Hitt, M. Camp, and D. L. Sexton, "Integrating entrepreneurship and strategic management actions to create firm wealth", *Academy of Management Executive*, 2001(15):49 - 63。

了电子商务模式的大量涌现和研究者的兴趣,进而引发了企业界和学术界对商业模式的普遍关注。商业模式有诸多种类的概念,有从经济学角度解释的,也有从管理运营角度解释的。商业模式就其最基本的意义而言,就是做生意的方法,是一个公司赖以生存的模式,是一种能够为企业带来收益的模式。商业模式规定了一个公司在其价值链中的相对位置,并指导其如何赚钱。Osterwalder 等人(2005)则强调商业模式是一种建立在诸多构成要素及其关系之上,用来说明特定企业商业逻辑的概念性工具。① 商业模式用以说明企业如何通过创造顾客价值、建立内部结构,以及与伙伴形成网络关系,来开拓市场、传递价值、创造关系资本、获得利润并维持现金流。

从科技创新与商业模式创新的关系视角研究商业模式的功能与内涵,商业模式是用以说明企业的资源配置、组织架构和利润来源的具体方法和途径的概念。通过商业模式创新,企业能够实现科学定位、扩大业务规模、掌控关键资源、发现衍生增值服务、形成可持续的现金流,在创造客户价值的同时,形成难以被竞争对手模仿和复制的核心竞争力。通过商业模式创新可以统摄和整合企业的所有者、投资者、资源供应商、销售渠道和客户关系等多方面资源,形成新的核心竞争优势和盈利模式。创新型经济的健康发展,关键是要探索一个不断适应新的商业生态的多方共赢的商业模式。

根据创新概念的基本内涵,商业模式创新可以界定为:企业利用科技创新成果、适应市场环境所作的市场关系、市场行为和相应的经营组织架构的调整,目标是使创新成果的市场价值最大化。商业模式创新可以形成一种核心竞争力,比如,阿里巴巴在发展过程中不断进行商业模式的创新,推出了支付宝、云计算、阿里贷款等创新模式。苹果公司的商业模式

---

① 参见 Osterwalder, A., Yves Pigneur, and Chirstopher L. Tucci, "Clarifying business models: Origins, present, and future of the concept", *Communications of the Information Systems*, 2005, 15(5):1-251。

可以说是集成创新模式：它没有自身的专有技术，却通过各种技术的组合、优秀的外观功能设计、完善的服务和独特的营销渠道占有了一席之地。

科技创新不仅直接创造了新产品和财富，更改变了以往的营销方式，从而触发营销方式创新。营销方式的改变使得科技创新的成果以更加合适的方式呈现在最终消费者面前，两者相辅相成。"营销方式"这个词流行于20世纪90年代，也就是互联网技术兴起之后。互联网在传播信息、加强交流方面的强大推动力以及其迅速占据人们生活方式的势头，使得传统的营销方式不得不调整以便迎接互联网时代的到来。甚至出现了一个专门的词汇——互联网商业模式，它是指以互联网为媒介，整合传统商业类型，连接各种商业渠道，具有高创新、高价值、高盈利、高风险的全新商业运作和组织构架模式，包括传统的移动互联网商业模式和新型互联网商业模式。互联网造成的营销方式改变的更高级形式就是电子商务。相比传统的商品销售渠道（生产厂家——渠道商——零售商——消费者），电子商务通过B2C或者C2C能够实现销售渠道的扁平化（变为生产厂家——网络销售商——消费者，或者生产厂家——消费者）。因此，省去了渠道商或者零售商的流通环节，不仅加快了商品流动速度，而且降低了商品的销售费用。

网络技术所产生的"长尾效应"也说明了商业模式的创新。企业原先的供应体系将越来越难以适应新技术变革所带来的交易需求的急剧变动，一种基于网络的崭新的供应体系和供应链浮出水面。这就是长尾效应所导致的商业模式的演化。伴随着微博和微信的崛起而产生的微博、微信营销意味着营销方式又会经历一次新的创新。这种营销方式是指通过微博、微信平台为商家、个人等创造价值而执行的一种营销方式。它更注重价值的传递、内容的互动、系统的布局、准确的定位，微博、微信的火热发展也使得其营销效果尤为显著。

通过对互联网案例的分析我们可以得出结论：任何一项科学技术的

创新都是一次改变营销方式、进行营销创新的机会。营销方式的创新必须紧跟科技的创新，这就要求企业及时关注科技动向，以便与时俱进地调整自身的商业模式。

三、商业模式创新实现创新成果价值的最大化

商业模式创新的目标是企业的总价值增加。商业模式创新对科技创新明显的促进作用在于实现创新成果价值的最大化。商业模式不仅仅是企业运作中的一种方式，还可以被打造成为一种满足特定客户需求的工具。精心设计的商业模式具有不易被模仿，或者难以复制的特性。一种商业模式难以被复制还有其他方面的原因，复杂的形成过程、有力的知识产权保护以及特定的组织结构都有可能成为复制者的障碍。要想设计和运营一个好的商业模式，不仅要考虑企业内部因素，还要考虑与顾客、供应商和宏观经济形势相关的各种外部因素。

在网络技术引致交易费用急剧下降的背景下，商业模式创新通过变革原有的资源配置方式和企业组织模式，平衡客户利益和企业自身利益，捕捉市场条件变化情况下急剧增加的潜在利润。

创新被看作是通过开发商业模式和技术来创造新价值的能力。如果企业有了一个好的新产品，但是由于采用了不恰当的商业模式，很可能会使产品打不出去。现实中存在一些厂商，其产品本身具有创新性和新颖性，可能明显领先于竞争对手，但是由于缺乏好的商业模式或者不注重选择合适的商业模式而在激烈的竞争中落败。比如个人电脑的操作系统软件市场就是一个典型的例子。史晋川、刘晓东（2005）分析了 PC 市场结构和商业模式的关系，他们认为，长期以来，个人电脑操作系统主要由 Windows 视窗系统、MAC 苹果系统以及开源的 Linux 系统三者组成。Windows 的市场份额长期稳定在 85% 左右，MAC 凭借和苹果电脑硬件的高度配合占据 5% 左右的市场份额，Linux 的市场份额很少超过 3%。从技术层面上讲，Windows 操作系统本身理念和架构比较落后，导致其

在安全性、稳定性以及诸多其他方面不如 Linux，Linux 是一个开源的操作系统，基于 Linux 的所有软件使用者都能够获取源代码并进行改进和更新。因此，就产品本身而言，Windows 落后于 Linux。而微软公司之所以能够牢牢控制住市场，可以说商业模式功不可没。Linux 因其开源的特性，降低了市场的进入壁垒，基于 Linux 的发行版系统数量较多，诸多的竞争虽然可以显著改善 Linux 产品，但是也使得 Linux 的推广方向不是集体瞄准 Windows 的软肋，而是"窝内斗"。而微软公司一方面改进 Windows 使其更加易用，与此同时也和个人电脑硬件厂商展开广泛合作，增加 OEM 授权数量。如此，便形成了微软几乎垄断操作系统市场的长期格局。[1]

技术创新并不能自动保证该创新在商业上或者经济上是有利的。企业创新的价值主张既涉及所要创新的新技术的市场价值预期，又要寻求让客户了解其创新产品和服务所拥有的特定价值的方式。良好的商业模式能够将先进技术转化为商业成功，商业模式设计和实施以及细致的策略分析是技术创新获得商业成功的必要条件。否则，拥有创新成果（技术和产品）也会深陷财务和市场困境。百代唱片公司和施乐个人电脑公司就是这样的例子。即使其技术是先进的，如果发明家不能向消费者或发明的使用者提出一个引人注目的价值主张，不能设计出可获利的商业模式，并以合适的价格满足消费者对于高品质商品的需求，那他们终将失败。这说明商业模式设计与实施和技术革新一样对经济增长起着十分重要的作用(Teece etal.，2010)。[2] 那些不能够与合适的商业模式相匹配的科技创新，对发明者本人甚至对整个社会都无法产生应有的价值。

在现代经济中，在创新体系中存在一个科技创新和商业模式创新的协同问题，两者相辅相成。商业模式创新是科技创新价值市场实现的基

---

[1] 参见史晋川、刘晓东《网络外部性、商业模式与 PC 市场结构》，载《经济研究》2005 年第 3 期。
[2] 参见 Teece, David J., "Business models, business strategy and innovation", *Long Range Planning*, 2010,43(4):172-194。

本途径。概括起来,实现创新价值的商业模式创新主要包括以下几个方面:

(1) 通过技术和资产捆绑实现创新价值

现实经济中,当创新价值实现过程包括了无形资产时,资产定价和价值获取就变得十分困难。创新成果的成本有创新成本(信息成本)和复制成本(扩散成本)之分,创新成本明显大于复制成本,创新成果的复制几乎是没有成本的。因此,没有从事创新投入的其他厂商却可以从创新者的创新成果中得到收益,其结果是挫伤创新者的创新积极性。因此,创新动力就在于保证创新成本得到补偿并得到创新收益。需要补偿的创新成本不仅包括创新投入,还包括风险成本和机会成本。显然,创新动力就在于保障创新者的创新收益,其制度安排就是明确并保障创新技术的厂商拥有垄断收益权(专利之类的知识产权)。

因此,市场机制对基础科学和技术开发来说是不完善的,从这样的科学研究中获取价值是非常困难的,这就需要将科学发现实体化,形成创新价值的实物资产。[①] 这样,从发明和创新中获取价值的最普遍的商业模式是将创新嵌入产品中,而不是简单地去销售设计或知识产权。这种方法可以让那些在 R&D 上投资的企业在一定程度上克服市场制度对于他们知识产权保护的缺失。最新的手机、数码相机或汽车的出现,并不是产品一个价、技术或知识产权一个价,而是技术和产品捆绑在一起的一个价。

捆绑销售已经成为新兴产业中垄断企业延伸其垄断势力的有效工具,也是科技企业家利用有效的机制设计出的应对市场失灵的可行商业模式。信息产品往往采取捆绑销售的手段,著名的案例是微软将其探索者(Explorer)与视窗(Windows)操作系统捆绑销售。为了避免发明市场中的市场失灵,科技企业家采取将发明和互补品融入产品之中的商业运

---

① 参见 Teece, David J., "Business models, business strategy and innovation", *Long Range Planning*, 2010,43(4):172-194。

作。有效的新技术市场的形成是一个长期的过程。科技企业家将互补品和服务捆绑销售不仅仅可以获取价值,也使得这种技术创新能够产生出来。

当然,垄断企业滥用其优势地位进行捆绑销售为我国《反不正当竞争法》和《反垄断法》所禁止。从经济学视角来看,捆绑销售的实质是一种价格歧视行为。捆绑销售类似二部定价:客户支付的基本品的价格即是二部定价中的固定部分,而支付的捆绑商品的价格相当于变动部分。

其实,捆绑并不总是必须的。当发明者拥有明确的专利权时,通过许可甚至直接出售也可以获得价值实现。当知识产权得到保护并且实施得力时,科技企业或者发明者可采用不同的价值获取模式。

(2) 通过延长价值链实现创新价值

延长价值链的主要方式是横向一体化和纵向一体化。

在技术创新体系中,企业自主研发推动的科技创新往往意味着新的资源(新材料)、新的产品、新的服务的出现,超出了企业原有的价值活动范围。这时企业可以通过纵向一体化将价值链向两端延长。这包括:① 通过收购和兼并实现产品和服务的多元化,衍生新的产品和服务种类,控制原材料来源等。企业可以将过去由其他企业经营的渠道价值活动和顾客价值活动整合进自身的价值活动,也就是将外部物流、代理商和零售商的业务吸纳到企业自身,直接向消费者提供公司产品。比如,生产消费品企业建立起自己的销售网络,向销售领域实行前向一体化。企业在掌控销售的过程中,可以实现对顾客需求的快速反应,提供更好的售后服务,获取更多的创新价值。企业也可以实行技术方面的前向一体化,比如,日本的京瓷公司本来是一家硅酸盐材料生产企业,为其他企业提供各种电子原件与瓷制零部件,后来向生产电话设备与数码相机等电器商品延伸,成了大型电子联合企业。② 企业也可以将原本属于供应商的价值活动纳入企业内部,控制原材料的来源,节省交易成本和原料成本,将新材料创新价值收入囊中。

企业也可以通过横向一体化实现在同类价值活动上的规模经济和范围经济,降低产品成本,巩固市场地位,创造并捕获更多价值。企业通过延长价值链增加了价值活动的深度和广度,拓展了企业与利益相关者之间的合作关系,可以节省信息搜寻成本和签约成本,提高企业竞争优势和盈利能力。

(3) 通过分割重组价值链实现创新价值

企业的利益相关者之间相互关联、相互作用,组成一个包括价值创造、价值实现、价值分享的链条和关系结构,这就是所谓的价值网络。网络的普及运用和商业竞争环境的改变,使得企业将全部的价值活动分割、重组成为可能。企业把有限的资源集中在核心价值活动上,收缩价值链,并通过新的制度安排和组织再造协调企业利益相关者的关系,为自身和客户创造更大的价值。通过部分业务的外包,发包企业可以集中人力和资源做自己擅长的业务,提高产品和服务品质与顾客满意度。到底是采用外包模式,还是内部商业化模式,应根据资产专用性程度和知识产权保护制度的情况来决定。只有当一个企业拥有很强的知识产权权利时,企业才能选择外包模式。贴牌生产也是一种常见的价值链分割方式。企业只专注于品牌建设或者是进入知识创新的基础环节,将制造环节、软件设计环节等价值活动外包给具有比较优势的其他公司。

价值网络是重组价值链的一种形态。戴尔公司没有对个人电脑的技术作任何的改进,但它整合了供应商与它自己的组织和分配系统,向最终用户提供无法抗拒的价值。价值网络包括两个重要因素:① 价值伙伴。创新型企业需要外部的利益相关者参与进价值链,共同为客户创造价值。随着技术和环境的演化,参与者也可能变为价值链的主导者。② 合作机制。用于协调价值链参与者的行动和分配利益,尤其是协调企业内部价值活动和外部价值活动的一致性。当新的科技创新出现或者经营环境发生大的变化时,价值链的参与者需要根据总体价值最大化的原则重新分解、重组价值活动,使各个环节之间保持高效的物质、信息和能量交流,保持良好的衔接和互动,在动态调整中实现柔性管理和敏捷反应。

价值网络的创新价值实现方式,与依靠单一创新活动或者单一要素的创新价值实现方式不同。构成价值网络的企业形成动态的、紧密联系的价值创造系统,企业之间的主导关系是合作而不是竞争,因此,可以实现优势互补、收益共享,抵御外界不确定性和冲击的能力显著提高。商业竞争演化为价值网络与价值网络之间的竞争,网络成员的竞争力是构成价值网络竞争力的来源。

四、强化价值链的增值环节

当企业取得科技创新成果以后,可以不延长或收缩原有价值链,而是对价值链上的某些价值活动实施增强,使得所有价值活动更加协同一致,将技术创新与组织结构调整、文化理念进步、制度安排创新统一起来,形成难以被其他企业模仿的竞争优势。通过这种商业模式创新可以实现核心产品和服务的多元化,减少交易成本,将技术创新潜在的市场价值体现出来。

在新经济时代,社会分工日益细化,产品加工深度不断提高,价值链上可能的增值环节越来越多。科技进步和市场环境的变化使得价值链的某些环节的技术相对其他环节更加成熟、更加精湛,因而表现出比较优势。通过对这些优势环节的重新整合,可以形成具有核心竞争力的价值网络,保障科技创新成果的价值实现。

企业在整个价值链中的地位和作用对于企业价值获取至关重要。掌握了先进科技和关键资源的企业对价值链的价值创造贡献最大,因而分享的利润也最大。创建具有生机和活力的价值链,既需要对企业内部流程实施再造,也需要对企业外部资源和客户关系实施整合。

现实中的科技创新价值实现的途径是纷繁复杂的,可以是以上两种、三种甚至更多种形式的混合。企业为了响应科技创新不断加快的脚步,在快速变幻的市场中保持竞争优势并把握商机,就必须随时依据形势的变化,对价值链实施延长、分割、重组,或者强化某个环节的价值活动,保持对客户需求的敏捷反应和相对于竞争对手的比较优势。

第八章 大众创业、万众创新

实践创新发展理念的关键在人民大众积极参与科技创新和创业,进一步激发创新创业活力,把大众创业、万众创新融入发展的各个领域和各个环节,以科技创新创业的大众参与开发新技术、新产业、新业态、新模式,努力创造新供给,发展新经济。

第一节 大众创业

何为大众创业?2006年诺贝尔经济学奖得主费尔普斯将其《大繁荣》一书的副标题定为"大众创新如何带来国家繁荣",他将大众创业、万众创新的景象描述为:"把各种类型的人都变成了'创意者',金融家成为思考者,生产商成为市场推广者,终端客户也成为弄潮儿。"[①]显然,所谓的大众创业、万众创新,不是指人人创业,而是指创新创业的大众参与,进一步说是每个人各尽所能参与创新创业。而要形成这种创新创业氛围,

---

① [美]费尔普斯:《大繁荣:大众创新如何带来国家繁荣》,余江译,中信出版社2013年版,第30页。

前提是经济要有活力,从体制机制、文化理念、社会认同上形成全社会的创业氛围。

一、大众创业依托社会创业氛围

环境对一个社会的行为选择影响深远。丹·赛诺和索尔·辛格探讨了以色列之所以成为创业国度的几个原因,其中的一个解释是"困境"。① 以色列在一片贫瘠的土地上建国,面临恶劣的自然环境和政治环境。在自然资源极度匮乏的情况下,大量心怀使命的创业者面对失败和风险,唯有坚持永不知足地挑战才能生存下来。丹·赛诺和索尔·辛格认为以色列人善于创业并非源于犹太人的生理学基因,而是弥漫在社会每个角落的社会文化氛围:对权威的挑战,对问题刨根问底的精神,对待失败和挫折的独特态度即积极总结经验而非逃避。在那样的社会氛围中,创业是一种生活方式,是发自于个体内心的真实需要,是根植于群体文化的思维习惯。大众创业需要的和追求的就是这样一种社会氛围。

创业的模式有很多种,以科技创业为主要形态的大众创业具有成熟企业孵化创业者的特点。因为科技企业创业需要具备特殊的要素:从工程技术人员、人力资源专家到市场开发者,他们要把一个新的想法以崭新的商业模式运作出来,这本身就是一个培养人才、锻炼队伍的过程。科技企业最关键的要素就是人才,知识储存在人脑中,人每时每刻都处在流动中。人才随着企业一起成长,当企业成长到一定阶段,一些掌握经验和技能的工程人员、管理人员甚至辅助人员就会裂变出来,通过创业实现自己更高的价值。诞生和培育了一批像华为、腾讯、中兴这样知名创新型科技企业的深圳,正在因这些企业培育出来的员工的创业形成了新的科技企业群。这些从华为、腾讯、中兴走出来的人才深受原来企业文化的熏陶,

---

① 参见[美]丹·赛诺、[以]索尔·辛格《创业的国度》,王跃红、韩君宜译,中信出版社2010年版,第16页。

在人才的流动中逐渐聚集成新的生态创新创业圈,坊间称为"腾讯系"、"华为系"等,已成为深圳大众创新创业中的独特军团。相关数据显示,截至 2015 年,华为在职员工 16 万人,离职员工 12 万人。早在 21 世纪初,已有不少华为的离职员工在北京、上海、深圳等地创业,创业领域遍布各行各业,一批优秀的企业犹如一支支华为"编外"军团正在业界崛起。[1] 对这些出来创业的科技人员而言,留在原来的企业收入不低、风险很低,但他们还是冒着 90%以上的失败概率选择创业,就是源于其所受到的创业文化氛围的影响。

几乎所有的科技型企业都要经历二次创业,甚至 N 次创业。因为技术进步是一个连续的过程。实践反复证明,技术创新会带来组织变革和制度变革,同时,组织和制度上的惯性又是阻碍技术变革的一个主要的因素。如果一个创业成功的企业不能在组织和制度变革上跟紧技术创新的步伐,那它离被淘汰也就不远了。摩托罗拉手机、诺基亚手机、柯达胶卷、爱华随身听等很多实践中由盛到衰的案例无不说明了这一点。所谓科技企业的再创业,就是在关键节点上的转型。在这个转型的过程中需要有新鲜的血液补充到创业团队中来。这些新加入的人员或者站在新技术的前沿,或者把握了市场未来的趋向,浓厚的大众创业氛围会不断地培育在位企业的竞争者,从而迫使那些创业成功的企业也不敢懈怠。因此创业精神是经济体保持永久活力的主要动力源,创业氛围孕育了这种精神。

二、大众创业突出的是团队创业

科技创业不同于一般意义上的"做买卖",它往往是一个团队的协作过程。科技创业需要有负责技术研发的人,也需要有负责市场开拓的人,还需要充分借助外部的资源,如风险资金、猎头公司,甚至在一定的时候

---

[1] 参见 http://news.southcn.com/gd/content/2015-06/16/content_126430981.htm。

需要与竞争者合作。由于人所擅长的技能存在个体差异,凭一个人的力量很难面面俱到,因此,我们看到的科技创业者大多是一个团队,这个团队会有一个核心的灵魂人物,例如苹果团队中的乔布斯、阿里巴巴团队中的马云、腾讯团队中的马化腾、新东方团队中的俞敏洪等。

创业团队的灵魂人物至关重要,但其他团队成员同样不可或缺,就团队而言其他成员或许是配角,但在自己专长的领域上他们扮演的都是创业的主角。大众创业就是要让更多的人积极地进入团队,扮演角色。如今被称为"微信之父"的腾讯高级副总裁张小龙是腾讯团队的重要成员。1997年,张小龙几乎靠一己之力推出了Foxmail软件并迅速拥有了众多使用者。2000年,博大互联网以1200万元收购了Foxmail,张小龙选择随Foxmail一起进入博大公司。2005年,博大互联网公司将Foxmail团队以及张小龙打包转让给腾讯。2010年底,张小龙给马化腾发邮件,建议腾讯做移动社交软件。商业化作为微信创新的一部分,帮助微信成为今天中国"无处不在"的一款无比强大的软件。分析张小龙的创业历程以及他在腾讯团队中的作用可以发现:就发展轨迹而言,张小龙或许算不上一个成功的互联网创业者,但就产品和技术而言,他对腾讯团队的"二次创业"至关重要。在创业的过程中,不是每一个人都适合主导创业,也不是每个人都有技术创新的能力。大众创业强调的是积极参与,通过团队内的分工以及团队外与风险投资、消费者的合作,就会把更多的人纳入创业的网络中来。

三、大众创业需要有效的激励机制

人人积极参与创业以及形成浓厚的创业氛围的前提,是有激励创业的制度安排。对人的行为的激励包含精神和物质两个层面。在很长一段时间里,重农轻商的观念和学而优则仕的传统思想,使得我国民间创业热情存在文化上的先天缺陷。在社会分层中,即使靠创业创造了再多的物质财富也很难走向上流社会,一些民间的科技发明更被看作雕虫小技或旁门左道,因此在中国传统文化中对科技创业的精神激励非常微弱,甚至在有的时候还会存在反向激励。对创业的文化层面的精神激励是一个漫长的沉淀过程,要想扭转这种激励的方向,需要有一系列的制度安排。当全社会都褒扬创业行为、尊敬草根创业者,创业就会变得更加容易,并能够吸引更多的人参与进来,只有那样才会使大众创业在神州大地蔚然成风。

对创业的制度激励包含以下几个方面:

一是给予创业者公平的市场机会。创业往往从小企业开始,小企业无论是在与大企业的竞争中还是面对银行的信贷配给,都容易遭受歧视。政府从税收和产值的角度出发也会更在乎大企业,相应的优惠政策、补贴等也更多的落在大企业身上。这使得本就弱小的初创企业的生存环境更加艰难。鉴于一些产业自身的特点,如果没有公平的市场机会,初创的小企业甚至很难存活。比如对研发设备、技术人员和过往业绩极其依赖的生物医药产业而言,很容易形成大企业垄断市场的局面,这时候政府应从制度设计上保护初创小企业的公平市场机会。通过进一步转变政府职能,增加公共产品和服务供给,为创业者提供更多机会。要坚决清理并废除妨碍创业发展的制度和规定,打破地方保护主义。中央层面应加快出台公平竞争审查制度,建立统一透明、有序规范的市场环境。

二是给予创业者对等的社会地位。一些有想法、有条件的科技人员不敢创业的重要原因是,创业后将失去当前的社会地位。留在体制内,随着职称和职务的晋升,其社会地位也会不断提高,并且直接内化在人力资本里。这种社会地位将给他们带来日益增长的显性或隐性收益。当他们选择创业时,他们的名片上将减少很多头衔,他们的社会地位也会相应失去很多光环。如果创业失败,沉淀的不仅是有形的资金成本,还有无形的在体制内积累的与职位有关的人力资本。只有给予创业者与他们的人力资本对等的社会地位,才会解除他们的后顾之忧。只有打通人才纵向流动的通道,才会有更多的创业者涌现出来。只有培育更多富有活力的中小微企业,才能为经济发展注入活力,才能开发新技术、新装备、新模式,培育新业态,催生新产业。

三是给予创业者坚强的法律保障。党的十八届三中全会提出,公有制经济和非公有制经济都是社会主义市场经济的重要组成部分,都是我国经济社会发展的重要基础。这从根本上给予了创业者以身份的认同。但对于科技创业者而言,还要考虑职务发明成果的所得收益划分、知识产权等无形资产折算为技术股份的比例、创业参与者风险共担机制和创业团队收益共享机制等,这些都需要完备的法律保障。在市场法治化方面,要依法反垄断和反不正当竞争,消除不利于创业创新发展的垄断协议和滥用市场支配地位以及其他不正当竞争行为。清理规范涉企收费项目,完善收费目录管理制度,制定事中事后监管办法。建立和规范企业信用信息发布制度,制定严重违法企业名单管理办法,把创业主体信用与市场准入、享受优惠政策挂钩,完善以信用管理为基础的创业创新监管模式。

四是给予创业者足够的社会宽容。创业失败的概率很大,但失败后再次创业,则成功的概率会大大提高。因此,社会给予创业者足够的宽容,就是给成功以机会。如果一个初创企业坚持三年算入门,则大概有60%的创业者入不了门。然后再经过几年就需要扩大规模,但这时候存在很大的风险,这意味着要把刚刚积累起来的利润投入一个仍然不确定的未来。然后企业可能会迎来二次创业、三次创业,成功了则进入下一个发展周期,失败了则退出市场。能够超过50年的企业大概仅有2%左右。可见,在企业的成长过程中风险如影随形,难怪华为创始人任正非一直告诫华为员工要战战兢兢、如履薄冰。在中小科技企业中,技术比较发达的占2.5%左右,追赶型的占12%左右,大概70%左右属于有潜在发展能力,但他们首先需要生存下来。所以,社会必须始终给予创业者以宽容,这是对大众创业最大的激励机制。

第二节 万众创新

正如费尔普斯所说:"现代经济把那些接近实际经济运行、容易接触新的商业创意的人,变成了主导从开发到应用的创新过程的研究者和实验者,而科学家和工程师往往被他们召集过来提供技术支持。事实上,现代经济把各种类型的人都变成了'创意者',金融家成为思考者,生产商成为市场推广者,终端客户也成为弄潮儿。"① 具体地说,参与创新和创业的,除了有创新构想和创意的人士外,还有不同投资主体参与风险投资,例如天使投资人、风险投资公司,还有不同生产商对新创意进行转化,还有人对创新成果进行各种市场推广,连终端客户(消费者)也要进行评价和学习。将这些方面合起来,就是大众创业、万众创新的含义。形成"万众创新"、"人人创新"的新态势,是提高发展质量和效益的重要途径,是实施创新驱动发展战略的重要支撑。

一、万众创新的协同

从事创新活动需要有雇佣工人和购买设备、原材料的资本金,按照古典经济学家和马克思的论述,如果这笔资金是企业家自己提供的,则资本家与企业家是一回事。但熊彼特认为企业家应当具有洞察有利可图创新机会的能力和承担风险的勇气,而无须自己是资本家。如果他有能力用新投资计划的盈利前景说服银行家,就可以通过向银行贷款获得所需资金。熊彼特认为,创新不是科学发现和发明,而是企业家利用新思想创造出新的生产资源组合来增加利润的过程。② 熊彼特认识到了创新过程需要企业家与银行的合作,但他更强调企业家在创新过程中配置资源的主

---

① [美]费尔普斯:《大繁荣:大众创新如何带来国家繁荣》,余江译,中信出版社2013年版,第30页。
② 转引自[日]速水佑次郎、神门善久《发展经济学:从贫困到富裕》,李周译,蔡昉、张车伟校,社会科学文献出版社2009年版,第156页。

导作用。

科技的发展速度显然超出了熊彼特在世时的程度,甚至超出了他作为一个创新大师的想象。摩尔定律虽然听起来有点夸张,①却从侧面说明了科技进步的速度是如此之快。人工智能的兴起、纳米技术和对人脑解析研究的不断进步以及各种新材料的出现,使创新由原先的主要由企业家发动,逐渐转变为现在的多方力量的协同。我们甚至很难说清楚在这个协同过程中谁更重要,谁稍显次要。人工智能挑战人脑极限,无人驾驶汽车在马路上自由驰骋,"无处不在"、"无所不能"的互联网系统渗透到人类生活的每一个角落……这样的科技创新成果像磁场一样吸引着越来越多的人投身创新领域。醉心于技术研发的理工科学生,善于发现和开拓市场的商学院学生,甚至痴迷于文学、心理学、历史学研究的学生们也都跃跃欲试,希望毕业后能够参与到创新的浪潮中来——这就是我们所需要的万众创新。万众创新、人人创新说的显然不是人人都来主导创新,而是万众都来参与创新。万众创新的协同包含以下几个方面:

一是社会各部门的协同。万众创新就是要调动起全社会的资源投入创新领域。政府部门的理念创新、服务创新,产业部门的产品创新、工艺创新,大学和研究机构的科学发现、技术发明,金融部门的流程创新、管理创新等,通过政产学研金的协同,使各社会部门有序衔接,部门与地方政策形成联动。创新发展不是不要投资,而是把资金投向创新部门和创新领域,万众创新需要大量的民间投资,破除民间投资遇到的"四门"问题就需要部门协同。

二是创新链不同环节的协同。在创新的链条上,从科学发现、技术发

---

① 摩尔定律是由英特尔(Intel)创始人之一戈登·摩尔(Gordon Moore)提出来的。其内容为:当价格不变时,集成电路上可容纳的元器件的数目,约每隔18—24个月便会增加一倍,性能也将提升一倍。换言之,每一美元所能买到的电脑性能,将每隔18—24个月翻一倍以上。这一定律揭示了信息技术进步的速度之快。尽管这种趋势已经持续了超过半个世纪,摩尔定律仍应该被认为是观测或推测,而不是一个物理或自然法。预计定律持续到一定的时间将会不再成立。

明到产品开发、商业应用,可能在一个团队内实现,此时,研发者、制造者、市场营销者、管理者需要相互协同,下一个环节就是上一个环节的客户。此时,创新不再局限于研发部门,而是每一个环节都需要创新,这可以看作是企业内部的万众创新。因此,要促进龙头骨干企业在研发、生产、营销、服务、管理等方面改革创新,加快发展"制造+服务"的智能工厂模式。更多的情况是,创新链条被不同的团队分解,比如苹果对产品和工艺的研发设计,富士康则在制造端进行流程的创新,电信运营商和直销商则在销售端进行模式的创新,于是,创新在团队外部进行协同。某种情况下,创新链条的不同环节间会实现兼并重组,通过资源再配置的形式提高创新和产出效率。有"万众"参与的科技创新,就是科学家(创意者)、金融家、科技企业家和消费者的集合。

三是不同载体的协同。国家重点实验室、各类高新技术企业孵化器、各类科学园和科学城以及各类国家级开发区,都是科技创新的重要载体。还应鼓励龙头骨干企业围绕主营业务方向建设众创空间。主要是按照市场机制与其他创业主体协同聚集,通过优化配置技术、装备、资本、市场等创新资源,实现与中小微企业、高校、科研院所和各类创客群体的有机结合,有效发挥引领带动作用,形成以龙头骨干企业为核心、高校院所积极参与、辐射带动中小微企业成长发展的产业创新生态群落。同时,以开放的思维鼓励龙头骨干企业、高校、科研院所与国外先进创业孵化机构开展对接合作,共同建立高水平的众创空间,鼓励龙头骨干企业与国外创业孵化机构合作建立投资基金。

四是各种社会资源的协同。社会资源的流动具有利润导向的特点,当某些非生产性部门因存在泡沫而大量"虹吸"社会资源的时候,会对经济体发展产生严重危害。经济繁荣的基础绝不是投机泡沫,而是以创新引领的实体经济的发展,这需要依靠万众参与创新。把社会资源配置到创新领域,有的时候并不能完全由市场实现,因为创新不总是利润最高的部门。于是,通过一定的制度安排,使创新资源、创新机构、创新机制、创新环境等各种创新要素协同发力,从而把全社会的资源都调动起来形成万众创新局面的任务,就落到了政府肩上。因此,特别要突出政策协同,实现创新政策的落地生根。加强创业、创新、就业等各类政策的统筹,确保相关扶持政策可操作、能落地。鼓励有条件的地区先行先试,探索形成可复制、可推广的创业创新经验。万众创新还要与"互联网+"行动计划、"中国制造2025"、大数据发展行动等战略相协同。

二、万众创新的基因

这里所说的万众创新的基因,也并非生物学意义上的人种基因。而是内化于社会文化中的可传承、可复制的能够促进万众创新的要素。中国人具有探索和创新精神,产生了影响世界的"四大发明",但我们的文化中也有阻碍创新的消极因素。因此,形成万众创新的局面需要有一个"基因"再造的过程,也就是在全社会形成万众创新的氛围。

一是对未知世界的探索精神。创新是创造性的毁灭,创新需要涉入广阔的未知世界。我们的有知远远小于未知,对未知世界的探索精神,就是当世界上还没有飞机的时候,敢不敢去想象并积极尝试让一个巨大的"铁块"在天空中快速飞行。对这个未知世界的探索,飞机发明家怀特兄弟最终做到了。那些既定的已经被我们普遍认知的事物对创新而言的价值,就是帮助我们进一步去认识未知。探索未知世界是引领创新的思维,固守已知世界是跟随创新的思维。要再造万众创新的社会基因,必须培育对未知世界的探索精神。

二是孜孜以求的工匠精神。2016年的政府工作报告提到要培育精益求精的工匠精神。工匠精神是指十分注重细节,对产品精益求精、追求极致完美的态度。古往今来,热衷于技术改进和发明创造的"工匠精神"总是技术进步的源泉,中国传统文化中并不缺工匠精神:建筑业有鲁班,医药业有扁鹊、华佗、李时珍……正是众多民间艺人对技艺精益求精的追求,才给我们留下了丰富的文化艺术珍宝。但是,当下在市场经济大潮的冲击下,浮躁、急功近利、只追求短平快的思想意识呈蔓延之势。当人们失去专心致志提高技艺、塑造品牌声誉的工匠精神的时候,假冒、仿制产品就会盛行,严重地冲击万众创新的热情。因此,万众创新呼唤"工匠精神"的回归。"工匠精神"的重塑需要从制度激励、物质保障、管理文化、价值趋向等一系列领域共同推进。当社会尊重"工匠"、"工匠"拥有较高社会地位并可获取应得收益报酬时,就会有万众来做"工匠"。

三是求知若渴的学习精神。在知识更新和技术进步日新月异的今天,唯有不断学习才能不断进步,唯有不断学习才能不断创新。因为现在的科技创新不同于农耕时代根据经验判断的试验,科技创新需要有知识创新的发动和技术发明的衔接。这就要求在我们的社会中具有浓厚的学习氛围。创新系统专注于三种学习:组织学习、个人学习、组织学习+个人学习。我们主要通过正规教育、边干边学和在职培训、自我学习来增加人力资本,进行创新能力的构建。只有万众学习才能万众创新。在创新者的头脑中,任何事情都没有标准答案。因此,任何时候都需要通过学习去发现和解决问题。正是在争论、质疑和提问中他们创新了很多东西。学习应该是发自内心的需要,是真正的想通过学习改变自己。即使读100本书却没有改变自己一点,那不是学习;即使读一页书,却使自己在认识、知识、思维上获得了改变,这就是学习。

四是实事求是的科学精神。说科学精神是万众创新的基因,不仅是因为创新需要科学的指导和策动,更重要的是我们应该以科学的精神、科学的态度认识事物、认识规律。爱因斯坦的量子理论和相对论大大推动了科学的发展,并在工业领域促成了大量的技术发明。万众创新不是也无法做到让每个人都像爱因斯坦一样去进行科学创新,而是社会大众要认识、利用科学创新的成果,使用科学的方法进行创新活动。科学精神的创新首先表现在务求实效上,这是万众创新必须坚持的科学原则和正确方向。

三、万众创新的激励

创新的大众参与需要一系列的激励创新的制度安排。这就是习近平总书记所要求的:研发人员创新劳动同其利益收入对接,形成有利于出创新成果、有利于创新成果产业化的新机制。诺贝尔经济学奖获得者斯蒂格利茨认为,在存在逆向选择和道德风险的背景下,激励是经济学的核心问题。① 构建有效的激励机制也是万众创新得以顺利推开的关键环节。

在创新的决定因素中,企业家和创业家的社会地位、专利的执行情况、创新收益—成本比、科学家和工程师数量等都是人们所关注的。相对而言,前三个因素对促成一个社会形成万众创新的局面更加关键。美国在科学家和工程师数量方面曾经并不占优势,正是因为很好地执行了前三个方面,才引来了世界各地的关键技术人才,使创新成为美国经济发展最强劲的推动力。万众创新需要汇聚和解放创新创业人才,包括解放知识创造和知识传播人才、应用研究人才、创业人才,培育高技能人才特别是高级技工,集聚高端创新创业人才等。② 如何汇聚和解放人才呢?应主要从以下几方面入手。

一是股权激励。如何设计有效的股权激励计划,对于促成创新成果的转化以及激励后续更多创新的产生十分重要。技术入股是一个比较有效的选择。华为的股权激励计划更是为业界和学界广泛关注,更有学者认为正是有效的股权激励激发了华为的创新活力。华为在创业期的股票激励减少了公司现金流风险,增强了员工的归属感,稳住了创业团队。后来其股权激励从"普惠"原则向"重点激励"的转变,拉开了员工之间的收入差距,达到了激励的目的。股权激励计划打开了华为员工的双向晋升通道和发展空间,体现了对人力资本价值的重视,在危机时期还可以留住创新团队的核心。这种对员工进行长期激励的方法,有利于企业激励和人才稳定,使员工与企业结成利益共同体,从而实现企业的长期目标。股权激励对于科技创新的万众参与具有积极促进作用。当然,华为所进行

---

① 参见[美]约瑟夫·E.斯蒂格利茨《社会主义向何处去:经济体制转型的理论与证据》,周立群等译,吉林人民出版社2011年版,第78页。
② 参见洪银兴《创新型经济:经济发展的新阶段》,经济科学出版社2009年版,第99—102页。

的主要是企业内部的股权激励。对于众多的中小创业型科技企业,外部股权融资更加适合,这种融资方式不需要固定资产作抵押,可有效解决资金短缺问题而又不增加财务成本,还可以获得企业管理、发展战略、上市辅导等服务。同时,应支持符合条件的创业企业上市融资,研究尚未盈利的互联网和高新技术企业到创业板发行上市的具体制度安排。推进新三板向创业板转板试点。破除特殊股权结构类创业企业在境内上市的制度性障碍,进而完善资本市场规则。还要规范发展服务于中小微企业的区域性股权市场,推动建立工商登记部门与区域性股权市场股权登记的对接机制,支持股权质押融资等。创新是数量众多的科技型小微企业发展壮大的唯一出路,创新存在沉没成本,加上缺少抵押品,使小微企业较难从银行获得信贷支持。因此,应给予科技型小微企业上市融资以特殊的政策。当然,科技型小微企业中存在的技术入股,对处理企业劳资关系提出了新的要求。无论是"干股"还是"期权"都应该特别注意协议条款的完备性。

二是知识产权激励。创新者劳动成果的收益权需要得到保护,这是鼓励创新的基本原则。在市场经济背景下,要素合理参与利润分配,作为重要生产要素的知识若不能形成产权,则无法获得收益。加之创新具有不确定性,企业之所以还愿意进行研发投入,根本的动力就是创新成功后可以获得垄断利润。因此,从创新激励的角度看,知识产权垄断是合理的。当然,知识产权制度设计对垄断的范围、垄断的时限都应进行相应的约束,以尽量规避负外部性。为了维护市场竞争的本质,法律不应当允许知识产权所有人因其合法的垄断地位而妨碍、限制或歪曲市场的有效竞争。[1] 知识是科技型小微企业的核心竞争力,知识产权保护不仅是保证其盈利能力的需要,更是维护该类企业之间的有序竞争和营造创新环境的需要。科技型小微企业因资本积累少、市场势力弱而容易"被牺牲"。

---

[1] 参见刘志彪《现代产业经济学》,高等教育出版社2003年版,第249页。

保障科技型小微企业的发展权益,涉及依法治国的态度和对知识产权的尊重,也是能否建成法治市场经济的基本要件。科技型小微企业的最大资本就是知识,它们所拥有的财富可能都存在于创业者和员工的头脑中,或者储存在一块硬盘上。因此,保护科技型小微企业的知识产权,就是保护它们的生存权,同时也就是保护万众创新的热情。在新的产业形态不断涌现、科技创业内容日益多样化的背景下,要研究商业模式等新形态创新成果的知识产权保护办法。加快建立全国知识产权运营公共服务平台,来推进知识产权交易。原则上既要保护企业的知识产权,又不能因制度不完备导致企业频频陷入知识产权纷争而阻碍创新。为此,在加大对反复侵权、恶意侵权等行为的处罚力度,探索实施惩罚性赔偿制度的同时,要完善知识产权快速维权与维权援助机制,缩短确权审查、侵权处理周期,完善权利人维权机制,合理划分权利人举证责任,完善行政调解等非诉讼纠纷解决途径。

第三节 科技创新和科技创业的有效衔接

我们在这里讲的创业不是一般的创业,而是科技创业,是依托科技创新的创业。因此科技创新和科技创业衔接的意义,就是通常所说的打通创新到创业的"最后一公里"。其过程包括:依据科学发现产生新创意,研发和孵化新技术,新技术产业化。其中既涉及科技创新,又涉及科技创业。科技创业也就是将科技创新的成果(新技术、新发明)产业化。在许多场合是科技创新者带着孵化出的创新成果创办企业,也有现有的企业将新技术进行产业化。可见,把科技创新与科技创业有效衔接起来,本身就是推进大众创业、万众创新的重要内容。

一、科技创新与科技创业的衔接

从科技创新和科技创业的区别与联系看,科技创新是提供明天的技术,科技创业则是将今天的科技转化为GDP。在许多场合,知识和技术转化为生产力是通过知识和技术的创业实现的。科技创新固然可以通过引进和消化国外先进技术来进行,但培育有自主知识产权的高新技术同样重要,也更为现实,而培育这些新技术就需要科技创业。实际上,无论是引进消化吸收再创新还是原始创新,在很大程度上都经常需要依靠高校和科研机构通过产学研的结合来进行。高科技成果转化为现实生产力的关键是"转化",这是一个知识变"钱"的过程。实证研究表明,我国高科技产业化的主要阻力是知识创新与技术创新之间相互脱节,也就是高校和科研机构的创新知识的相当部分不能及时转化为高新技术。

科技创业是将知识创新的成果通过创办科技企业的途径孵化为高新技术进而转化为产品。现实中,科技创新和科技创业的脱节导致了科技成果的浪费。正如熊彼特所言,只要发明还没有得到实际的应用,它在经济上就是不起作用的。当大量科研人员的科技成果被束之高阁时,既是科研经费的浪费也是人才资源的浪费。从由科技创新发展到科技创业的进程看,科技创业不同于一般的创业,它是将新科技成果孵化为新技术和企业的创业,是转化科技成果的创业,是创办科技企业的创业。企业强大的技术转化能力主要是源于强烈的市场意识,科技创业者敏感地去捕捉技术创新成果,然后迅速把技术转化为产品,形成一个产业,进而打造一个产业链条。例如深圳的无人机产业即是科技创新与科技创业有效衔接的结果。在目前条件下,科技创新与科技创业衔接主要涉及三个方面的创业机制的创新。

一是科技创业最适合中小科技企业。过去的理论特别青睐大企业的技术创新,这主要是受经济发展的主导行业限制。在电力、内燃机、化工、制药、钢铁等行业,大型工业企业是创新的主要驱动力。因为大企业有完美的科层制的工业单元,能将创新过程常规化;大企业的创新主要由受过专门训练的专家团队,而非个体企业家来完成;并且他们有着实力雄厚的试验平台。而在孵化高新技术方面最为有效而且成功的往往是小企业,特别是在技术革新的转折阶段,小公司表现优异,而大公司往往按部就班、"生意照常"。① 究其原因:第一,高新技术往往是由新兴企业推动的,新兴企业一开始常常是小企业。第二,对创业者的激励能力,小企业更强;第三,创新失败的风险约束,小企业更强。实践还证明科技型小企业往往是民营企业最有效,而大企业的功能则是通过购买孵化出来的高新技术而使之推广。

二是创办科技企业的基本条件是知识、技术及其专利之类的科技成果。因此,科技企业登记和开业不以资金规模为门槛,而是以高新技术研究成果为门槛。在大企业已经划定领地的"夹缝"中生存的小企业,就像在稳定的环流中激起的朵朵浪花,它们自由奔放却又危机感极强。对它们而言,能否将科技成果迅速转化事关企业的生死,知识、技术和专利是它们的唯一竞争力,也是最强竞争力。技术领先地位经常只是暂时的,可能会迅速发生变化。船小好调头的中小科技企业没有太多有形资本的羁绊,转型更快。

三是科技人员创业是知识创新和技术创新交汇的一个重要特征。就是科技人员带着科技成果进入技术进步的中游环节即孵化高新技术环节创业。因此,在高校和科研机构应该允许和鼓励科技人员创办科技企业,利用其与科研机构的天然联系或者直接利用其成果孵化新技术和新企业。"技术商业化"的政策正在全球范围内扩散,一些地区成功地完成了科技创新与科技创业的衔接,大学为产业化创新提供了"可交付的"即特定的以编码形成的相关技术成果。其提供的方式包含大学里的科技人员直接出来创业这种形式,即由科技创业人员来直接完成知识创新和技术创新的衔接。OECD 的一份报告认为,OECD 国家都希望从大学研究的公共投资中获得更多的经济回报,这促成了大学周围创新企业"区域集群"的产生。"区域集群"又促进了"衍生"企业的产生,使大学的科技创新

---

① 参见 Boyan, Jovanovice and Rousseau Peter,《小企业的作用》,载[美]伊坦·谢辛斯基等《自由企业经济体的创业、创新与增长机制》,刘志阳等译,东方出版中心 2009 年版,第 148 页。

成果进一步商业化。这里的"衍生"是一条把知识创新成果转化成产品或服务的企业化道路。① 由此,很多国家出现了大量创新企业,丰富了大众参与创新创业的内容和形式。

创办科技企业普遍面临的问题,是进入该领域创业的往往是有技术缺资金、缺乏经营企业和市场运作经验的科研人员。这就提出了以下几个方面的问题。

二、科技创业是知识资本和风险投资的结合

科技创业与一般的创业不同,不仅需要资本投入,更需要科技投入,实际上常常是先有科技投入,再有资本投入,即发生所谓的"科技劳动雇佣资本"的生产组织形式。因此,从一定意义上说,科技创业的资本就不仅仅是物质资本,还包括知识资本和人力资本。与传统企业不同,科技(风险)企业不仅仅是劳动和资本的结合,它需要高科技的思想(知识)与资本的结合。过去的企业家靠"资源+胆识"取得成功,体现的是企业家整合配置资源的能力,如洛克菲勒、卡内基等。新经济时代的企业家则靠"智源+胆识"取得成功,体现的是把握科技创新方向和掌控科技创业局面的能力,如比尔·盖茨、乔布斯、马化腾等。

在说明科技创业的特点时,必须明确知识资本是高科技产业化的"本"。一般的创业主要靠资本(资金),科技创业主要靠知识和技术;前者是以资金招技术,后者则是以知识和技术招资本(资金)。与此相应,一般的创业是物质资本雇佣劳动,知识和技术成为资本的生产力。而在科技创业中这种雇佣关系发生了根本性变化,物质资本被知识资本所雇佣。就是说创业的主动因素是知识和技术,物质资本则作为风险投资,从属于知识资本。知识资本和人力资本越来越成为起决定性作用的资本。作为知识资本和人力资本人格化的"知本家"成为科技创业

---

① 参见[挪威]詹·法格博格等主编《牛津创新手册》,柳卸林、郑刚、蔺雷译,知识产权出版社2009年版,第223页。

的中心。相较于物质资本,知识和人力资本增殖的速度更快,增殖能力更强。

科技创业所需要的资本的重要来源是各种渠道的风险投资。科技创新创业过程不仅仅需要资金,还需要各种市场信息、配套资源等,这些都可以通过风险投资来实现。风险投资提供的不仅是资金,更有创新成果转化的一系列专业解决方案,包括创办新企业的经验和辅导。风险投资者从研发和孵化新技术阶段就开始进入,把创新和创业两个阶段粘合在一起。风险投资者的专业性在于,既专注于创新项目的市场,又专注于创新项目的科学价值,并且着力于对创业企业的辅导和帮助,从而大大降低了产业化风险。在现代经济中,虽然创业投资存在不确定性,但"相当多的且数目日益增加的个人和公司将其主要精力放在新企业的创建上"①,其目的不是追求做股东取得股权收益,而是追求股权转让收益,期望从建成后的企业的出售中退出,然后再用这些资本进行新的风险投资活动。这些风险投资者的存在可以说是现代经济充满创新活力的原因所在。足够活跃的并能承担风险的投资者是"万众"积极参与科技创新所必需的。为此,要鼓励银行提高针对科技创新企业的金融服务专业化水平,不断创新组织架构、管理方式和金融产品。鼓励条件成熟的地区组建科技银行。推动银行与其他金融机构加强合作,对创新创业活动给予有针对性的融资支持。鼓励银行业金融机构向科技创新企业提供结算、融资、理财、咨询等一站式系统化的金融服务。在加强风险控制和规范管理的前提下,丰富创业融资新模式,如互联网金融等。进一步完善创业担保贷款政策,支持保险资金参与创新创业。

风险投资实际上应该译为"创业投资"。科技创业具有高投入、高风险、高收益特点。有资料显示,在美国,风险投资的成功率一般仅为10%—20%,另外有20%—30%失败,60%左右受到挫折。正是在这一

---

① [美]奈特:《风险、不确定性和利润》,中国人民大学出版社2005年版,第187页。

意义上,创业投资被称为风险投资。美国的风险投资始于1946年为新企业提供金融资助而创立的美国研究和发展基金(ARD)。ARD的组成是:波士顿的投资团体＋MIT的教授和管理人员。ARD的早期项目来源是联邦政府在哈佛和MIT资助的实验室。1957年ARD以7万美元投资由MIT林肯实验室奥尔森教授成立的新企业"数字设备公司"。1966年该公司公开上市时,ARD的投资升值为3700万美元,年均增值87%。ARD的巨大成功引发了风险投资家群体的出现,很多成功的企业家把积累的资本重新投资于有前景的新企业,并把工艺技术、运作经验、产业联系网带到所投资的企业。风险投资的高风险对应着高收益。在科技创业的大本营——硅谷不仅集中了一批科研创业者,更是活跃着一批风险投资家。因此,科技创业的关键是顺畅的风险投资(创业投资)渠道,为有技术而缺资金的项目提供风险投资。知识资本和风险投资的有效结合是科技创业成功的关键。

从我国现状分析,科技创业不仅缺科技创业者,更缺风险投资家,科技创业的突出瓶颈是风险投资不足。从我国实际出发,为推动更大范围的科技创业,需要形成多元化的风险投资机制。

从科技创新到科技创业所经过的阶段分析,风险投资行为长期化有特别的意义。如果将孵化高新技术的进程区分为种子期、创业期和成熟期的话,在各个时期的风险投资有不同的特点。种子期(即产生思想期)所需的风险投资数量相对少,但被锁住的时间长,风险也最大;创业期(即孵化和中试期)所需的风险投资比重最大,被锁住的时间及风险仅次于种子期;而在成熟期,风险投资被锁住的时间最短,风险也最小。许多风险投资者由于更为关心退出,因此其行为往往是短期的。他们往往在成熟阶段进入,以便在短期内退出。而对绝大部分高科技研究来说,需要的风险投资恰恰在种子阶段,在进入市场前就进入。这就与相当多的风险投资者的短期行为发生了矛盾。

其实,风险投资作为创业投资,从种子阶段和创业阶段就应该进入,否则就失去了其作为创业投资的意义。作为风险投资家不能走一般企业等待和选择现成技术的道路,而是应该进入孵化高新技术的过程。针对科技创业的现状,由政府职能决定,政府提供的风险投资行为更应该长期化,从种子阶段就应该进入,从而对孵化高新技术起导向作用。企业和公司性的风险投资公司则更多的进入高新技术的孵化阶段,即科技创业阶段。

三、科技创业是科学家与企业家的结合

科技创业所选择的项目体现了商业性和前瞻性的结合,需要科技创业者既能敏锐地了解市场,又能准确地洞察技术,但将科学家和企业家集于一身的人毕竟是少数,因此科技创业成功的主观条件是科学家与企业家的结合。

一方面科技创业离不开科技人员的介入。这不仅是因为创业需要有原始的知识资本积累(相对于一般企业的资本原始积累),而且创办起来的科技企业需要得到持续不断的科技成果供给。特别是科技人员介入科技创业过程能够使创业过程具有广阔的科技视野。但不意味着科技人员创业都能成功。实践中我们既可以发现科技人员创业成功的例子,也可以发现科技人员创业失败的例子。这里的关键是创业的科技人员能否成为企业家,或者说科技人员创业的企业是否由企业家来经营。

另一方面科技创业需要企业家介入。科技创业不同于科学研究,创业项目的商业价值和市场范围直接影响创业能否成功。一些科技创业企业,科技成果的水平及其孵化的技术和产品的科技含量都很高,但最终没有成功,总结其原因,共同的问题是,或者是有较高学术价值的科技成果没有开发出其潜在的商业价值,或者是既有较高科技水平又有商业价值的项目因缺乏市场开拓能力而夭折,或者是因企业经营管理不善而失败。所有这些归结到一点就是,科技创业缺乏企业家的作用。如果说科技人员在科技创业中是提供原始创新成果的话,企业家的作用则是进行集成

创新,他要对各个领域科学家的创新进行系统集成。

现实中科技创业的创业者不乏有一批同时兼有科学家和企业家素质的创业者。这些人基本上是科技人员出身,经过一段时间的市场打拼而成为企业家。他们既有企业家的才能,能够洞察市场需求,又有科学家的素质,能够洞察科学发现的市场价值,如北大方正的王选。高校和科研机构应该为这批人才的成长和发展提供环境和条件,而不能完全用教授的标准来考核他们,也不能完全用学校的规定来约束他们。

但是,不是所有从事科技创业的科技人员都具有企业家的素质和才能,市场也不可能等待他们成长。这就有个外部企业家进入和参与创业的问题。正是在这一意义上说,高校和科研机构直接创办科技企业并非最好的选择,与科技企业家合作才可能是好的选择。

应该承认,那些风险投资家也可能拥有高含量的知识资本和人力资本,这是作为企业家的知识资本和人力资本。否则他们不可能准确选择高收益的投资项目,而且进行风险投资之类的资本经营也是高知识的经营。风险投资不能一投了之,在资本投入科技企业的整个过程中,都不能放松对科技创业的市场辅导。对科技企业来说,企业在获得风险投资的同时,也可以获得投资者在财务管理、商业发展、上市等方面的相关服务。当然,与科技企业的创办者相比,风险投资毕竟是为之服务的,就像微软公司这样的成功的科技企业首先应归功于比尔·盖茨,而不是哪一位风险投资者一样。

现实中,提供风险投资的不完全是风险投资公司,更多的是转化创新成果的企业为科技成果转化提供风险投资。这就提出了两方面问题:一方面,企业作为技术创新主体要敢于向科技创业投资;另一方面,科技人员要主动带科技成果进入企业孵化。为鼓励科技创业,企业应该在股权和分配制度上体现科技人员的贡献。

四、创客和创客空间

在大众创业和万众创新中不能忽视创客。创客活跃于创新和创业之间。创客是指出于兴趣与爱好，热衷于创意、设计、制造活动，努力把各种创意转变为现实的个人群体。创客包含着一种文化、态度、理念和学习方式，能够有机地将个人兴趣与事业结合起来。创客的创新创业活动离不开创客空间，其功能如下：

一是在产品创新上，创客的开源创新和共享创新，把制造业的创新模式推向"万众创新"阶段。进入近现代工业文明之后，人类的创新活动依据创新主体的不同，大致分为三个阶段：个体创新、社团创新和大众创新。在个体创新阶段，创新由少数具备科学、工程背景的独立个体精英所推动；在社团创新阶段，创新逐渐由公司、大学、实验室等组织垄断。创客的创新活动以创客空间为载体，在创客空间里，创客的创新活动有三方面的共享：共享空间服务，共享设施服务，共享培训指导服务。基于创客空间平台，发明创造不再是专业科研人员的专利，创客模式让创新成果更加平民化——任何人在任何地点只要手握创意并愿意付诸实践，或者具备足够好的点子或诉求，便可借助创客平台，让一切成为可能。

二是在生产模式上，创客采取个性化定制和小批量生产，形成集合大众智慧、按需设计、自我制造、柔性生产的新型工业制造体系。在产品商业化目标上，创客依靠创意和创新来满足日趋增长的个性化、多样化需求，并根据小众需求而非大众需求来定制生产创客产品。创客的个性化定制和小批量制造将打破当前大规模工业化生产一统天下的工业格局，将制造全面延伸至范围更广的大众群体之中，进而引导整个制造业进一步向分散式和扁平式方向发展，形成小微企业和大型企业、个性化商品和大众商品、小规模定制和大规模生产并存的产业格局。总而言之，数字制造和个人制造相结合的"创客"工业化将成为新工业革命的重要组成部分。

三是利用互联网平台人人都可以成为创客。大众参与的创新创业需要得到技术支持，"互联网＋"本身所具有的创新功能可以为大众创业、万众创新提供有效的支持。首先，消费者也能成为创客，成为创新的弄潮儿。在网购条件下,用户不再只是消费者,他们通过网上广泛的选择,产生个性化需求。消费成为创新产品的体验过程,通过定制成为创新的行动。现实中的许多创意就是消费者提出的。其次,互联网为大众提供就业和创新的平台,从而降低就业和创业门槛。在传统理论和机制中,就业就是被雇用,创业需要有资本。而"互联网+"提供了众创的无限空间,创客进入互联网,也就进入了创新平台。众创即自雇,就业和创业合为一体,谁都可以进入众创平台就业。"互联网+"不仅为创客提供信息平台,还为其提供创新产品的电子商务销售平台,还可能依托互联网组成包括研发、制造、销售在内的创新团队,团队成员在创新互联网平台上各自承担职能,各尽所能、各得其所。再次,互联网金融(P2P借贷和众筹)提供创新投资。创新肯定需要投资,通常是由风险投资公司提供。而在万众创新时,创新投资不可能都靠风险投资公司来提供。创客通过互联网平台,只要其项目得到网上出借方的认可就能得到天使投资。P2P和众筹就成为风险投资的重要补充或一定程度的替代。另外风险投资家也可以通过互联网寻找和选择投资对象。全面推进"众创"、"众包"、"众扶"、"众筹"是推进大众创新的重要举措。最后,大数据和云计算降低了创新所需要的市场的、技术的信息门槛,克服了市场信息不完全和不对称,降低了创新风险。而且,互信的网络平台能解决新产品的市场问题。

  基于"互联网+"驱动的创新,企业组织也会产生革命性变化,突出表现在企业由组织变成开放式平台。传统的企业组织是有明确边界的,组织系统是科层的垂直系统,从研发到制造、销售等各个流程是串联的。在"互联网+"的创新型企业中,企业成为无边界的创新平台,广泛吸引创新资源进入企业平台。企业成为孵化器平台,员工组成无数创客群体,企业由一个个创新团队组成,每个创新团队中包含研发、制造、营销的功能和人员。全员创新、创造和分享价值。企业治理以选择创新项目为对象,以品牌和风险投资为纽带。依托"互联网+"平台,企业范围也扩大了。原先非企业员工组织的创新团队,一旦被企业选中,获得企业提供的风险投资和品牌,也可进入该企业。相应的,每个创新团队也可能不再终身服务于某个企业,而只须对所承担的创新项目负责。企业的研发、制造、销售等各个流程也就由串联变为并联。研发过程同时就是制造和销售过程。在实践中我们已经从海尔等企业那里看到了这种端倪。

2015年以来,国务院、科技部以及各地方政府陆续发布大批鼓励众创空间发展的文件,各地众创空间建设蓬勃发展,一定程度上带动了当地的大众创业。同时,也要警惕众创空间的"运动式"推进,服务质量参差不齐、同质化严重等问题,甚至某些地方出现了用众创空间圈地的现象。这些问题如果处理不好,将极大地影响万众创新的真实效果。

第九章 风险投资和科技金融

金融是现代经济的核心,是市场决定资源配置的主要通道。创新发展需要得到金融的支持。根据科技创新的特点,党的十八届五中全会通过的关于十三五规划的建议明确要求:建立从实验研究、中试到生产的全过程科技创新融资模式,促进科技成果资本化、产业化。构建普惠性创新支持政策体系,加大金融支持和税收优惠力度。按此要求,需要改革金融体制,完善科技创新的融资金融,推进科技与金融的深度融合。

第一节 科技创新的金融需求

经济增长由物质资源投入转向创新驱动,节省的是物质资源、环境资源之类的物质投入,但不能节省资金投入。正如马克思当年所指出的:"正像人呼吸需要肺一样,人要在生产上消费自然力,就需要一种人的手的创造物。要利用水的动力,就要有水车,要利用蒸汽的压力,就要有蒸汽机。利用自然力是如此,利用科学也是如此。电流作用范围内的磁针偏离规律,或电流绕铁通过而使铁磁化的规律一经发现,就不费分文了。但要在电报等方面利用这些规律,就需要有极昂贵的和复杂的设备。"①

一、科技创新需要足够的资金投入

科技创新,包括科技成果的研发和转化以及产业化每个阶段都需要足够的资金投入,而且科技创新的投资是风险投资。由于科技创新的以下特点,存在创新投资供给的缺口。

首先,科技创新的路线超出了企业的范围。一般讲的技术创新,是以企业技术进步为源头的创新,企业作为技术创新主体也就是创新投入主体,企业创新所需要的资金完全可以由企业进入市场融通资金。现在所讲的创新是科技创新,是以科学新发现为源头的创新。这种创新涉及产学研多个环节,从产生新思想到孵化出新技术再到生产上应用直至进入市场,每个阶段都需要投入。这意味着创新投入不是单个企业所能解决的,需要动员多个投入主体。特别是在科技创新的前期阶段更需要金融进入。因此就提出发展科技金融的要求。

其次,科技创新存在明显的不确定性。创新投入有两个明显的特点:一是投资回收期长,有些创新如生物医药的发明,从科学发现到临床使用所要经历的时间很长,投资周期很长,期间还需要有不间断的投入。二是投资效益的不确定性,一方面新思想能否孵化为新技术有很大的不确定性,另一方面孵化出的新技术、新产品能否被市场接受也有很大的不确定性。创新成果的不确定性就产生了投资风险,还会导致两种行为:一种是风险厌恶,一种是风险投资。

由以上两个特点所决定,科技创新投入就会出现缺口:首先,对直接投资者来说,因风险厌恶使然,对创新投资往往是望而却步。其次,既然创新成果具有外溢性和公共性的特征,科技创新的投入应该更多地来自

---

① 马克思:《资本论》第1卷,第444页。

政府的财政性投入和政策性银行贷款。但是,在现行的财政体制下,政府没有足够的资金能力来满足科技创新的需求。这两个方面的资金投入缺口就应该由间接融资来填补。目前我国的融资结构是以间接融资为主,银行资金应该成为科技创新资金投入的主体。但是,处于间接融资中的银行资金投入有趋利性和流动性的特性,难以进入风险大、周期长的项目。特别是一般的银行不可能把更多的资金投向创新领域,尤其是科技创新的前端环节。

科技创新对金融的强烈需求催生了科技金融。科技金融是金融资本以科技创新尤其是以创新成果孵化为新技术并创新科技企业、推进高新技术产业化为内容的金融活动,反映科技与金融的深度融合。以上关于科技创新的金融需求的分析表明,加大金融创新投入、发展科技金融有两个着力点:一是加快推进金融体制改革,扩大直接融资,发展多层次的资本市场,从而给科技创新提供更多的融资渠道。二是推动银行为主体的间接金融进行金融创新,与科技深度融合。商业性银行和金融机构也应并可能成为科技金融的主体。这可能是当前金融创新的一个重要方面。

从金融创新史分析,金融是随着科技和经济的发展而不断创新的。每一次科技和产业革命都会带动金融创新,并且带动金融财富出现爆发性增长。在工业化时代,银行资本和工业资本的融合产生金融资本。在信息化时代,金融又与信息化融合,产生电子银行、电子货币。当今时代,金融与科技融合产生科技金融正是正在孕育的新科技和产业革命的产物。科技创新不只是产生产业财富,也应该产生金融财富。当下金融参与科技创新活动,就能及时分享发展成果并实现创新成果的财富化。金融资本只有主动进入科技创新领域才能获得金融财富的积累。正如美国成立于1971年的纳斯达克(nasdaq)股票市场,就是由信息和服务业的兴起催生的。因此金融资本与科技融合形成科技金融有着客观必然性。

我国发展的实践也证明,在每个发展阶段,金融创新需要跟上快速行驶的经济列车。金融财富增长最快的时期都是抓住了发展新机遇的时期。过去的两次发展机遇,一次是发展乡镇经济,一次是发展开放型经济,金融资本都抓住了,每次都得到了爆发性增长。现在我国正在迎来创新驱动经济发展的新机遇,金融资本抓住这个机遇,其金融财富也一定能得到爆发性增长。

二、科技创新不同阶段的金融供求

科技创新实际上涵盖了知识创新和技术创新两个阶段。科技创新的全过程包括知识创新、创新的知识孵化为新技术和采用新技术三个环节。深入分析科技创新各个阶段的金融需求,通过机制设计充分调动各类金融机构参与科技创新活动的积极性,以促进科技与金融深度融合,从而为科技创新活动提供充足的资金支持,是我国发展科技金融的主要方向。

在从知识创造到新技术、新产品孵化,再到新技术生产乃至产业化创新的密不可分的创新链条中,创新活动的主体、目的和成果形式差异较大,创新者面临的风险、资金需求规模以及融资成本承受能力明显不同,由此导致不同阶段的资金需求进而科技金融的进入方式也呈现出多样性。

在科技创新的上游即知识创新环节,创新关注的是新思想和新知识的发现。大学和科研机构是科技创新的主体。新思想和新知识的发现具有一定的偶发性,也有极大的不确定性,而一旦发现则具有很强的外溢效应,收益很难向私人收敛。并且,知识创新远离终端市场,何时以及能否转化为被市场接受的产品充满变数。从一定意义上说,这个阶段的创新目标是长远的,提供的是明天的技术。因此,在一般情况下,其研究费用不属于商业性投资的对象,主要来源于国家投资和公益性投资,也不可能求得利润回报。而在创新驱动发展中出现的新动向是,某些有远见的风险投资者和企业看准了知识创新的作用,为谋求长远发展目标而提前介入,会向科学家直接提出重大科学项目,为获取未来产业制高点而对特定的知识创新项目进行风险投资。

科技创新的中游环节即孵化和研发新技术环节,是依据科学发现和新知识产生的创意孵化和研发为新产品、新技术的阶段。新思想、新发现孵化为新技术阶段应该是最需求资金投入的阶段。技术的研发和中试需要建设孵化器,购置设备,尤其是需要专职的高科技研发人员。虽然研发的新技术具有外溢性,政府会有部分引导性资金投入,但是由于创新收益开始向个人收敛,因此企业和私人投资将成为主体。相应的需要金融投资进入。较多进入的是风险投资。

在科技创新的下游环节即产业化环节,也就是采用新技术环节,进一步是创新产品进入市场的阶段,新产品、新技术的普遍推广及大规模生产,使得该阶段具有风险小、资金需求量大、融资成本承受能力强的特点。经过知识创新及新技术、新产品的孵化,创新产品已经获得了市场的认可,并具有了一定的市场知名度,创新活动风险已经基本得到释放和控制,风险降至最低。相应的,以谋求股权转让收入为目的的风险投资开始退出,以寻求下一个投资机会。与此同时,由于收益已明显收敛到企业和私人投资者,政府便可退出。在风险投资和政府投入退出的情况下,创业企业需要源源不断的投入,以支持生产规模扩大、市场占有率提高以及产品性能改善,资金需求量会急剧膨胀。由于创新企业自身已经能够形成稳定的现金积累,企业经营业绩也逐步得到体现,现金流入及营业利润不断增长,融资成本的承受能力也较强。在此背景下,所需要的金融就不是科技金融,而是一般的市场性金融,这一阶段银行信贷成为主体,商业银行也乐意介入。

三、孵化新技术和科技创业阶段更需要科技金融

风险源于不确定性,表现为预期与结果的差异。奈特对此作了进一步的界定:不确定性问题的根源是经济过程本身的未来性。风险是指可度量的不确定性,不确定性是指不可度量的风险。

从风险和收益的关系分析,风险有两类:一类是不伴有收益的风险,

这种风险必须规避；另一类是可能伴有收益的风险，这种风险就要敢冒。与科技创新相关的风险投资就属于后者。

用信息经济学方法对创新投入的各个阶段作风险—收益比较：就风险程度来说，创新投入的阶段离市场越近，信息越是完全，风险越小；离市场越远，信息越不完全，风险越大。就投资的潜在收益来说，越是靠近市场，竞争越激烈，潜在收益越小；离市场越远，竞争越不激烈，潜在收益越大。据此，撇开知识创新阶段，可以说，孵化和研发新技术阶段离市场远，信息不完全，风险最大。当然，一旦成功，潜在收益也最大。采用新技术阶段和产业化阶段离市场最近，信息完全，风险最小，但其潜在收益不一定有孵化阶段大。归结起来，科技创新全过程各个阶段的创新投入的风险和收益是对等的，都是由高到低的序列。

如果进一步将创新投入的潜在收益区分为社会收益和私人收益，创新投资的阶段越是靠前，创新成果的社会收益越是明显，也就是创新收益难以收敛到哪个私人投资者。通常所说的创新成果的外溢性主要就是指此。创新投资的阶段越是靠后，创新成果的私人收益便越是明显，也就是创新收益能够收敛到私人投资者。这里讲的私人投资者包括企业性质的投资者。

从总体上说，在从科学发现到新技术的孵化，再到新技术、新产品的逐步运用，乃至产业化创新的过程中，不确定性贯穿始终，充满着失败的风险。根据以上分析，在科技创新的各个阶段中，上游阶段即知识创新阶段主要靠政府投入，下游阶段即产业化阶段主要靠一般性金融，所要研究的科技金融主要是指风险最大的科技创新的中游环节，即新技术的孵化和研发阶段的金融问题。科技创新的中游环节可以细分为两个阶段：一是孵化新技术阶段，二是利用孵化的新技术创业阶段。对孵化新技术、新企业之类的创新和创业投资，有明显的不确定性。

孵化器是指为创业企业提供有利于新技术和新产品孵化的环境与条件，提供研发、中试、科技和市场信息，配备通讯、网络与办公等方面的共享设施和场所,对孵化企业进行系统的培训和咨询,提供政策、融资、法律和市场推广等方面的服务与支持等。这个阶段最大的风险是新思想能否孵化为新技术有很大的不确定性,孵化的新技术、新产品能否被市场接受不确定。

科技创业是指将孵化的新技术用于创办新企业。从孵化器中毕业的企业要么以新成果创新企业,要么采用新技术生产新产品。在这里新产品或新技术已经具备雏形,技术风险大大降低,但仍存在与市场需求的衔接问题。最大的风险是其创新技术价值能否在市场实现存在很大的不确定性。创业企业需要大量资金购买生产设备和雇用员工,企业逐渐拥有少量销售收入,但尚未到达盈亏平衡点,对融资成本承受能力仍然不强。这一时期,企业夭折的可能性依然较大,资金需求通过商业银行信贷获得满足的可能性较低。由于新产品和新技术仍未脱离实验室,创业者所经营的产品或研发的技术总体上处于试验摸索、反复试错阶段,距离成熟的产品和技术仍有很长距离,投资项目失败概率很高。新产品或新技术处于研发阶段、尚未实质性生产的特征,意味着企业仍然需要一定资金的注入,企业总体上以净投入为主,基本没有什么收入,融资成本承受能力仍然较弱,因此这一阶段风险依然很高。

总而言之,科技创新和创业是一项具有探索性的活动,没有成熟的经验可以借鉴,由于创新主体的能力局限和外部环境的变动,创新活动中存在大量难以预知的困难,创新投入达不到预期甚至完全失败的可能性很高。正如费尔普斯所言:"事实上,所有创新都有偶然或者随机的因素。在一定程度上,新产品开发成功和得到商业化应用都是概率问题。创新是走向未知的历程。"[①]麦肯锡公司开展的一项研究估计,每 10000 个商业创意会产生 1000 个公司,其中 100 家会得到风险资本,20 家可以上市,2 家会成为市场领先者。美国另一项调查数据表明,高科技企业只有

[①] [美]费尔普斯:《大繁荣:大众创新如何带来国家繁荣》,余江译,中信出版社 2013 年版,第 36 页。

60%左右的研发计划能够获得技术上的成功,其中只有30%能够获得市场认可,而推向市场的高科技产品中仅有12%能够最终获得成功。

显然,在研发新技术和科技创业阶段需要的科技金融主要是风险投资,风险投资的作用无可替代。风险投资一般由风险投资公司提供,主要向不成熟的创业企业提供股权资本以及配套的管理和经营服务,主要目的是在企业成熟后出售获得利润,然后再进行新的风险投资活动。正如奈特所指出的,"在现代经济中新企业的创建和建成后企业的经营之间的分离的趋势很明显。一部分投资者创建企业的目的是从企业的正常经营中得到收益。更多的人则期望从建成后的企业的出售中获得利润,然后再用这些资本进行新的风险投资活动"[1]。可以说,过去几十年美国高科技产业的发展史是一部极其生动的创业投资的成功史。苹果、IBM、Yahoo、Microsoft、Cisco等IT巨头无一不是在创业投资的扶植与催化下快速成长起来的。

第二节　科技创新风险和风险投资

就企业商业活动所面对的风险来说有两类:一类是企业外部的风险,即不是由企业的原因产生的风险,如价格风险、利率风险、汇率风险;另一类是企业自身投资和经营活动所产生的风险。一般说来,企业外部风险可以通过进入期货市场、外汇市场等采取对冲等方式进行风险管理,以锁定或转嫁风险。而企业投资和经营的风险则由投资者和经营者自己承担。规避这类风险的途径就是投资者和经营者优化投资行为和经营行为。科技创新风险基本上属于后者。而且风险比一般的投资和经营风险更大,因此对科技创新和创业的投资属于风险投资。

---

[1] [美]奈特:《风险、不确定性和利润》,中国人民大学出版社2005年版,第187页。

一、高收益的创新活动的高风险

首先应该肯定科技创新必然是高收益的,无论是对社会还是对企业,否则不会有转向创新驱动的强烈要求。但对具体的创新项目来说并不都是无风险和高收益的,而且往往是失败的居多。于是就有对科技创新投资属于风险投资之说。

创新风险是由于外部环境不确定、创新的难度与复杂性、创新者能力与实力的局限以及行为偏差,而导致创新活动达不到预期的可能性,以及出现预期和实际变动的差距的程度。撇开各种投资都会碰到的风险如管理风险、外部环境风险等,综合国内外学者的研究和创新实践,创新风险大体有以下几种:

一是创新技术选择的风险。知识创新是一种信息生产过程,而信息产品的特点是固定成本高,信息生产的固定成本绝大多数是难以回收的沉没成本。其一,创新的技术选择错误,或者是缺少创意,或者是研发失败,为此所支付的投资就会石沉大海,带来无法估量的损失。例如,生物制药研发周期很长,能否实现其医药价值及经济效益在研发前和研发过程中难以精确计算,因技术不可行而中止创新的案例数不胜数。典型例子是摩托罗拉公司的铱星计划,由于高估了全球卫星电话的需求,导致数十个通讯卫星送入轨道后不得不销毁的结局,给摩托罗拉公司和相关利益者造成了巨大损失。其二,技术的先进性风险。随着产品生命周期的缩短和科技进步速度的加快,创新成果被超越的风险大大增加,创新成果很容易被竞争对手替代。

二是转化风险。主要是因为新知识向新产品、新技术转化存在较大的不确定性。从创新目的来看,知识创新追求学术价值,技术创新追求商业价值,二者动机并不一致,存在衔接难题。在我国,大学和科研机构从事的科学研究与企业进行的技术创新长期以来两张皮,无形中加大了新知识向新技术、新产品的转化风险。其中包括中试风险。中试是指创新产品大规模量产前的小规模试验,开始涉及生产流程问题,但因中试设备与工艺流程不过关、材料不匹配、设计不合理、性能不稳定等原因,很容易导致中试失败。

三是市场风险。正如马克思在《资本论》中所述的,商品到货币是一次"惊险的跳跃",这个跳跃如果不成功,摔碎的不是商品,而是商品占有者。[①] 一般的、成熟的商品尚且如此,新技术、新产品实现其市场价值的跳跃更容易受到市场范围、进入时机、顾客需求、产品性能、竞争优势及市场开发的不确定性的约束。其一,创业者对新产品市场规模和顾客接受度难以估量;其二,新产品推向市场后,因外观、质量、性能不被顾客了解,或者由于人们的消费惯性,新产品很难马上被市场所接受;其三,随着科技进步日新月异,新产品和新技术被赶超的时间大大缩短,如果企业不能尽快制定有效的营销战略,尽可能快地占领销售渠道并获得市场认可,很可能无法实现"惊险的跳跃";最后,创新成果迟迟不能推向市场固然会被竞争对手超越、失去创新价值,但过早推向市场也可能达不到预期效果。如,贝尔实验室在上个世纪50年代就推出图像电话,但到70年代才实现其商业价值。

四是财务风险。财务活动贯穿于科技创新的整个过程。在创新活动的大部分阶段,创新成果很难形成稳定的收入,创业者以净投入为主,需要源源不断的资金供给,资金失血的风险和资金期限错配的风险比较突出。尤其在创新活动的前期,因为距离市场较远,创新成果暂时无法实现市场价值,对创业者的融资能力要求很高,任何一个环节中断,都可能导致创新活动失败。在创新活动的后期,即使已经有了一定销售收入,但因盲目投资、期限错配、资金回笼缓慢、银行断供而导致的资金链断裂隐患也较多。

根据风险与收益对称的原则,高风险往往伴随着高收益。创新活动

---

① 参见马克思《资本论》第1卷,第127页。

不成功则已,一旦成功,将会形成暂时的市场垄断,获得高额收益。正是因为创新活动所具有的高风险、高收益的特性,融资方式的选择至关重要。

二、风险投资是科技创新的重要推手

既然新技术研发的创新和科技创业高风险,而且高风险隐藏着高收益,因此,既可能有风险厌恶者,也可能有风险投资者。

风险投资是科技创新不可或缺的一种助推力量。风险投资者为创业活动提供资本支持以及相应的非金融服务,既专注于创新项目的市场,又专注于创新项目的科学价值,并且着力于对创业企业的辅导和帮助,促进高新技术成果转化,从而获得高资本收益。风险投资者之所以愿意承担风险,原因是只要其投资的多个项目中有少数项目成功,足够弥补失败的成本。从世界高科技的摇篮——硅谷的发展历史中可以看出,诸如苹果、Cisco、Oracle 等知名 IT 企业,均得益于风险投资的支持才渡过了最初的难关,并成就了后来的辉煌,同时也给风险投资带了巨大收益。以雅虎为例,Sequoia 对 Yahoo 在投资前的估价仅为 400 万美元,一年后 Yahoo 上市后市值达到 8.5 亿美元,投资回报约 200 倍。诸如此类的造富神话,在风险投资领域并不鲜见。

风险投资成为科技创新的内在机制的一个重要原因是风险投资能为科技创新提供资金。不同金融机构具有不同的风险承受能力,创新活动的高风险性使得传统的商业银行信贷和资本市场无法满足其融资需要,追逐高风险、高收益的风险投资成为科技创新活动的重要资金提供者。

一是商业银行的功能定位于低风险的信贷业务,过多介入高风险的创业企业却只收取固定的利息不符合风险—收益对等原则,因此其无法满足科技创新企业融资需求。按照信贷配给理论,由于信贷市场存在信息不对称,一些风险较高的借款人无论支付再高的利率也无法获得银行贷款,商业银行总是把贷款利率设定在市场出清利率以下的水平,倾向于给处于成熟壮大期的、抵押充足的企业提供融资,但对于处于起步阶段的初创型企业兴趣不大,致使创业企业很难获得信贷融资。理论界普遍认为,不同融资方式具有不同的相对优势,项目风险越高,观点多样化程度越高,对银行中介融资吸引力越小。另外,从多年来的商业银行实践来看,其多数信贷业务范围局限于成熟产业,对于新思想、新发现的转化及产业化运作缺少认识和人才储备,固化的业务流程和信贷审批标准无法适应创业企业有形资产缺乏但无形资产前景远大的客观事实,不能大范围介入科技活动,因此纯粹依靠传统信贷业务不能满足科技创新活动的需要。与之相比,风险投资高风险、高收益的经营模式,更能够适应科技创新活动的融资需要。

二是创新活动具有较长的投资回收周期,与之相应的资金需求也具有长期化特征。但商业银行资金来源的短期化,决定了其很难将大量资金配置到创新领域。而风险投资追求中长期(通常在五年左右)投资回报,其较高的风险承受能力使其专注于科技创新活动的长期增长,尤其是资金投入量较大的新技术孵化阶段能够获得其稳定的股权资金。

三是资本市场较高的上市门槛总体上有利于较成熟的大中型企业融资,稚嫩的创业型企业通过公开资本市场融资难度较大。不仅如此,严格的信息披露具有一定的外部性,容易泄露创新活动的商业机密,引起竞争对手的模仿和赶超,导致创新企业风险收益不对称等。另外,股票发行周期较长,股市行情波动会增加企业融资的变数。与之相比,风险投资的融资门槛要低很多,且通常不会受到股市波动的影响。

与传统的商业信贷和公开市场融资相比,风险投资不仅给创新活动提供资金支持,更运用自身专业优势和资源整合能力,为创新活动提供业务支持,降低科技创新风险。从某种程度上讲,风险企业家、企业经营者和风险资本家的行为目标具有契合性,风险资本家广泛参与企业战略制定、人事安排、融资规划,通过高水平的创业指导、业务引领、团队促成等,既能提高创业企业的内部治理水平,也能降低风险投资与创业活动间的信息不对称程度,大大提高创业企业的成活率,最大程度发挥资源配置优势,从而获得最高回报。

在科技创新的全过程中,风险投资发挥作用的环节主要体现在新技术孵化到产业化创新之间的这一段,在上游知识创造环节主要依赖政府投资,风险投资没有介入意愿,而在下游产业化创新环节主要依靠市场性金融,风险投资通常会逐步退出。但是,风险投资却是科技创新发展的必要条件,在最需要创新投入的科技创新的中游环节,风险投资的作用几乎无法替代。纵观世界各国科技发展历史,风险投资发展得比较好的国家和地区,一般科技创新水平也处于较高水平,因此,一国政府能否实施有利于风险投资发展的政策环境,实际上直接关联到该国未来的科技创新发展趋势。

以下以天使投资为例说明风险投资。所谓天使投资是一种投资金额小、非正式的投资方式,主要投资于原创型新思想或小型初创企业,多数投资人为自由投资者或非正式风险投资机构。上个世纪80年代,美国新罕布什尔大学首次将天使投资准确定义为具有一定闲置资本的个人对于种子期的具有巨大发展潜力的企业(项目)进行权益资本投资的行为。在实践中,孵化新技术、新产品的项目一般多而分散、成活概率低、投资风险大,但投资成功的收益大,因此投资金额少、推动科技创新效益大的天使投资成为比较适宜的一种投入方式。虽然单笔天使投资规模不大,却是整个风险投资体系的源头,是创造高科技产业的第一推动力。据新罕布什尔大学创业研究中心发布的数据显示,2013年,美国天使投资规模为248亿美元,活跃的天使投资人数量为29.88万人,总计70730家企业获得了天使投资人的支持,单笔投资额仅约为8.3万美元,但每单笔天使投资大约创造了4.1个工作岗位。需要指出的是,面对多而散的项目只依赖天使投资远远不够,这就提出了其他方式的风险投资的要求。

三、我国风险投资现状

我国风险投资的发展历史不长,但成长很快。上个世纪80年代以前,我国风险投资几乎是空白。直到 1985 年,国家科委和财政部等部门才筹建了我国第一个风险投资机构——中国新技术创业投资公司(中创公司)。到目前为止,我国风险投资发展了 30 多年,而过去的 10 多年是风险投资机构数和业务规模增长最明显的时期。WIND 数据显示,2014 年,我国创业投资机构数为 1551 家,比 2013 年增加 113 家,约为 2003 年的 5 倍;创业投资管理资本规模为 5232 亿元,比 2013 年增加 1659 亿元,约为 2003 年的 8.5 倍;投资项目数为 14118 个,比 2013 年增加 1969 个,为 2003 年的 4.45 倍。从较长时序看,三者均维持了 2003 年以来的快速攀升之势。但与欧美、以色列等风险投资发达的国家相比,我国风险投资发展依然存在较多问题,对高科技发展的推动作用不够明显。

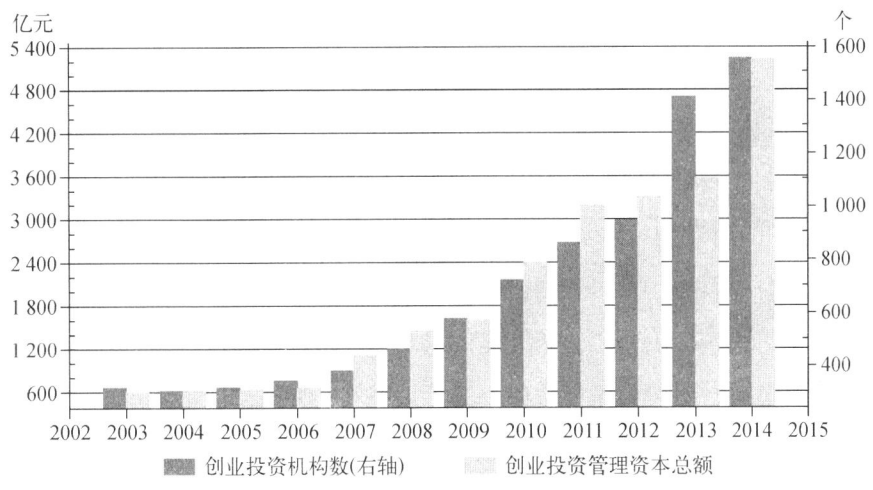

图 9.1　2003—2014 年中国创业投资机构数和管理资本规模

一是政府主导的特点导致其运营效率不高。我国风险投资一开始就采取政府主导模式,主要由政府、科技部门和财政出资兴办风险投资公司,但由于体制和观念问题,这些风险投资公司无法建立起有效的激励约束机制,在高新技术孵化以及推动新兴产业发展中畏首畏尾,作用无法充分发挥。

二是我国风险资本来源单一,融资渠道狭窄,更多依靠政府投入,导致风险投资资金来源不足、风投企业规模小、资金实力弱,只能支持一些风险小、投资金额少、见效快的项目,限制了风险投资对科技创新活动介入的广度和深度。WIND 数据显示,我国风险投资募集资金规模不足美国的 5%,风险投资强度不及美国的 1/6,而且近年来有下降之势。2016 年一季度,我国创业投资募集资金规模为 3.71 亿美元,而美国为 120 亿美元,仅为美国的 3%。2014 年,我国单个投资项目投资额为 1129 万元/项,在 2011 年达到 1550 万元的最高水平后,连续三年回落,比 2011 年下降 421 万元。

三是风险投资投向"后移",绝大多数资金投向成长期企业(见图 9.2)。我国私募股权和风险投资业务规模一直处于上升通道,但大量资金流向处于成长期甚至成熟期的企业,亟需资金的初创期企业则很难获得风险投资的青睐。WIND 数据显示,我国创业投资投向成长期企业的资金占比从 2003 年的 37.5% 上升到 2014 年的 66.4%,而投向起步期和种子期的企业则长期徘徊在 16%—35% 之间,迫切需要资金支持的科技创新活动的前期则无法获得足够的金融支持。风险投资不愿进入初创型企业的根源有两个:其一,缺乏合理的知识产权价值评估体系。因为妨碍投融资双方交易的深层次障碍是信息不对称,创新者总是比风险投资家更熟悉创新成果的技术水平和市场价值,这一现象在初创期的企业表现得更加明显,由此产生的逆向选择问题使得风险投资家顾虑重重,因此构建权威的知识产权价值评估体系有利于缓解投融资双方的信息不对称。其二,知识产权保护不足。初创型企业因担心知识产权泄露甚至被风险投资家窃取,减弱了寻求风险投资的努力。

四是风险资本退出机制不健全。不同于一般的股权投资,风险投资的目的不在于长期持有股权,而在于获取资本转让时的高额投资收益,因此畅通的退出渠道是推动风险投资业不断发展的基础。可以说,没有风险资本的退出渠道就没有风险投资。回顾我国风险投资市场的发展历程可以发现，2004年之前我国曾出现过两次风险投资和私募股权的发展高潮，但由于缺乏退出渠道，大批投资基金无法收回投资而纷纷倒闭。随着我国多层次资本市场的逐步建立健全，如中小板、创业板以及新三板制度相继建立，上海、深圳建立了规模化的区域性股权交易市场，30多个省依托当地资源设立了区域性股权交易市场等，风险资本的发展迎来了新的发展机遇，这也是近年来私募股权投资、创业投资、天使投资快速发展的原因之一。但我国多层次资本市场体系依然不健全，创业板市场起步较晚、投机氛围浓厚、市场被操纵、监管不足、挂牌企业过度包装、价格信号扭曲等问题较为严重，真正融到资的企业少之又少，仍然不能满足科技创新的需求。

五是缺乏风险投资专业型人才。风险投资横跨高科技和金融两大领域，涉及金融投资、企业经营管理、市场营销、资本运作等多方面学科，因此懂技术、管理并且具备良好专业素养和丰富实践经验的综合人才，是风险投资发展不可获缺的重要保障。由于中国风险投资公司大多由政府设立，实际操作的往往是非专业人才，真正具备风险投资知识的风险投资家难以发挥才能，一定程度上妨碍了风险投资的健康发展。

六是天使投资人队伍发展迟缓。主要为非机构化运作、自由投资人组成的天使投资人，是新技术孵化中重要的起始投资力量。根据谈毅、杨晔、孙革（2015）的估算，我国天使投资潜在人数介于1.4万至12万人之间，潜在的天使投资规模介于4000亿至2万亿元之间，而美国活跃的天使投资人队伍约25万人，天使投资规模与美国创业投资规模相当。与西方成熟市场相比，中国天使投资仍处于起步阶段，在投资者认知、规范化发展以及政策完善等方面还有很长的路要走。

综上所述，作为科技创新的重要推动力量，我国风险投资仍然有很大的发展空间和很多亟需解决的问题。通过一系列制度设计鼓励更多民间资金进入风险投资领域、完善风险投资退出机制、尽快培养风险投资人才，特别是引导创业投资资金"前移"，是迫切需要解决的问题。

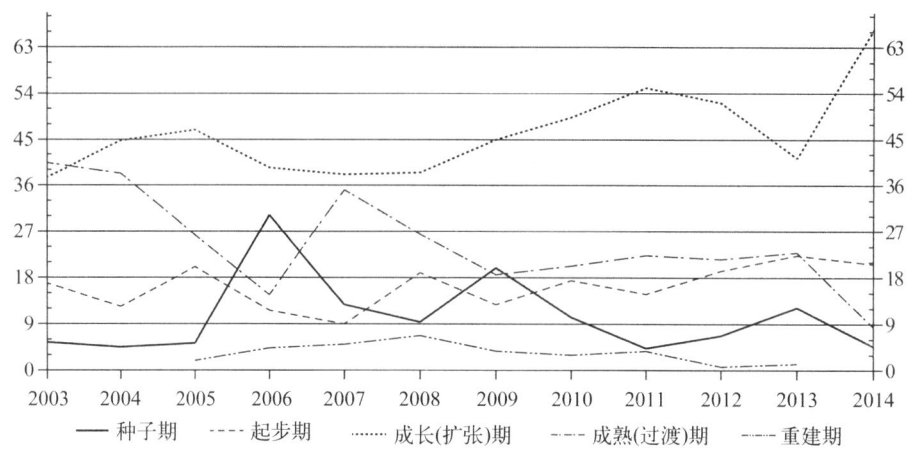

图 9.2 2003—2014 年中国创业投资投向不同阶段的资金比例

第三节 科技与金融的深度融合

科技创新是经济增长和科技进步的重要推动力量,而实现科技创新、发展创新型经济的重要条件是为科技创新融得足够的资金,这是因为当经济增长方式由物质资源投入转向创新发展后,对自然资源的消耗减少,但对资金投入的依赖程度会增加,因而发展科技金融成为创新驱动经济发展的内在要求。一方面,从某种程度上讲,一国科技金融发展水平往往能够反映该国的科技创新能力;另一方面,科技创新也是助推金融创新和金融财富增长的利器。从历次技术革命带来的金融创新的巨大变革以及硅谷银行、NASDAQ 的成功案例来看,科技创新不仅带动经济腾飞,也能带动金融财富的增长。因此,通过一系列合理的制度安排培育科技金融、促进科技与金融深度融合,是实施创新发展战略的内在要求,也是促进金融创新与发展的客观要求。

考虑到一般性金融难以进入科技创新领域,科技金融应当有不同于一般商业性金融的安排。一方面,通常意义上的技术创新以技术进步为源头,企业既是技术创新主体也是技术创新投入主体,而目前的科技创新则是以科学新发现为源头,涉及产学研多个环节,从科学新发现到孵化新技术再到产业化创新,依赖大量资金投入,单个企业无力承担,需要多个投入主体共同承担。另一方面,诸如生物医药之类的科技创新投入回收期长而且投资风险高,人们的风险厌恶情绪导致一般的商业性金融不愿意介入。从科技创新实践来看,一些市场化金融方式,如发放知识产权质押贷款、科技企业公开上市融资、发放高科技产品消费贷款等,固然可以对科技创新活动有所支持,但远远无法满足科技创新投入的资金需求,因此需要在制度安排上对科技金融进行合理规划。

一、增强风险投资的活力

风险投资是科技创新中最为活跃的投入主体,增强其活力的关键是充分调动各类风险投资资金进入科技创新领域的积极性。鼓励多元化主体参与风险投资,并非意味着每个投资主体都去投资创业项目,更为有效的途径是建立风险投资基金。风险投资基金来源可以有很多渠道,主要包括以下几个方面:

一是建立多种所有制的风险投资公司。一般说来,风险投资公司应该是企业性质的,这方面有很大的发展空间,但从实际情况看,不能仅仅限于此。从其他国家的情况看,有的国家政府通过其所属的科技园举办风险投资公司,相当多国家的银行都有其所属的风险投资公司。有鉴于此,我国除了积极鼓励发展私人风险投资公司外,可以考虑通过开发区、银行等机构创立风险投资公司,这些风险投资公司和风险投资基金建立后需要突出克服两个问题:第一,风险投资公司不能成为"避险"公司,要敢于向科技创业投资,更多地进入孵化高新技术的过程。第二,风险投资公司不能变成仅仅提供货币资金的"甩手掌柜",而应根据自身对市场行情的了解,对科技创新和科技创业的衔接与合作进行市场导向,以选择与确定有商业价值和发展前景的技术孵化项目。

二是企业成为风险投资的主体,从而成为科技创业的投资主体。在技术创新体系中企业为主体,产学研结合。其中,对企业的要求不仅是成为采用新技术的主体,还要求其成为研发新技术的主体,毫无疑问还包括企业要成为孵化高新技术从而成为科技创业的主体。企业应该改变等待新技术和到高校、科研机构寻找现成技术的被动地位,而应该主动参与研发过程。与此相对应,科技创业的路径也应该创新。科技创业不等于有了新的高技术孵化就去创办一个新企业。科技人员带了科技成果到现有的企业中去孵化新技术,甚至在其中孵化出新企业都属于科技创业的范围,同样可以得到科技创业的政策支持。因此,企业的风险投资就有两个途径:一个是进入高校和科研机构提供研发高新技术的风险投资;另一个是在企业内部建立吸引科技人员进入创业的机构和资金,同时制定相应的鼓励科技创业的政策。

三是以政府为主导建立风险投资基金。科技创业投资的风险程度远高于投资一般产业。如果没有特殊的资金来源、投资形式以及政府必要的支持,就很难吸引社会资金投资到这个领域。为扩大风险投资规模,可以采取基金形式多渠道筹集。根据国际经验,风险投资基金的来源大致可以有四方面:① 政府风险基金。② 各种金融中介机构,如证券公司、投资银行、保险公司和基金组织组成各种形式的风险投资基金。③ 大公司建立风险投资基金。④ 大学和科研机构也可设立类似风险投资的科技成果转化基金。

四是培育包括天使投资、创业投资、私募股权在内的风险投资人才队伍。风险投资活动的高端性、复杂性和综合性,使得高精尖的风险投资人才在风险投资实施过程中举足轻重。因此,既要制定有利于创新人员引进与成长、符合创业投资和天使投资发展规律的优惠政策,从而激发社会各界创业热情,培育适宜风险投资人成长壮大的土壤,又要运用孵化器及其他产学研平台把富于创业激情、敢于承担风险、懂得技术和金融的风投人才孵化出来,使其在科技创新活动中发挥引领作用。尤其重要的是,政府主导的风险投资活动及其僵化的激励约束机制无法激发风险投资人的活力和热情,因此需要通过优胜劣汰强化风险投资的市场化运作机制,为风险投资市场的活跃提供制度保障。

在"互联网+"、大众创业、万众创新背景下,互联网所具有的开放、共享的特征,为科技创新提供了融资平台,也为风险投资家开辟了新的投资渠道。原本由富豪、高净值人群或专业投资机构承担的风险投资任务,现在中产阶层甚至使普通的草根阶层也能通过互联网轻松完成。如,创客通过互联网平台出售其投资项目,获得天使投资,创业者通过P2P和众筹获得创业投资,互联网金融成为风险投资的重要补充和替代。

考虑到风险投资的主要目的是追求股权转让收益,畅通风险投资退出渠道相当重要。尽管我国多层次资本市场建设获得了长足发展,但依然存在一些深层次问题,如市场炒作、价格信号扭曲以及市场不透明问题损伤投资人信心、影响企业价值评估以及资本市场流动性,导致现有的公开市场交易远不能满足风险投资退出的需要。解决这一问题,一方面需要进一步强化监管、打击市场炒作,使资本市场能够相对客观地反映企业价值,以增强投资人信心,从而为风险投资提供更为公开透明、流动性更强的全国性股权交易市场,另一方面需要在创新活跃的地区进一步建设区域性股权交易市场,完善定价方式,提高股权转让市场的流动性。

风险投资基金既不是直接投给企业,也不是直接投给高校和科研机构,应该是投给从事成果转化的科技创业过程及其项目。针对风险投资进入初创型企业的制度障碍,需要缓解信息不对称以利于风险投资进入初创型企业,这就依赖于建立起权威公正的知识产权价值评估市场,对知识产权进行合理定价,缓解二者信息不对称,便利投融资活动。同时,严格执行知识产权保护制度,打消创业者寻求外部融资的顾虑,加大对侵权者的处罚力度与追责,提高初创型企业寻求风险投资的积极性。

二、激励商业银行对科技创新的投融资

从融资方式来看,科技金融分为直接的科技金融和间接的科技金融。前者主要由风险投资家提供,涉及天使投资、创业投资等股权投资及其各种层次的股权交易市场;后者主要由商业性银行和政策性银行提供,涉及银行信用。在现实经济中,二者不是截然分开的,不小比例的天使投资人和创业投资机构的投资资金来源于银行信用,更有代表性的是一些商业银行发放的投贷联动的产品。

根据前面的分析,在科技创新活动的不同阶段,创新活动的金融需求呈现出多样化特点,因此科技与金融融合的重点应当有所区别。在上游知识创新阶段,创新活动风险最高,但收益无法向私人收敛,金融需求应以政府资金为主,这一阶段科技创新活动需要充分动员财政资金和科学基金的支持;在下游产业化创新阶段,创新风险大大降低,需要动员一般性商业金融介入,如商业银行信贷和资本市场,风险投资则应当逐步退出,这一阶段的重点在于如何更好地发挥商业性金融的作用;而在新技术孵化到产业化创新之间的环节,发展天使投资、创业投资等股权投资应当摆在突出地位,但政府和商业银行的作用亦十分重要。它们未必给创新活动提供直接的资金支持,但可以通过孵化器平台或者给创业投资提供银行信用等方式间接支持企业创新活动。

因此,促进科技与金融深度融合的落脚点在于,充分动员各类金融机构参与科技创新,使得各类机构在科技创新活动的各个阶段都能各尽其用、无缝衔接,从而保证创新活动不因为失血而停滞不前或者前功尽弃。因此,"所谓发展科技金融就是要求现有的银行性和非银行性金融机构和金融资本都能进入科技创新领域",使得包括商业性银行在内的各类金融机构都能成为科技金融的主体。从科技创新活动各阶段的资金需求特征以及国内外实践经验来看,一种成功的科技金融制度安排应使得包括政府财政资金、政策性金融、商业银行、天使投资、创业投资等机构在内均有

效发挥作用。这就涉及各类主体的角色定位问题,即风险投资和商业银行需要分别做哪些事,政府应当在科技金融实践中承担哪些责任,等等。

风险投资是科技创新的重要推动力量,但并不能排斥商业银行的作用。一是商业银行融资成本低,而且对企业生产经营干预较少;二是有商业银行支持的创业投资能够缓解信息不对称;三是在产业化创新阶段,需要商业银行大举介入,以弥补风险投资退出及大规模产业化形成的资金缺口。尤为重要的一点,间接融资仍为我国最主要的融资方式,直接融资发展仍然处在量变阶段,无法形成聚少成多的质变效果,如果失去了商业银行的资金支持,必将导致科技创新投入不足,不能满足科技创新活动需要。WIND 数据显示,2015 年,我国新增贷款在社会融资规模中比重约为 70%,而债券、股票融资比重仅分别为 19.1%、4.9%,间接融资比重远超过直接融资,居各融资方式之首。

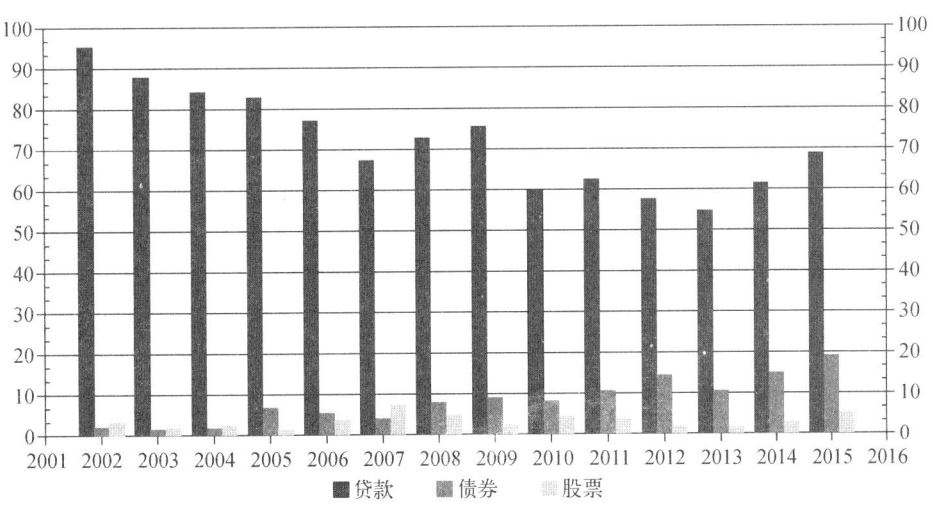

图 9.3 2002—2015 年中国社会融资规模中各融资方式比重(%)

但是种种迹象表明,科技信贷在全部信贷中所占的比重依然很低。以江苏为例,截至 2014 年末,江苏省科技贷款余额 468 亿元,占全部贷款的比重不足 1%,与科技创新发展的需要极不相称。商业银行投入科技创新活动缺乏动力,一个主要原因是科技创新前端环节风险较高,风险承受能力偏低的商业银行存在风险厌恶情绪,不愿意介入;另一个原因是金融业分业监管的限制,使得商业银行无法以投资形式介入。我国《商业银行法》明确规定:"国内商业银行不得向非银行金融机构和企业投资"。

基于上述分析,激励商业银行投入科技创新活动的积极性,主要努力方向在于提高银行风险承受能力以及在现有监管框架下拓展商业银行功能。

一是引导商业银行介入科技创新活动,需要为之提供相应的信贷保险或担保,分担或分散商业银行的信贷风险。在信贷市场存在摩擦的前提下,创新创业企业的高风险性使得商业银行在信贷投放中存在畏难情绪。考虑到新思想、新技术孵化的准公共品性质以及投资收益向私人收敛的困难,一种方式是为进入科技创新前端阶段的科技金融提供担保和保险。提供担保或保险服务的可以是政府组建的创新创业担保公司或科技保险机构,也可以是企业。另一种方式是设立贷款损失补偿基金,在贷款发生损失后抵补银行贷款损失,借此提高银行发放科技贷款的意愿。从近年来的实践看,全国不少地方成立了各种各样的风险补偿基金,进行相关试点,成效显著,推广空间很大。

二是考虑到科技创新活动的高风险性,监管当局应适当提高科技贷款风险容忍度,防止刚性监管政策弱化商业银行介入的积极性。创新创业企业的高风险性意味着不能用统一的监管标准来约束科技贷款投放行为,监管部门应从提高科技贷款性价比的高度权衡顶层监管设计,降低科技贷款的加权风险系数和资本占用比例,放宽科技贷款拨备覆盖政策。在不良贷款处置方面,应在防范道德风险的前提下,为科技贷款打包转让、核销、不良资产证券化营造宽松的政策环境。

三是在无法突破分业经营限制的政策环境下,有两种方式可以拓展商业银行功能,增强商业银行对科技创新活动的支持。

第一种方式是借鉴硅谷银行投贷联动模式,建立商业银行与风险投资机构间的利益共享与风险分担机制,提高商业银行支持创新型企业的积极性。在这方面,硅谷银行的很多做法值得国内商业银行借鉴。

硅谷银行成立于1983年,是美国硅谷银行金融集团控股的下属公司,专注于为高科技企业和创业投资企业提供有效的信贷产品,以支持科技创新活动而闻名于世,Facebook、Twitter都曾得到硅谷银行的扶植。最初硅谷银行只通过信贷业务支持高科技企业,经过多年发展,目前已经成为集信贷、风险投资、研究分析、私人银行服务、跨国服务为一体的综合性金融服务集团。过去几年,硅谷银行不良贷款率基本上低于1%。硅谷银行运作模式的成功,主要归功于有效的投贷联动模式,其主要特点如下:一是贷款客户主要为已经获得风险投资或创业投资支持的客户,并要求客户抵押其技术专利权。如果创业企业无法归还贷款,将丧失其技术专利权。二是尽职调查。硅谷银行客户经理通过各种途径了解贷款客户市场价值,包括风险投资公司、法律事务所、会计师事务所,还依托硅谷分析公司提供客观科学的价值评估。硅谷分析是硅谷银行金融集团的一个非银行附属机构,致力于私有企业价值评估,对私有企业普通股的市场价值提供一个专家的、第三方的评估意见。三是贷款与认股权证相结合,获取高额股权转让收益。硅谷银行在向企业发放贷款时,往往约定在未来某个日期以低价购买公司股份的权利。同时,硅谷银行并不追求长期持有公司股权,而是通过股权快速转让获取股权收益,抵补贷款损失。四是给风险投资公司提供贷款支持。如,在创业投资机构或者天使投资人看好一家企业但暂时缺少周转资金时,硅谷银行提供短期救急贷款或过桥贷款。需要强调的是,硅谷银行支持的风险投资公司信用等级较高、财富雄厚,往往具有长期合作关系,违约概率较低。五是硅谷银行金融集团对股权投资和银行信贷进行了明确的业务隔离,避免银行信贷业务与资本股权投资业务之间的风险传染,从而阻断了股权投资失败给硅谷银行造成损失的可能性。

在国内实践中,一些商业银行进行了投贷联动模式的探索,试图将银行服务内容延伸至科技创新活动中,对创新型企业进行"股权+债权"的联动投放,以股权收益弥补信贷资金风险损失。在运作形式上,主要有三种模式:一种是国开行的股权直投;一种是大型商业银行借助境外子公司进行股权投资;一种是与私募股权或风险投资合作,风险投资做股权投资,银行跟进贷款。但囿于分业经营的政策壁垒以及经营观念问题,这种模式仍然停留在较低层次,业务规模很小,远不能满足创新活动需要。2016年政府工作报告提出了"启动投贷联动试点",让更多信贷资源参与科技创新活动的要求。近日国家批准10家银行和5个地区的自主创新示范区启动投贷联动试点,给予银行政策倾斜,但更为关键的是商业银行要尽快转变传统经营理念,加快政策落地和客户拓展。

第二种方式是加快信贷产品的创新与业务流程再造。从商业银行本身的功能定位来看,除了监管政策限制外,制约商业银行信贷功能向科技创新活动扩展的一个主要原因是信贷业务创新不足、信贷品种单一、业务流程僵化。这实际上对商业银行的运营提出了较高的要求。商业银行必须更加注重企业的分析筛选与尽职调查,根据科技创新活动融资需求的多元化特点,加强与其他机构的合作与信息共享,创设新的信贷产品,提供更丰富的服务内容,改造传统的信贷审批流程和风险分析模型,组建高素质的行内行外的专家队伍和信贷管理队伍,等等。

根据科技创新活动的资金需求特点来看,第一个可行的创新方向是将信贷产品从生产领域转向消费领域。在科技创新的产业化创新阶段,主要阻力是缺乏消费者,就如现在的新能源汽车、生物医药产品等,尽管其科技含量很高,如果没有消费者,市场不承认,其创新价值就得不到实现。因此,银行信贷对象应该转向消费者。目前商业银行消费信贷品种集中于个人按揭贷款、汽车按揭等,远不能满足大众消费信贷需求,迫切需要商业银行提供更为丰富的消费信贷产品。第二个可行的创新方向是适应科技创新活动特点,引入专业化团队,在准确评估创业企业现金流的基础上,充分发挥信用贷款或无形资产质押贷款的支持作用,降低对有形资产抵押或担保的要求。

基于对科技创新活动各个阶段资金需求的分析,政府除了以财政性资金介入知识创造过程以及通过孵化器投资降低私人投资风险外,与科技金融发展的广度与深度密切相关的深层次机制建设必须要由政府推动。从世界各国科技创新活动实践来看,政府必须在多层次资本市场建设、知识产权保护、知识产权价值评估、投资人队伍培养、创业氛围塑造等方面发挥积极作用,才能最大程度激发科技金融活力,释放全社会创新热情。在金融服务体系尚不健全的背景下,政府牵头组建科技银行、科技保险、科技担保、科技小贷以及其他科技专营机构,并针对相关专营机构和科技金融制定差异化监管规则,从而弥补市场性金融行为的不足,也是非常必要的。以江苏为例,各种科技专营机构从无到有,发展较快。截至2014年末,江苏省已经设立35家科技支行、63家科技小贷公司,在科技创新实践中发挥了积极作用。

另一方面,发展科技金融尤其要重视政府的引导性投入,以此达到四两拨千斤的效果,主要努力方向有如下几个方面:① 政府投入与科技金融相捆绑。对于战略性新兴产业或符合政府导向的项目,通过这种方式增强金融资本投资信心。② 通过各种政策优惠对风险投资公司予以支持,如税收优惠、人才政策等。③ 财政出资组建创业投资引导基金,通过参股创业投资企业、跟进投资,为创业企业发展注入活力。④ 设立政府背景的融资性担保公司或者风险补偿基金,降低资金投入科技创新活动的风险,引导民间资金、金融资本以及贷款投入创业企业。为了减少风险厌恶情绪对风险投入的恐惧,引导性投入应采取公司化、市场化运作方式,在激励机制设计上避免短期化倾向,更加注重中长期激励。

第十章 科技创新链及其价值链

成熟的经济学都包含价值理论,对研究对象的价值分析可以奠定其经济理论的基础,因此创新经济学也应该包含对创新价值的分析。创新驱动经济发展的核心是科技创新驱动经济发展。科技创新包括科技创业在内含有相互衔接的多个阶段,从而形成创新链。研究创新链的不同阶段的价值增值状况,从中寻求创新价值增值的路径,对科技创新的着力点具有十分重要的理论和现实意义。

第一节 科技创新的阶段和创新链

科技创新的全过程包含多个阶段,从而形成创新链。研究科技创新链首先要明确创新链的起始阶段。

已有的理论实际上是从孵化新技术开始的。如熊彼特提出的创新概念,明确认为创新是在企业中进行的,因此在他那里,创新是要素的新组合,归结为企业家功能。后来弗里曼把创新定义为新发明第一次引入商业中去的意义上的创新,还将创新概念的外延扩大到发明和创新的扩散两个过程。① 就是说,创新包含了:发明,新发明在商业中的应用,创新的扩散过程。弗里曼所讲的发明,是指为新的或改进的产品、工艺或制度而建立的新思想、图纸或模型。根据其定义,整个创新过程是从发明开始的。熊彼特和弗罗曼定义的背景是知识创新同技术创新是分开的。这就是说,如果只是讨论技术创新,创新链从新技术孵化或发明开始是可以的,但如果讨论科技创新,创新链从发明开始就不准确了。

在现代,创新的源头由企业转到了科学研究领域,科学的新发现转化为新技术并直接推动技术创新。进一步说,科技创新及其在产业上的应用几乎是同时进行的。利用当代最新的科学发现的成果迅速转化为新技术可以实现大的技术跨越。例如,新能源、新材料的发现,信息技术和生物技术的突破,都迅速转化为相应的新技术。特别是像大数据、云计算、生命编辑这样的再基础不过的科学研究,现在已经同新产业联系在一起了。这种建立在科技创新基础上、以科学发现为源头的科技进步模式,体现了知识创新(科学发现)和技术创新的密切衔接与融合,这是技术进步路径的革命性变化。这样,科技创新链不能只是从研发和发明开始,应该从科学发现即知识创新开始,无论是颠覆性技术还是原创性技术,源头都在这个阶段。

明确了科技创新的起始阶段,科技创新的全过程就包括三个环节:上游环节即知识创新环节,也就是基础研究环节,这是技术创新的源头。中游环节,即创新的知识孵化为新技术的环节。下游环节,即采用新技术的环节,即创新价值的实现环节。如果考虑到创新技术的产业化,则可再加个高新技术产业化阶段,如下图:

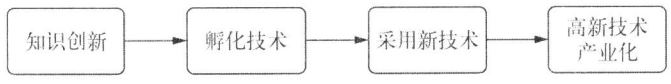

---

① 参见《新帕尔格雷夫经济学大辞典》第 2 册,经济科学出版社 1996 年版,第 925 页。

在科技创新链的三个阶段中,创新的内容是不一样的。在上游和中游阶段都是科技创新,其中上游阶段是基础性科技创新,中游阶段是应用性科技创新,也就是通常所说的发明阶段。而在下游阶段更多的是商业模式创新和市场创新。这种创新阶段区分同克拉克的创新过程三阶段的界定基本上是一致的:首先是基础性创新,即科学新发现产生重大的创新成果,它推翻了现有方法,根本地改变了技术的各个组成部分之间的关系,创造出全新的生产线,对技术和市场都会产生影响。其次是改良性创新,它是建立在新发现的成果和现有的市场基础之上的创新。改良性创新既可以转化为新技术,改变生产的手段和技术,改变产品的技术基础,改变产品的制造流程,也可能是产生新产品。一个重大的科学发现可能产生多项新技术,它每时每刻都在发生。当改良性创新趋于稳定后,增长就来自于营销创新,即寻找和扩大市场,包括改变营销渠道和方式等途径,改变产品与顾客之间的各种关系。当基础性创新产生新的突破后,又会打断原来的创新进程,开始新一轮的技术和市场创新。[1]

将创新的起始阶段上延到基础研究阶段即知识创新阶段具有十分重要的理论和实践意义,它不仅提升了基础研究的重要性,更重要的是打破了知识创新和技术创新的边界,推动了两者的有机衔接;不仅明确了创新驱动所需要的原创性技术、颠覆性技术来源于基础研究,还明确了基础性研究只有进入创新体系中与孵化新技术阶段融合才能真正产生原创性、颠覆性技术并实现自己的价值。基础研究阶段可能产生原创性、颠覆性技术的思想,与孵化新技术阶段融合才能产生原创性、颠覆性技术。

在基础研究成为创新的上游阶段后,居于中游阶段的研发新技术阶

---

[1] 参见克拉克《企业技术创新的模式》,载廖理等《探求智慧之旅》,北京大学出版社 2000 年版,第 282 页。

段的作用丝毫没有降低。这个阶段是技术创新的起始阶段。新的创意、前所未有的构思变成新的产品或改进的产品,变成新的工艺。新技术、新产品、新工艺是在这个阶段产生的。大众创业、万众创新也是从这个阶段开始的。不可忽视的是,基础研究成为科技创新的起始阶段后,赋予了研发阶段新的内容和活力。

过去研发新技术主要有两个途径:一是专业化的应用性研究机构从事新技术的研发,二是企业内自建研发机构研发新技术。大学的科学研究进入创新体系后出现的新趋势是产学研协同创新,一方面大学及其科学家进入孵化和研发环节,另一方面企业及其企业家也进入研发环节,双方共建创新平台。与此同时,政府也会同大学和企业共建高新技术孵化器。孵化器的主要任务是为高新技术成果转化和科技企业创新提供优化的孵化环境和条件,包括提供研发、中试、科技和市场信息、通讯、网络与办公等方面的共享设施和场所,系统的培训和咨询,政策、融资、法律和市场推广等方面的服务和支持等。协同创新平台和孵化器的建成,大大提高了科研成果的转化率和转化成功率。而且,依托创新平台和孵化器可以根据新的科学发现开发出多项新技术,并且源源不断地开发出新技术。

研发出的新技术进入下游环节会有三条道路:一是通过技术转移或者技术交易的方式被企业采用。二是协同创新平台创新的技术被进入平台的企业直接采用。三是科技创业,研发出的新技术由科技人员用于创业,创办新企业,并成为新企业的主打产品。前两条道路虽然都是在已有企业中进行的,但研发出的新技术实际上也有个同科技创业一样的以创新的技术创业的过程,是新技术创业。因此把这个阶段统称为科技创业阶段。这个阶段能否成功,标志着研发的新技术是否成功,存在着不确定性和风险。

孵化出的新技术到被采用进入下游阶段之间的科技创业阶段,既是研发阶段的延伸,又是采用新技术阶段的开端。这是中游和下游之间的连接阶段，也就是新技术、新产品被孵化出来后飞出孵化器进入创业阶段。这个阶段或者是以新成果创新企业，或者是参与孵化的企业转向采用新技术生产新产品。在整个创新链中研发新技术和科技创业阶段最为关键，被称为孵化器和加速器。在这里风险投资家作用凸显。即使是原有企业对研发新技术的采用所提供的投资，实际上也是风险投资。

新技术创业成功，就进入创新的下游阶段。对企业来说面对的问题是充分实现新技术的价值。这个阶段仍然需要创新：一是技术上的改良性创新，包括适应市场的技术调试、改进，也可能基于创新成果继续开发出新技术；二是管理创新，包括商业模式创新和营销创新。在这里企业家的作用凸显。

创新的潜在收益分为社会收益和私人收益，创新的阶段越是靠前，创新成果的社会收益越是明显，也就是创新收益难以收敛到哪个私人投资者。通常所说的创新成果的外溢性主要就是指这个。创新投资的阶段越是靠后，创新成果的私人收益便越是明显。也就是创新收益能够收敛到私人投资者(即企业性质的投资者)那里。

基于上述创新阶段研究创新收益，有助于明确创新投入的主体。科技创新链的最前端，即知识创新阶段，是科技创新的源头。这个阶段的创新成果具有基础性、公益性和公共性，得益者是全社会，不可能收敛到某个私人投资者。因此这个阶段的创新投入主体无疑是代表社会利益的政府，以及公共基金。而在科技创新链的下游阶段，创新收益具有明显的收敛性，谁投资谁受益。因此这个阶段的创新投资主体毫无疑问是企业。而在创新链的中游阶段，创新收益和创新投资的主体需要特别关注。应该说，研发的新技术，无论是转让还是用于创业，都可能有明确的私人受益者，相应的就应该有明确的私人投资者，哪怕是风险投资者。而且，孵化出的新技术必须要具有商业价值和产业化价值，能够确定其商业价值的只能是企业。这意味着产学研合作创新平台的建设、孵化器的建设的主要投资都必须由企业承担。这就是说，企业应该成为孵化新技术的主体。但是，孵化出的新技术具有外溢性，社会也可能得益，因此作为社会利益的代表的政府也有必要参与，提供孵化器建设的引导性投资。

第二节 创新成果的价值形成及其在创新链中的价值增值

创新成果的总价值应该是整个创新链的结果，但创新链包含多个阶段，每个阶段都会有创新价值形成，而且创新链的一个阶段向下一个阶段转变时上一个阶段都可能取得创新收益。

由创新的上游阶段向中游阶段转变的关键在于，大学、科研机构及其科学家进入研发阶段。大学参与研发的目标与企业不完全相同，科技水平及其成果价值是其追求的主要目标。因此，其进入产学研协同创新平台的创新收益与一般的企业收益不完全相同，主要是指其延续科学研究所需要的资金投入，以最终充分实现其科学研究的价值，以及研发出的新技术的知识产权的归属或分享。因此，把大学及其科学家吸引到协同创新平台的吸引力，就是为之提供充分的延伸研究的资金和相关的条件，并且享有知识产权，以之作为参与创新收益分配的依据。

创新的中游阶段即研发阶段是形成创新成果价值的基本环节。对期间的创新价值的形成，可借助马克思主义经济学中的价值分析方法，总价值为 $c+v+m$。在这里作为转移价值的 c 包括两个方面：一是知识创新成果，其价值是巨大的，但对某个创新过程来说，其价值不可能一次性都进入，只是部分地进入，可以看作是科学成果的转移价值。二是研发投入。在我国最近调整的国家统计口径中，研发投入已被列为固定资本形成。创新价值的新创造部分即 $v+m$ 部分，包含两个要素：一是创意。①"基本要素是想象力或创造力,对可能开发和推广的还没有人想到过的事物的构想。"②二是创新过程中的人力消耗。这样,创新成果的价值包括:新创意的价值,孵化新技术所需知识的价值,用于研发的人力和物力投入。所有这些就形成创新成果的基础价值。由于某项创新成果基本上是以研发新技术阶段为开端的,因此创新链中孵化新技术阶段处于价值链的高端。当然研发阶段的创新成果价值是潜在的,以后的各个阶段的创新行为,或者是实现其市场价值,或者是给其增值。

由创新的研发阶段进入采用新技术阶段时,研发阶段创新成果价值的实现分两条途径:一个方面是创新成果在转让中实现价值,另一个方面是创新成果在创新者那里实现价值。价值实现的量在两个途径是不一样的。

先分析创新成果的转让。新技术实现价值的形式表现为知识产权报酬形式,其路径:一是通过技术交易转让技术。实际上是将新技术一次性买断。二是以知识产权入股,创新者依其知识产权分享转让企业的股权和分享分红的方式实现价值。对创新者来说,新技术转让出去了,其新技术能否最终实现价值的风险也转让出去了。问题是技术市场比商品市场的信息更不对称,就会产生两种情况:一种情况是价值低估。买方对新技术的价值并不充分了解,而且新技术正因为新,没有比较,交易时信息不完全,其结果往往是低估新技术的价值。即使是入股,所折的股权也常常是低估的,因此新技术价值不能完全实现。尤其是知识产权保护不严格,会进一步降低其价值的实现。当然,创新成果转让时规避风险也可在一定程度上抵消价值的低估。另一种情况,如果新技术的信息是完全的,尤其是其可能获得较高的市场价值的信息是明显的,其交易价格一定会很

---

① "直到今天,政策制定者和评论家都分不清现代经济体、欠发达经济体和非现代经济体的差异。他们将所有国家的经济(包括高度现代的经济)都视为产品制造机器。只不过效率不同,某些国家只是在自然条件或政策上存在缺陷。但仔细观察,我们会发现现代经济体的某些独有特征,那就是创意。"([美]费尔普斯:《大繁荣:大众创新如何带来国家繁荣》,余江译,中信出版社2013年版,第25页)

② [美]费尔普斯:《大繁荣:大众创新如何带来国家繁荣》,余江译,中信出版社2013年版,第31页。

高,买者一定要付出比协同创新参与者更高的代价。

再分析创新成果在创新者那里实现价值,主要有两种场合:一种是参与产学研协同创新的企业将其创新成果在本企业中采用并实现其价值,另一种是科技人员带着创新成果进行科技创业。现实中还有风险投资者搜寻到创新成果,对创新者进行风险投资,推动其创业。应该说,这也属于创新者努力实现创新价值的范围。在这种场合,与创新成功转让不同,创新者的创新收益尚未得到,需要有个进一步的实现价值的过程,也就是科技创业过程,既充满风险,又可能增值创新成果价值。

创新成果在创新者那里实现无疑要承担风险。用信息经济学方法对创新投入的各个阶段作风险—收益比较:就风险程度来说,创新投入的阶段离市场越近,信息越是完全,风险越小;离市场越远,信息越不完全,风险越大。就投资的潜在收益来说,越是靠近市场,竞争越激烈,潜在收益越小;离市场越远,竞争越不激烈,潜在收益越大。归结起来,科技创新成果从产生到进入市场全过程各个阶段的创新投入的风险和收益是对等的,都是由高到低的序列。这就是说,在科技创业阶段(包括企业采用新技术的初期阶段)风险是最大的,潜在收益也是最大的。正因为如此,风险投资者就应运而生。

在科技创业阶段,由于风险投资者的介入,其投入的资本无疑要作为 c 的部分叠加到创新成果价值中去。更为重要的是,风险投资者的目的是从企业股权转让中获利。为此,不仅要实现创新成果的潜在价值,还要使其市场价值最大化。他们不仅要对科技创业者进行市场辅导,也对创新成果进行适应市场的包装,把不确定性降到最低,使企业创业成功。所有这些行为都是使创新成果价值实现增值的行为。只要能取得成功,一般都能得到高收益。创业企业上市后的市场评价就是创新成果的市场价值,就是创新成果价值的现实表现。这就是说,利用创新成果创业的企业获得的创新收益,不只是实现创新成果的潜在价值,而是实现创业企业整体的市场价值。

科技创业成功就进入企业采用新技术阶段,其目标不仅是采用新技术,还要推进新技术产业化。在这个阶段,创新者,无论是产学研协同创新中的企业,还是进行科技创业的科技人员,都会采取一系列的价值行为在此过程中企业可能通过不断调整适应目的的手段的方法,理性地指导创新行为。

首先是要对创新成果继续进行改良性技术创新,既要根据市场和创业需要对创新成果的生产流程以及产品性能、外观等方面进行改良,又要从中衍生新的产品。

其次是进行商业模式创新和市场营销创新。成功的创新不仅要靠领先的技术,而且还要有出色的商业模式创新相辅。原因是:一方面,为技术创新而增加的成本可以因商业模式的创新得到消化;另一方面,发现一个新市场需要以相应的商业模式去开拓和扩大,这样创新产品才会因商业模式的创新而为市场所接受并能扩大创新产品的市场。商业模式创新可以界定为:企业利用科技创新成果,适应市场环境所作的市场关系、市场行为和相应的经营组织架构的调整,目标是使创新成果的市场价值最大化。商业模式创新可以形成一种核心竞争力。

根据上述分析,创新者在实现创新成果价值过程中的创新行为,不只是实现其价值,还是创新成果价值的增值服务。这样创新成果在被采用并进入市场时,其价值在经过一系列的增值行为后包括如下部分:一是孵化出的新技术所包含的创新成果价值;二是改良性技术创新不断增大其技术含量(技术价值),从而增加创新成果价值;三是创业投资(包括风险投资)及其创业行为增加的价值;四是商业模式创新和市场营销创新所增加的价值。所有这些就形成创新成果的总价值(如下图)。

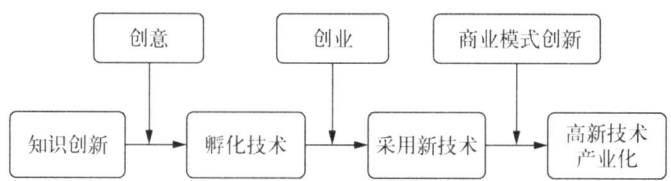

这样，通过从研发出的新技术到最终被采用并进入市场的全过程分析，某项创新成果的价值不能被简单理解为其交易价值，需要理解为经过多个阶段的最终价值。科技创业、风险投资、营销都是围绕这个创新成果来运动的。知识产权收益只是对创新者的报酬，不是创新成果的全部价值。创新创业全过程所有的努力都是要使创新成果价值最大化，创新成果的价值会由于上述创新而叠加。虽然创新创业有风险，并不是都能成功，但其间的各种努力都是要规避风险。

以上分析的创新者实现创新价值的过程，同样适用于购买了新技术的企业，这些企业在购买了新技术后也需要继续对新技术进行改良性创新，也需要进行市场创新，也需要规避风险并使创新成果价值增值。

第三节 科技创新各个阶段的资本主体及其价值追求

上述科技创新链分析表明，创新由上游进入中游阶段以及由中游进入下游阶段，再由下游进入高新技术产业化阶段，关键在各个阶段之间的过渡以及相应的资本的推动。具体地说，由知识创新阶段进入孵化新技术阶段，关键在科学研究成果的转化，在这里起作用的是知识资本。由孵化新技术阶段转向采用新技术阶段，关键在科技创业，在这里起作用的是风险资本。由采用新技术阶段转向高新技术产业化阶段，关键在商业模式创新和市场创新，在这里起作用的是企业家的人力资本。显然，从整个创新链分析，科技创新的全过程是科学家的知识资本、企业家的人力资本和风险投资家的金融资本的集合。这三类资本在创新的不同阶段都有追求自身价值的要求。如果要用劳动价值论来说明，这三类资本的活动都是复杂劳动，能比简单劳动创造更高的价值。科技创新的每个阶段的参与各方都有价值追求。明确这一点，对建立产学研各方互利共赢的体制机制、形成创新的利益共同体具有重要的意义。

孵化新技术离不开知识资本。在这里不是指知识的创造，而是指知识向技术的转化。知识资本的作用在新增长理论中有明确的规定，该理论将知识作为一个独立的要素引入增长模型，并认为知识的积累是现代经济增长的重要因素。知识不仅形成自身的递增效应，而且能够渗透于资本和劳动力等生产要素，使资本和劳动力等生产要素也产生递增收益，从而使整个经济的规模收益递增。推动技术进步的知识是厂商进行投资决策的产物，厂商为了实现技术进步必然要将投资投向知识部门。对研究部门的投资是效益最高的投资。研究与开发费用的支出总额及其比重是衡量研究部门投入的重要指标。研发投入所产生的知识资本也就成为固定资本而对多次创新起作用。

知识形态的资本进入孵化新技术领域需要引导性投入，实际上是以知识招资本，不仅要吸引企业的研发投入，还需要政府的投入。原因是以科学新发现孵化的新技术有外溢性，创新投入的资本的边际生产率具有递增效应，能提高全社会的生产率。这是知识生产和转化的外部正效应，其社会效益明显高于私人效益。而且，孵化新技术是风险投资，并不都能成功，私人投资往往对其望而却步。这种情况下，就提出了政府参与知识创新及其与技术创新协同过程的要求。政府作为社会利益的代表，有责任参与并支持知识生产和新技术研发。政府为了推动科技创新，向孵化新技术环节投资就十分必要。当然政府对建设孵化器之类的孵化新技术的投资是引导性的，不可能代替企业的投资。

科技创业既然是创办科技企业，就需要创办企业的基本要素，如资本和劳动，但科技创业的起始条件是知识、技术及其专利之类的科技成果。这是科技创业之源。科技人员创业一般是有技术和知识产权，但缺乏创业资本。由于科技创业存在风险，高风险可能有高收益，因此创办科技企业所需要的资本一般是风险投资。同一般的创业以资本招（雇佣）劳动和技术不同，科技创业是以技术和知识产权招（雇佣）资本。这意味着在科技创业中，知识资本和人力资本对创业起着决定性作用，尽管物质资本不可或缺。硅谷的成功之道是,除了靠近大学外,更为重要的是活跃着一批风投公司,可见支持科技创业的风险投资的重要作用。我国目前为支持科技创业,地方政府都会安排一部分支持性投入,但更多的还是要靠风险投资公司的投资。即使是政府投入,也需要市场化运作。因此,顺畅的风险投资(创业投资)渠道,为有技术而缺资金的项目提供风险投资,是科技创业得以成功的关键。没有活跃的风险投资,就不会有活跃的科技创业活动。正如奈特所指出的:"在现代经济中新企业的创建和建成后企业的经营之间的分离的趋势很明显。一部分投资者创建企业的目的是从企业的正常经营中得到收益。更多的人则期望从建成后的企业的出售中获得利润,然后再用这些资本进行新的风险投资活动。"在现代经济中,虽然创业投资存在不确定性,但"相当多的且数目日益增加的个人和公司将其主要精力放在新企业的创建上"[①]。其目的不是追求做股东取得股权收益,而是追求股权转让收益,期望从建成后的企业的出售中退出,然后再用这些资本进行新的风险投资活动。这些风险投资者的存在可以说是现代经济充满创新活力的原因所在。

各类资本在科技创业中的作用不是半斤八两相等的。在科技创业初期,以科技成果和创意表现的知识资本起着主导作用。有了科技成果,有了创意,才会有创办企业的资本,创业的物质资本是被知识资本招来的。这种作用会在科技创业的利益分享和风险分担中反映出来。从创新成果的财产权利分析,依靠创新成果创业的企业的股权结构不能只是投入的资金份额,还必须包括科技创业者的知识产权和人力资本股权。创业成功,知识资本以其知识产权和股权必须分享收益。创业不成功,知识资本只是承担其创意没有成功的风险,但由于其不是物质资本投资者,只是承担其创意价值没有实现的风险,相对来说经济风险较小。而对风险投资者来说,创业项目是其选择的,风险投资收益有明显的收敛性,因此其应

---

① [美]奈特:《风险、不确定性和利润》,中国人民大学出版社2005年版,第187页。

该承担全部的投资风险。风险投资公司之所以愿意承担风险,原因是其投资在多个创新创业项目上,其中某个或几个项目一旦成功会有大的收益,足够弥补创业失败项目的支出。

从科技创业到进入采用新技术阶段直至高新技术产业化阶段,企业家的人力资本作用就明显提升。科技创业不只是组织科技创新活动,还要经营企业,参与市场活动。科技创业者一般是个团队,团队里的科技人才是多方面专业人才的集合,除此以外还需要有经营管理、市场和销售人才,这意味着科技创业是各类人才的共同创业。在这里企业家的人力资本功能,就不单纯是其运行的物质资本的价值增殖,而是包括创新成果在内的科技企业的整体价值的增值。运行成功,创新成果价值就能增值;运行失败,可能会使创新成果丧失殆尽。

为了与一般的企业家相区别,有必要将科技创业中的企业家称为科技企业家,他们不仅具有一般企业家的精神和素质,还具有科学家的素养和视野。他们的科技创业具有长期行为。他们以其科技成果招来物质资本,包括风险投资(创业投资)和各类贷款,他们招来的风险资本在初创成功、在创业板市场上市后可能退出,但他们不能就此停止,还要继续经营企业。他们要把创新成果应用于企业,并把它推向市场充分实现其潜在价值,之后还需要进一步创新,包括对创新成果的改良性创新以及商业模式的创新,所有这些行为都会使创新成果价值进一步增值,实现高新技术产业化。因此,科技企业家同时也是创新者。在这里,创新和创业是融为一体的。

一般的靠物质资本组织起来的企业运行目标很明确,就是谋求资本利润最大化。而依靠科技成果创业的企业,一方面,它是知识资本、企业家人力资本和风险资本的集合,另一方面是整个经营团队创业。科技创新和创业是融为一体的,参与者对创新价值有共享的要求,都有实现自身价值的要求。创新的信息资源的共享导致创新成果的共享,因此,其中无论是哪一个参与者的收入,都依赖于整个创新成果及企业的整体价值,每个创新参与者只有在创新企业的整体价值提升中才能得到利益。科技创业成功、企业价值的整体提升,就成为所有创业者的共同利益追求,即使是风险投资者,他也不能单纯作为资本所有者在其中获利,只有在创办的科技企业上市或股权转让后才能得到自己的收益。其知识资本和人力资本价值可以随着企业市场价值的提升而提高,创业者的收入与企业在股票市场上的市场价值紧密联系起来,将来企业一旦上市或出售给大公司,其潜在的市场价值十分可观。因此,科技创业企业所追求的目标是依靠创新提升企业的整体价值。这样,科技创业企业,不同于风险投资者只是从建成后的企业出售中获利,不同于一般的资本所有者只是追求企业利润最大化,不同于一般的经营者只是追求经营规模最大化,而是追求科技企业的创新价值。

虽然科技创业企业在创业时是以某项创新成果起步的,其运行也着力于该项成果的价值实现,但其企业一旦创办就不只是经营这一项创新项目,而需要进一步研发新技术,甚至在企业中建立新技术孵化器。从企业的长期发展考虑,企业也可能需要进行转型,甚至在原有创新成果在即将进入生命周期的衰落阶段前创造性毁灭自己。这正是当年熊彼特所定义的企业家的现实体现。在这里,科技企业家的作用会进一步强化。

基于以上分析,在科技创新创业的全过程中,各个主体有各自的价值追求和相应的功能发挥。知识资本追求创新成果价值的实现,正是其创意与新的知识和技术成为科技创业的初始要素。风险资本追求风险收益,期望从建成后的企业的出售中获得利润。科技企业家追求科技企业的成长和长期发展,在实现创新成果价值的同时不断创造科技企业的新动能。对科技创业中的各类资本的功能区分,对现实的创新创业激励体制和政策的设计会有重要的意义。如下图:

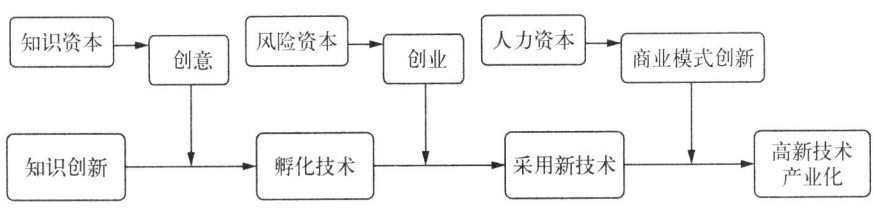

通过以上分析也可明确政府介入创新的不同阶段的强度。基础研究的投入必须要由政府足额投入。在进入新知识孵化新技术阶段，政府仍然应该继续投入。由于这个阶段企业成为了投资主体，政府不可能也没有必要全部投入，因此政府在这个阶段的投入主要是引导性投入。在高新技术孵化阶段的引导性投入的作用，是吸引大学和企业在孵化高新技术领域对接，体现政府的集成创新作用。例如政府选择大学与企业合作研发的高科技项目给予启动性资金支持。这种投入实际上起着风险投资作用。在我国专事风险投资的公司还没有较大发展，其投资行为还缺乏长期性的情况下，政府承担起引导性的风险投资功能，不失为一种推动科技创新的手段。当然政府进行这种风险投资不能完全采取行政手段，通过基金形式进行市场化运作效率会更高。

第十一章　创新型国家和创新型区域

中共中央、国务院印发的《国家创新驱动发展战略纲要》明确提出到2020年进入创新型国家行列、到2030年跻身创新型国家前列、到2050年建成世界科技创新强国"三步走"目标。十八届五中全会通过的十三五规划建议又进一步要求在"十三五"期间形成若干具有强大带动力的创新型城市和区域创新中心。这样，创新发展的目标有了空间的要求。现实中，各个地区在实施创新驱动战略时纷纷提出建设创新型省份和创新型城市的奋斗目标。实践对创新发展理论研究提出的一个要求是，根据国内外科技创新的实践和经验，对创新型国家和创新型区域的含义与标准进行描述。

第一节　创新型国家

半个世纪以来，世界上涌现了一批创新型国家，其特点是把科技创新作为基本战略，大幅度提高自主创新能力，形成日益强大的竞争优势。当前，公认的创新型国家主要有美国、芬兰、丹麦、日本、德国、英国、瑞典、瑞士、加拿大、荷兰、新加坡、法国、奥地利、以色列、比利时、澳大利亚、冰岛、挪威、爱尔兰、意大利等 20 个国家。上述这些创新型国家都是创新能力强的发达国家,也都是创新绩效较高的国家。

一、创新型国家的概念、内涵及特征

创新型国家不仅要求创新能力强,创新效率高,而且要求具有支持创新的良好经济社会环境和完善的国家创新体系,创新能够支撑经济社会发展的需要。[1]

国家的创新活动即为影响一国创新的开发、扩散和使用的因素。Edquist 在早期学者分析的基础上,依据关于国家创新过程及其决定因素的知识,以一国创新过程的知识输入、需求方要素、国家创新系统要素的提供和对国内创新企业的支持服务等要素,总结如下:(1) 研究与开发(R&D)的提供,创造新知识,主要在工程、医药和自然科学领域。(2) 在创新和 R&D 活动中使用的劳动力的竞争力建立(提供教育和培训,人力资本创造,生产和再生产的技能,个人学习)。(3) 新产品市场的形式。(4) 关于新产品的来自需求方质量需求的清晰度。(5) 组织的创造和变化需要创新新领域开发。(6) 通过市场和其他机制网络,包括创新过程涉及(潜在地)的不同组织之间的相互学习。(7) 制度的创造和变化。例如环境和安全规则,R&D 投资程序等,通过提供创新的激励或障碍影响创新组织和创新过程。(8) 孵化活动,例如为新创新努力提供接入基础设施、管理支持等。(9) 创新过程和其他活动的财政支持以能够方便知识的商业化和采用。(10) 为创新过程提供相关的咨询服务,例如技术转移、商业化信息和合法的建议。

---

[1] 参见宋河发、穆荣平、任忠宝《国家创新型城市评价指标体系研究》,载《中国科技论坛》2010 年第 3 期。

根据文献的总结得出创新型国家主要有六个基本特征：

（1）研发投入能力强。国家在研究开发活动中投入的经费和人力规模较大，强度较高，并且在科学研究及高技术产业领域的产出均处于世界领先水平。R&D 资金投入占 GDP 的比重都在 2% 以上。以 2007 年为例，日本和美国的 R&D 投入分别占其 GDP 的 3.44% 和 2.68%，瑞典和芬兰也都超过了 3%。根据世界银行统计，在全球 R&D 投入中，美国、欧盟、日本等发达国家占 86%。

（2）创新产出能力强。创新产出能力主要表现在科技论文、发明专利和高技术产业产出三个方面：三大检索机构收录的本国科技论文数居世界前列，本国科技论文影响因子较高，人均居民发明专利申请量较多，高技术产业创新能力较强。世界公认的 20 个创新型国家拥有的发明专利总数占全世界的 99%，而仅占全球 15% 的人口的富国却拥有世界上几乎所有的技术创新成果，科学成果在世界级科技出版物中占的比例高达 87% 左右。

（3）科技进步贡献率高。科技创新作为促进国家发展的主导战略，其对经济社会发展支撑力强，技术自给率较高，对外部技术的技术依赖性较小，科技进步对经济发展的贡献率较大，一般在 70%。

（4）自主创新能力强。自主创新能力代表了一国的创新能力。国家创新能力被用来衡量一个国家长期促进新技术产业能力的高低。国家创新能力不仅对一个国家的产业竞争力尤其是高技术产品的国际市场份额产生直接影响，而且还决定着一个国家未来的经济发展潜力。[①] 研究表明，目前的创新型国家，对引进技术的依存度均在 30% 以下。

（5）具有支持创新的基础设施和社会文化。教育比较发达，教育投入占 GDP 比例较高，互联网渗透率代表的信息技术发展水平较高，知识

[①] 参见 Furman, Porter, Stern, "The determinants of national innovative capacity", *Research Policy*, 2002(31):899-933。

产权保护比较充分,社会文化支持创新,企业在与政府官员和其他企业打交道时存在不符合法律规定的行为较少,企业能够较容易得到风险资本投资。

(6)国家创新体系完善。国家创新体系比较完善,把各种资源有效整合起来,具有支持创新的科技管理体制,政府财政科技汲取能力较强,大学和科研院所的原始创新能力较强,企业是技术创新的主体,企业研究开发经费在全部研究开发投入中的比例较高。

二、国家创新系统

"国家创新系统"概念的提出,首先见于弗里曼(Chris Freeman, 1987)关于日本经济起飞的经验研究中。他认为,国家创新系统由企业、科研机构和高等院校组成,其基本含义是:由与知识创新和技术创新相关的机构和组织构成,包括公共和私有部门构成的组织和制度网络系统,其活动是为了创造、扩散和使用新的知识和技术,终极目的是推动企业的技术创新。该系统有四个因素:政府政策的作用,企业及其研究开发努力的作用,教育和培训的作用以及产业结构的作用。继弗里曼提出国家创新系统理论后,伦德瓦尔认为国家创新系统是一个在新知识价值创造的过程中,随着知识的生产、扩散和使用而根植于一国领域内的相互作用的一系列要素和关系构成的集合体。伦德瓦尔的方法论侧重于从微观创新活动的角度来分析国家创新体系,"互动学习"、"用户—生产商互动"和"创新"是其研究的主要内容,其研究考察了国家行为对"用户—生产商互动"的影响以及这种影响会如何左右一国的经济绩效,并由此发展出一种不同于新古典经济学的研究范式。

1993年,美国经济学家纳尔逊在研究美国和日本等国家与地区的资助技术创新的国家制度体系,特别是知识经济初现端倪之后,进一步完善了国家创新体系的概念。他将企业、研究型大学和政府实验室等促进知识创造与扩散的组织视为创新的主要来源,并将企业、大学与国家科技政策之间的互动作为国家创新体系的核心,其研究的重点是知识的创造对国家创新体系的影响。在纳尔逊看来,每个国家都有其国家创新系统的结构;与此相适应,国家创新体系中不同主体所发挥的作用、所要解决的问题、资助国内企业的程度以及资助来源的属性也各不相同。这在一定程度上解释了国家间经济绩效差别的成因,另一方面则暗示各国政府需要努力寻找各自创新体系的特点与不足,优化创新资源的配置,协调国家的创新活动互动,以改善一国的经济和建设创新型国家。

Edquist 在国家创新系统(SI)的基础上提出了"发展型创新系统"概念(System of Innovation for Development, SID)[1],即专门适用于发展中国家现状和问题特点的国家创新系统,并总结了"发展型创新系统"与国家创新系统的四个关键性区别:对于产品结构的影响,产品创新比工艺创新更重要,渐进性创新比根本性创新更容易获得成果,对扩散技术的吸收比进行原始性创新更重要,在中低技术领域的创新比高技术领域的创新更易取得突破。发展型创新系统更加强调公共创新政策在发展中国家中的作用。发展中国家市场不完全,市场失灵现象较发达国家更加严重;知识水平低,教育与培训对于知识经济发展的作用也更大;经济水平低,缺乏自我更新升级的物质基础及动力,因此,政府应该制定合理的政策解决现存的经济与社会问题,为产出结构升级提供机会和动力,为创新发展提供条件。发展型创新系统更加适用于发展中国家的国情,对于发展中国家的政策制定具有重要的理论价值。

---

[1] 参见 Edquist, C., *Systems of Innovation for Development* (SID), Background Paper for the UNIDO World Industrial Development Report (WIDR), written for Investment Promotion and Institutional Capacity-building Division, Industrial Policies and Research Branch, United Nations Industrial Development Organisation (UNIDO), 2001, p. 199。

三、创新型国家评价指标

（一）创新型国家的国际评价

欧洲创新记分牌（European Innovation Scorebord，EIS）由欧盟创新政策研究中心制定，从2001年开始对欧盟各国的国家创新能力进行全面评价，到目前为止已经修订了六次。EIS被认为是当前最全面最成熟的国家创新能力评价体系。在欧洲创新记分牌的基础上，欧盟于2006年推出全球创新记分牌（The Globle Innovation Scoreboard，GIS），对全球主要国家的创新能力进行了评估。除欧盟国家外，还评价了美国、日本等发达国家，以及包含中国在内的"金砖四国"等新兴经济体。

《2006全球创新记分牌》从创新驱动力、知识创造、扩散、应用和知识产权五个方面，对国家创新能力进行评估。全球创新记分牌的选择样本超出了欧洲的范围，因为跨国数据收集比较困难，因此仅用了EIS 24个指标中的12个二级指标进行评价。《2008全球创新记分牌》进行了进一步修订，将五个支柱因素合并为三个，即公司活力和产出、人力资源以及基础设施和吸收能力。EIS和GIS一直延续了创新能力评价的投入产出框架，突出科技人员数目、高等教育水平、R&D强度、信息基础设施和知识产权等要素。《2008全球创新记分牌》对全球48个典型国家在1995年和2005年的创新绩效进行了统计分析，按照2005年创新指数和这10年中创新指数的增长率两个维度，将这些国家分为四个群组：第一类是创新领导型，包括瑞典、瑞士、芬兰、以色列、日本和美国；第二类是创新跟随型，包括丹麦、韩国、加拿大、德国、荷兰、新加坡、法国、奥地利、挪威、英国、比利时、澳大利亚、卢森堡和欧盟27国；第三类是中等创新型，包括新西兰、爱尔兰、西班牙、斯洛文尼亚、意大利、捷克共和国、爱沙尼亚和俄罗斯联邦、葡萄牙、希腊、立陶宛和匈牙利；第四类是创新追赶型，包括中国、塞浦路斯、斯洛伐克共和国、保加利亚、土耳其、波兰、巴西、墨西哥、阿根廷、印度、拉脱维亚和罗马尼亚。

最新的创新国家评价指标即全球创新指数,由欧洲工商管理学院(INSEAD)和印度工业联合会(The Confederationof Indian Industry,CII)于2011年共同研制,旨在评估各国和地区针对创新挑战作出的反应,为企业领袖与政府决策者了解国家竞争力可能存在的缺失与改进方向提供参考。全球创新指数体系由投入和产出两大部分构成(见图6.2)。在投入部分中有五个支柱性指标,分别是机构及政策变量、人力资源能力、信息通讯及其他基础设施、市场成熟度和商业成熟度。投入指标衡量一个国家创造新思想,以及将新思想转化为新产品和服务的能力。在产出部分中有三个支柱性指标,分别是知识、竞争和财富,产出指标隐含了运用知识激发全球竞争、促进经济繁荣的假设。《全球创新指数报告》共有93个定性和定量指标,定量指标的数据来源于世界经济论坛、经合组织、世界银行和国际电讯联盟,定性数据来源于各国的创新调查,这些数据最后统一换算成1—7之间的分值,将所有分指标的值求和,就得到该国的总创新指数。

GII超越了过去以研究开发经费和专利数目等作为衡量创新能力的指标的传统方法,尤其强调各经济体为创新提供的支持因素,包括政策、人力资源、科技与信息基础设施、市场与商业管理先进程度等。同时也衡量创新所产生的经济效果,包括知识的创造、竞争力以及财富的创造等方面。GII(2013)显示,在全球130个国家和地区排行榜上,创新能力排名前10位的国家和地区依次为瑞士、瑞典、英国、荷兰、美国、芬兰、香港、新加坡、丹麦、爱尔兰(Cornell University, INSEAD and WIPO, 2013)。中国大陆排名第35位,在八大支柱因素中,我国最弱的支柱因素是制度,排在第113位。

综上,创新型经济的标杆是多方位的,简略可归纳为:(1)资源禀赋相似型标杆,经济规模和富裕程度在决定创新体系方面起着十分重要的作用①;(2)路径依赖相似型标杆,即历史发展道路相似的标杆,如

---

① 参见[美]理查德·R.纳尔森《经济增长的源泉》,中国经济出版社2001年版,第89页。

技术追赶型国家韩国等;(3)特定发展策略相似型标杆,以某些国家、地区、城市、企业的成功策略为借鉴对象,如日本的技术立国战略、硅谷的以科学园区为创新发展的载体、伦敦的创意城市建设、三星的模仿创新等。此外,在全新的创新经济态势下,全球面临人类从未有过的新产业、新路径,此时全世界各国站在同一新的起跑线上,大家没有相似型标杆可依赖。

(二)创新型国家的国内评价

科技部(2009)制定的《创新型国家评价指标体系》,由创新资源、知识创造、企业创新、创新绩效和政策环境等五个方面构成,包括5个一级指标和31个二级指标。前4个一级指标对应20个二级指标(定量统计硬指标);第5个一级指标"创新环境"由11个调查指标(定性评分软指标)组成,全部采用《全球竞争力报告》中的调查数据(11个软指标)。20个定量硬指标中,总量指标4个,相对指标16个。科技部创新指数显示,从综合评价指数得分看,我国在世界主要国家中处于中游水平,2006年(指主要采用2006年数据)在40个国家中排在第26位。在前4个定量一级指标综合得分上,我国排在第24位。其中,"创新绩效"得分居第16位;"企业创新"其次,居第17位;"创新资源"和"知识创造"均处于下游水平,在40个国家中均位居第37位,仅仅高于墨西哥、巴西和印度;在第5项定性指标"创新环境"上,中国排在第23位。

我国国家统计局社科文司《中国创新指数(CII)研究》课题组研究设计了评价我国创新能力的指标体系和指数编制方法,并对2005—2011年中国创新指数(China Innovation Index,CII)及4个分指数(创新环境指数、创新投入指数、创新产出指数、创新成效指数)进行了初步测算。测算结果表明,2005年以来我国创新能力稳步提升,在创新环境、创新投入、创新产出、创新成效四个领域均取得了积极进展。

表 11.1 中国创新指标体系框架

	指标名称	计量单位	权数
创新环境(1/4)	1.1 经济活动人口中大专及以上学历人数	人/万人	1/5
	1.2 人均 GDP	元/人	1/5
	1.3 信息化指数	%	1/5
	1.4 科技拨款占财政拨款的比重	%	1/5
	1.5 享受加计扣除减免税企业所占比重	%	1/5
创新投入(1/4)	2.1 每万人 R&D 人员全时当量	人年/万人	1/6
	2.2 R&D 经费占 GDP 比重	%	1/6
	2.3 基础研究人员人均经费	万元/人年	1/6
	2.4 R&D 经费占主营业务收入的比重	%	1/6
	2.5 有研发机构的企业所占比重	%	1/6
	2.6 开展产学研合作的企业所占比重	%	1/6
创新产出(1/4)	3.1 每万人科技论文数	篇/万人	1/5
	3.2 每万名 R&D 人员专利授权数	件/万人年	1/5
	3.3 发明专利授权数占专利授权数的比重	%	1/5
	3.4 每百家企业商标拥有量	件/百家	1/5
	3.5 每万名科技活动人员技术市场成交额	亿元/万人	1/5
创新成效(1/4)	4.1 新产品销售收入占主营业务收入的比重	%	1/5
	4.2 高技术产品出口额占货物出口额的比重	%	1/5
	4.3 单位 GDP 能耗	吨标准煤/万元	1/5
	4.4 劳动生产率	万元/人	1/5
	4.5 科技进步贡献率	%	1/5

注：根据创新能力指数排名，我国 31 个省区市创新能力明显分为三个梯队：第一梯队：沪、京、苏、粤 4 省市；第二梯队：津、鲁、浙、辽、鄂、陕、川、闽 8 省市；第三梯队：其他 19 个省区。

创新指数包含创新资源、攻关能力、技术实现、价值实现、人才实现、辐射能力、持续创新和网络能力等八个创新要素方面，下设 39 个具体指标，它们又可以用自主创新综合产出能力和创新网络组织活动能力这 2 个因子来解释，共同构成综合指数、创新因子、要素指数和创新指标等多个层面的创新研究公共信息平台。

中国创新指标体系分成三个层次：第一个层次用以反映我国创新总体发展情况，通过计算创新总指数实现；第二个层次用以反映我国在创新环境、创新投入、创新产出和创新成效等四个领域的发展情况，通过计算分领域指数实现；第三个层次用以反映构成创新能力各方面的具体发展情况，通过上述四个领域所选取的21个评价指标实现。

四、创新型国家的国际案例

(一) 德国

德国地处中欧，人口8000多万，人均GDP已达4万余美元，国土面积不到40万平方公里。德国属于自然资源相对贫乏的国家，在工业原料和能源方面主要依靠进口。农业用地约占德国国土面积的一半，农业就业人口约占总就业人数的2%。在完成统一后，德国进入高速发展阶段，已成为高度发达的工业国，世界最有影响力的汽车品牌奔驰、宝马、大众都属于德国，其医疗领域和技术创新能力名列世界前茅。

目前，德国形成了以企业研发为主线，大学研究及其他非营利研究机构为重要支撑，技术服务中介起链接作用的科技创新体系。[1] 德国研发投入的2/3来自企业。80%的大企业拥有独立研发机构，中小企业成立了联合研究机构，实现资源共享，降低研发成本。大学研究机构是基础理论和应用研究的重要力量，同时是为国家培养后备科研队伍、保障科研可持续发展的基地。非营利研究机构是德国从事科技创新的专业力量。除马普学会(MPG)、弗劳恩霍夫协会(FhG)、赫尔姆霍茨协会(HGF)和莱布尼茨学会(WGL)四大骨干国家科研机构外，德国还有工业技术联合会(AiF)和为政府部门提供专门研发服务的专业研究机构。德国国家技术创新与创业中心联盟及史太白技术转移中心在引导

---

[1] 参见孙殿义《政府在国家科技创新体系中的作用——德国创新体系建设对我国的若干启示》，载《中国科学院院刊》2010年第2期。

企业和科研机构的技术创新、与市场进行顺利对接的过程中起到了"润滑剂"的作用。

此外,德国的产业创新能力突出。德国的汽车制造业、电子电气工业、化学工业和机械制造业技术一直在世界范围内处于领先地位,相关产品做工细腻、品质精良。德国65%的工业企业属于创新型企业,明显高于欧盟东扩前15国各国水平;48%的服务业企业属于创新型企业,在欧盟15国中仅次于卢森堡。[①] 在产业形态上,工业经济呈集群式发展。鲁尔区是德国的传统煤钢工业区。慕尼黑(宝马汽车总部所在地)、汉堡、斯图加特(奔驰和保时捷总部所在地)、沃尔夫斯堡(大众汽车总部所在地)都形成了强大的制造业集群。柏林、莱比锡、德累斯顿则是德国东部的工业重镇。慕尼黑一带集中了新兴工业。

德国科技创新体系中职能机构的特色主要体现在科技行政管理部门、科技行政关联机构与公共科研机构三个方面。德国的科技发展行政管理职能基本按照基础研究和应用研究的界限集中于少数几个部门,其他部门虽然也存在科研活动,但规模较小,大都只是为了满足本部门工作要求,在科技发展中的作用相对有限。[②] 德国联邦教育与研究部(BMBF)是负责科研与教育活动的主要部门,BMBF下属的德国研究共同体(DFG)是联邦政府促进德国高校和基础研究活动的主要机构,对所有科学领域的研究活动提供资助,并协调大型公共研究协会的研究。联邦经济与技术部(BMWi)的科技发展职责范围涵盖能源、航空、交通等领域,并通过德国联邦工业研究协会(AiF)促进中小企业的发展。德国围绕科技政策制定、实施、评价全过程,普遍建立起了较为完善的科技行政关联机构体系。

---

① 参见张卫平《德国科技发展综述》,载《全球科技经济瞭望》2007年第7期。
② 参见陈强、鲍悦华《德语区国家创新体系的比较研究》,载《经济社会体制比较》2011年第1期。

德国科学委员会(WR)同时承担着科技政策咨询建议、评价和协调等多重职能。它主要关注科研机构和国家创新体系这两大领域的发展,通过对科研机构的绩效评估和对一些专业领域、学科的评价,为联邦高校和国家科研活动的发展提供建议。作为协调机构,WR还同时协调着科技政策制定者—科技界和联邦—州政府这双重关系。另外,公共科研机构在德国创新体系中发挥着不可替代的作用。在德国存在着大量自治的公共研究机构,它们是受政府机构资助的不完全公共组织,通常以集团化的形式存在,集团中存在着位于政府与这些研究机构之间的中间组织,即"学会",代表了德国科学研究的核心力量。通常学会间也有良好的分工,分别从事具有不同使命与性质的研究任务,主要包括从事国际顶尖基础研究的马普学会(MPG),从事能源、环境、健康、材料结构等领域重大问题研究的赫尔姆霍茨学会(HGF),从事应用和战略研究的弗劳恩霍夫学会(FHG)和从事人文与社会科学、空间科学与生命科学、环境科学研究的莱布尼茨学会(WGL)。每年,德国政府除了资助高等教育部门外,有很大一部分研发经费都投入了这些公共科研机构。

(二) 韩国

韩国地处东北亚,人口5000万,国土面积10万平方公里,人均GDP已达2万多美元。20世纪60年代,韩国经济开始起步。70年代以来,韩国经济持续高速增长,人均GDP从1962年的87美元增至1996年的10548美元,创造了"汉江奇迹"。如今,韩国经济实力雄厚,钢铁、汽车、造船、电子、纺织等已成为韩国的支柱产业,其中造船和汽车制造等行业更是享誉世界。大企业集团在韩国经济中居于十分重要的地位,三星、现代汽车股份有限公司、SK、LG和KT(韩国电信公司)等大企业集团创造的产值在其国民经济中所占比重超过60%。

韩国的创新属于大公司主导研发的创新模式。韩国的经济模式是大财阀主导型的,这种经济导致新生企业很难获得公平的竞争环境,以至于小规模的竞争者往往只能充当其供货商,无力创新。① 在产业集群方面,当属韩国大德科技园最为有名。大德科技园区重视基础研究等创新研发活动,其主导产业处于价值链的上游,企业以创新和研发活动为主。作为大德谷的研发核心区,大德科技园区是韩国最大的产学研基地和产业圈。经过近 40 年的发展,大德研发特区已经成为可与美国硅谷、日本筑波相媲美的科学城。它是韩国最大也是亚洲最大的产、学、研综合园区,被称为韩国科技摇篮和 21 世纪韩国经济的成长动力。②

韩国的科技创新体系由科技管理机构与科技研究机构两大块组成,与此同时政府强调产学研的联合创新。科学技术部主要负责制定科技发展政策,管理协调政府各部门、研究机构及企业的研发活动,促进核心技术、未来技术及大型技术的研究开发、科技发展预测、人才培养、信息提供及开展国际合作等。③ 2004 年韩国科技部长被提升为副总理级别,科技部下成立科技创新本部(副部级),科技部的地位与管理权限的提高从体制上解决了以往国家在科技管理上存在的条块分割、各自为政、重复投资等弊端,提高了国家科技资源的利用率。国家科技审议委员会的职能主要是制定、实施和调整国家科技远期规划以及政府对研究机构(基础技术研究会、公共技术研究会、产业技术研究会及其下属机构)资助的效果评价等。国家科技咨询委员会的职能是提出促进科技发展的有关制度建议,讨论总统赋予的科技领域的有关事项并答复总统的询问等。

为促进研发项目中技术难题的有效解决,韩国政府提供了财政和行政方面的援助与支持,并制定了一系列法律及优惠政策,激励产学研的互动合作。目前已经在共同研究、技术指导、技术培训、科研器材共用、关键技术信息服务及专利使用等方面形成了较为频繁的合作。

---

① 参见范硕、李俊江《韩国创新模式:大学、集群与创新体系》,载《亚太经济》2011 年第 2 期。
② 参见刘志彪、郑江淮、魏守华《创新型经济:特征、发展目标与发展战略研究报告》,2010 年研究报告,第 242 页。
③ 参见曹丽燕《韩国的科技创新体系》,载《科技管理研究》2007 年第 6 期。

第二节 创新型区域和创新型城市

区域创新体系(Regional Innovation Systems,RIS)的概念最早出现于20世纪90年代,Cooke最早对区域创新体系的概念进行了详细阐述:区域创新体系主要是由在地理上相互分工与关联的生产企业、研究机构和高等教育机构等构成的,支持并产生创新的区域性组织体系。[①] 这种互动当在一个区域内超越了企业自身,形成了大学、研究所、教育部门和金融部门等这些机构部门的频繁互动时,就可以认为存在一个区域创新体系。经济活动的空间集聚可以产生经济的集聚效应。现在发展创新型经济同样需要这种集聚区效应,这就是建设和发展科技创新园区。[②]

一、创新型区域

区域创新体系背后的中心思想是,区域经济的创新性能不只是取决于公司和研究机构的个体创新性能,而且还涉及这些组织相互作用的方式以及这些组织与产生和分配知识的公共区域的相互作用方式。纵观历史,技术创新都发生在具有相似特征的那些地区。这些地区的特点是没有丰富的固定资源,但是却具有一套发达的社会文化结构,支持理性的进步。可见,创新型区域具有其独特的特征。[③]

创新体系的潜力最重要的取决于以下两个要素:地理位置上的邻近和技术上的接近。地理位置上的邻近是指参与者在既定的空间框架内的定位,而技术上的接近是指纵向或横向互赖的企业在生产关系范围内部的联系。把这两种类型的邻近转换成以地域为基础的创新体系,要求它们在制度上组织和构建起来。David认为"创新集群"、"高科技集群"或

[①] 参见 Cooke, P., Heidenreich M. (eds), *Regional Innovation Systems:The Role of Governance in a Globalized World*,London UCL Press, 1994, pp. 55-62。
[②] 参见洪银兴《科技创新与创新型经济》,载《管理世界》2011年第7期。
[③] 参见 Hall, P., *Cities and Civilization*,Fromm International:New York, 2001, p. 302。

者"创新环境"具有如下特征:地理位置集中、高度专业化、公司数量众多(其中大部分为中小型公司)、进入与退出方便、高创新率,并且,网络化、专业化、进出容易、资源流动性等集群特征对创新有着特别的引导作用。与集聚有关的制度因素有:与公司实践相关的支持性社会文化特性,在集聚地支持这些公司的政府及私营机构网络,各公司建立在非市场交换以及市场交换基础上的紧密的后向、前向以及横向联系。①

根据国内学者的观点创新型区域的主要特征有四点:第一,创新型区域是创新型国家的组成和基础。第二,以自主创新为核心是创新型区域的发展路径。第三,创新型区域的发展动力是创新驱动。第四,创新型区域的发展主要依靠知识资本。②

创新型省份是中国区域创新的特色,既具备创新型国家的基本特征,又具有行政区域范围所决定的自身的独特性。创新型省份的定义为:在优越的社会文化、制度与体制、政策与法规的保障下,通过充分利用本省要素禀赋和国内外创新资源,以创新要素高度集聚、产学研紧密结合、创新主体充满活力为基本动力,形成拥有核心知识产权和国际竞争力的新兴产业集群区域,从而在省级行政区范围内实现科技创新驱动经济社会发展。③ 创新型省份的特征表现在以下几个方面:

(1)良好的科技成果转化体系和重要的创新平台。创新型省份建设的重点是处理好国家创新体系中技术创新体系(企业为主体)与知识创新体系(大学为主体)之间的有效衔接和协同。具体表现为:在全省范围建立多个有影响力的国家级和省级大学科技园,吸引省内外研究型大学进入建立大学研究院;在全省范围普遍建立研究型大学和企业共同建立的产学研协同创新平台,大学与企业、研发机构与大学实验室、科学家与企

---

① 参见 David, P., B. Hall, A. Toole, "Is Public R&D a Complement or Substitute for Private R&D? A Review of the Econometric Evidence", Research Policy, 2000(29):497-529。
② 参见王江红、薛风平《论创新型区域的特征、结构与建设》,载《理论学刊》2009年第1期。
③ 参见洪银兴《产学研协同创新研究》,人民出版社2015年版,第26页。

业家之间的互动成为制度性常态；全省拥有一批科技创新平台和载体，包括产学研协同创新平台、孵化器，以及公共性、公益性科技服务平台；各种创新要素向产学研协同创新平台集聚，孵化和研发新技术成为创新投资的重点环节，政府的引导性创新资金重点投向产学研协同创新平台，政产学研金共同建设的科技孵化器产生明显成效；在全省范围内科技与金融深度融合，一批达到规模的专业服务科技创新的风险投资公司活跃于全省各地，各级金融机构有足够大的资金投入科技创新领域；全省拥有一批科技服务机构，包括金融服务、软件服务、文化创意、科技服务、科技中介。

（2）良好的创新环境和体制。创新的制度环境和体制，是指制定和落实一系列鼓励创新的财税、人才流动、技术市场、技术奖励、技术标准、知识产权保护及高新技术产业发展等政策，从而形成系统完备的激励创新制度；创新文化不仅包括尊重知识、尊重人才和尊重创造的文化，还包括鼓励创新和允许失败的文化；创新环境还包括吸引高端创新创业者的良好生活环境和社会法治环境。

具体表现为：全省范围实施创新驱动的发展战略，经济发展方式转向依靠科技进步、劳动者素质提高和管理创新；全省范围制定并实施系统完备的激励各产学研主体创新的政策，如产学研合作互利共赢的创新收益分配体制；全省范围形成激励创新的公共服务环境和充分竞争的市场制度；全省范围制定并有效执行的知识产权保护制度；拥有鼓励创新、敢于创新、勇于创新、包容失败的创新创业文化；拥有吸引高端创新创业人才的宜居宜研环境；拥有良好的社会治安和法制环境。

（3）高端的创新价值链。知识具有公共物品的性质，重大突破性技术扩散的社会效应远远高于技术应用本身。创新型省份强调自主创新，但自主创新不等于封闭创新，而是开放式创新，即各个国家主攻相同方向的科技，所产生的新知识、新科技在世界范围内传播，在这一过程中吸收和引进新发明、新技术，可降低研发成本，加速进入世界技术前沿。对国外技术引进的消化吸收再集成创新，也属于自主创新范畴。

具体包括：引进外资不只是追求数量，而是追求外资技术和产业的先进性，需要吸引在全球处于产业链高端或前沿产业技术的跨国公司；利用中国高素质而又廉价的科学家和工程师队伍，积极吸引跨国公司在本区设立研发机构，增强本土企业向外资研发机构学习的机会；利用中国强大的生产制造能力、巨大的市场潜力，吸引国外新技术在本区产业化，孵化和培育全球领先的新兴产业；依托良好的基础设施和制度设计，吸引国际一流的创新创业人才到本地集聚，从过去注重吸引资本向注重吸引高端人才转变；除了"引进来"之外，还需要积极"走出去"，包括在国外设立研发机构，雇用国外先进技术研发人员，充分利用国外的创新要素，"不求所有，但求所用"。

（4）创新资源集聚、辐射力强的创新型城市。城市是区域经济社会发展的中心，是创新要素和资源的集聚地，是创新和现代文明的"摇篮"。创新型城市是指在新经济条件下，以创新为核心驱动力，主要依靠科技、知识、人力、文化、体制等创新要素驱动发展的一种城市发展模式，是具有创新示范和带动作用的区域性创新平台。

（5）创新型企业及具有国际竞争力的产业集群。培育创新型企业是创新型省份建设的关键任务，在全省技术创新体系建设中发挥着重要的示范、引领与带动作用。大力推进创新型企业建设符合创新驱动发展和创新型省份建设的要求，具有重要的战略意义。处于创新体系核心地位的企业有效地整合内部资源，并与大学和科研机构合作，是提高产业技术能力和国际竞争力的关键。具体包括：创新型省份的建设基础是企业成为技术创新的主体。全省普遍设立技术研发机构，不仅是技术应用主体，更是研发新技术的主体，创新和学习已成为企业发展的宗旨和根本途径；一批拥有自主知识产权和核心技术，整体技术水平居同行业领先地位，在市场竞争中处于标杆地位的企业；众多通过技术学习和模仿，或者在细分领域创新能力强的中小企业，如"隐型冠军"企业（效益佳的专业化中小企业）、新兴企业（国家优先扶持的创新型科技企业）、快速成长企业（增长性快的企业)等,与核心大企业共同构成创新型企业集群;企业创新活跃,不仅包括硬件的技术创新,还包括管理创新和文化创新,特别是商业模式创新,通过改变现有竞争领域的竞争规则取胜;在主导产业拥有多个产业技术共性平台,能提供产业基础性、公共性的重大攻关技术,形成产业创新的制高点;通过众多创新型企业,最终形成有自主知识产权、自主品牌和核心竞争力强的新兴产业集群,能够掌握全球产业技术的话语权。

对科技创新园区的评价不同于过去的工业区和开发区,不能以引进多少外资、产出多少 GDP 作为评价指标,而要以创新能力评价创新园区。其中包括:创新机构(研发中心和创投公司)的集聚度,创新要素(人才、风投、科技服务)的集聚度,战略性新兴产业的集聚度,孵化器的集聚度,有自主知识产权的新技术、新产品的产出水平。[1]

中国科技发展战略研究小组(2003)认为,区域创新能力评价的对象应该以省、直辖市为单位,并且不是评价某一个具体部门的业绩。区域创新能力涉及的因素多,如政府的科技投入、企业的创新能力、创新的环境因素等,因此,一个地区的创新能力是一个地区综合的能力,其能力高低并不对应于某一个具体部门。当然,有些部门在对本地创新能力的贡献上要重要于其他的部门,从而它会有更多的责任和义务也是事实。

中国科技发展战略研究小组还确立了以下四个构筑评价中国区域创新能力框架的原则[2]:一是必须从区域创新体系原则出发。即强调大学、研究开发机构、企业、中介机构、政府等创新要素的网络化,或者说以知识在几个要素间流动的程度作为区域技术创新系统化的关键。一个地区技术创新能力的关键是创新的系统化,而不是某一方面的能力。二是必须考虑区域技术创新的链条式建设。强调链条式首先是因为在多数情况下技术创新来自于一个创新的思想、发明或科技突破,其中大学、科研院所

---

[1] 参见洪银兴《关于创新驱动和创新型经济的几个重要概念》,载《群众》2011年第8期。
[2] 参见中国科技发展战略研究小组《2002 年中国区域创新能力评价》,载《科学学与科学技术管理》2003 年第 4 期。

的知识创造活动是重要创新来源。其次,虽然有很强的知识创造活动,并不等于该地区就有较高的创新能力。关键问题是一个地区能否有效地利用各种知识为本地区的创新服务,因此,必须考虑知识流动或技术转移的能力。更为重要的是,企业必须成为技术创新的主体。因此,一个地区的技术创新能力的高低关键看企业有没有强有力的创新动力和创新能力。三是强调创新环境建设的重要性。在市场经济体系下,衡量地方政府工作不是看其制定多少计划和给予多少干预,而是看其是否创造了一个有利于企业创新的环境。因为政府远离市场,它不是企业家,不能直接指导企业的技术创新流动。政府职能调整的关键是从依赖计划转向创造创新环境来推动企业的技术创新。第四,必须兼顾一个地区发展的存量、相对水平和增长率三个维度。

中国科技发展战略研究小组在《2002 年中国区域创新能力评价》中建立了区域技术创新能力分析框架和指标体系(如表 11.2):

表 11.2 区域创新能力指标体系

知识创造	研究开发投入	研究开发人员	研究开发人员增长率
			研究开发人员
			每万人中研究开发人员数
		政府科技投入	政府科技投入增长率
			政府科技投入
			政府科技投入占 GDP 的比例
	专利	发明专利申请	发明专利申请增长率
			每万人发明专利申请数
			发明专利申请数
		发明专利授权	发明专利授权增长率
			每万人发明专利授权数
			发明专利授权数
	科研论文	国内	国内论文数量增长率
			国内论文数
			每万人国内论文数
		国外	国际论文数量增长率
			国际论文数
			每万人国际论文数

续表

知识流动	科技合作	各地区科技论文	科技论文合著同省异单位合作所占比例
			科技论文合著异省合作所占比例
			科技论文合著异国合作所占比例
		高校和科研院所来自企业资金在总科技经费中的比重	
		专利合作	发明专利联合申请份额
			发明专利联合申请增长率
			三种专利联合申请份额
			三种专利联合申请增长率
	技术转移	技术市场交易	技术市场成交金额的增长
			技术市场成交金额
			企业技术市场均成交额
		国内技术购买	国内技术购买金额增长率
			国内技术购买成交金额
			国内技术购买企业均成交金额
		技术引进	技术引进成交金额增长率
			技术引进成交金额
			技术引进企业均成交额
	外国直接投资	外国直接投资增长	
		外国直接投资额	
		人均外国直接投资	
企业技术创新能力	大中型企业研究开发投入	企业研究开发人员投入	企业研究开发人员数
			企业研究开发人员增长率
			每万人均企业研究开发人员
		企业研究开发资金投入	投入增长率
			研究开发投入占销售收入比例
			企业研究开发投入
		拥有技术中心或研究所的企业占总企业数的比例	
	设计能力	实用新型专利申请受理	实用新型专利申请增长
			实用新型专利申请
			每万人实用新型专利申请
		外观设计专利申请受理	外观设计专利申请增长
			外观设计专利申请
			每万人外观设计专利申请
	制造和生产能力	生产经营用设备水平	生产经营用设备原价增长
			生产经营用设备原价
			生产经营设备企业均原价
		技术改造	技术改造的投入增长
			技术改造投入额
			技术改造企业均投入

续表

企业技术创新能力	创新产品:新产品产值	新产品产值增长率	
		新产品产值	
		新产品产值占总销售额的比重	
技术创新环境	基础设施	电话移动通信	百人拥有电话
			城镇居民拥有手机
			百人拥有计算机
		铁路拥有量	铁路人均拥有量
			人均拥有量增长率
		公路拥有量	公路人均拥有量
			公路增长率
		四种运输方式客流量	客运量
			货运量
	市场需求	政府财政支出	政府财政支出增长率
			政府财政支出
		商品进出口差额	商品进出口差额增长率
			商品进出口差额
		国内固定资产投资增长率	国内投资增长率
			国内投资额
			人均国内投资
		居民消费水平	居民消费水平增长率
			居民消费水平
	劳动者素质	教育投资	教育投资增长率
			教育投资占GDP比例
		地区人口中大专以上学历所占比重	
		当年新增大学生毕业数	
		人均图书消费	
	技术创新基金	获国家创新基金占全国份额	
		地方政府创新基金匹配数	
	金融环境	企业技术开发获得银行贷款增长率	
		技术开发银行贷款额	
		企业技术开发均获贷额	
	创业水平	民营科技企业增长	民营科技型企业增长率
			民营科技型企业数
		高新技术企业增长	高新技术企业增长率
			高新技术企业数
		新注册企业数	新注册增加数
			人均新注册企业数

续表

技术创新的经济绩效	宏观经济	人均GDP水平	人均GDP水平增长率
			人均GDP水平
		劳动生产率	劳动生产率增长率
			劳动生产率
	产业结构	前三个产业在当地产业总值中比重	
		第三产业对第一产业比重之比	
		高技术产业产值占GDP比例	
	国际竞争力	商品出口额的比重	
		商品出口额占全国份额	
		商品出口额/GDP	
	居民收入水平	人均居民收入增长率	
		人均居民收入	
	就业	城镇人口占总人口比重	
		城镇就业人员在总城镇人口中所占比重	
		高技术产业就业人数占城镇就业人员比重	

国外学者们基于不同视角对区域创新体系进行评价，其评价的指标和方法也不尽相同。Zabala-Iturriagagoitia 等基于欧洲创新记分牌（EIS）应用数据包络分析（DEA）方法对欧洲区域创新体系进行评价，把受高等教育的人数、参与终生教育的人数、中高科技制造业就业人数、高科技服务业就业人数、公共 R&D 支出、企业 R&D 支出和高科技专利申请数作为输入指标，以人均 GDP 作为输出指标。研究结果表明技术水平越高的区域越需要系统的协调。① Pinto & Guerreiro 通过对欧盟 175 个地区的区域创新体系概况进行的比较研究，用因子分析法将区域创新评价指标综合归纳为技术创新、人力资本、经济结构和劳动力市场状况四个维度。②

---

① 参见 Zabala Iturriagagoitia, J. M., P. Voigt, A. Gutiérrez-Gracia, F. Jiménez-Sáez, "Regional Innovation Systems: How to Assess Performance", *Regional Studies*, 2007(41): 661-672。

② 参见 Pinto, H., J. Guerreiro, "Innovation Regional Planning and Latent Dimensions: the Case of the Algarve Region", *The Annals of Regional Science*, 2010(44): 315-329。

表 11.3 Pinto & Guerreiro 区域创新评价指标体系

技术创新	专利总量
	每百万居民 EPO 专利数（EPO：欧洲专利组织）
	高科技专利占专利总量的百分比
	在中/高科技产业的就业人数比例
	在中/高科技服务业的就业人数比例
	私人 R&D 占 GDP 的比重
人力资本	15—64 岁人口中低教育程度人口百分比
	15—64 岁人口中中等教育程度人口百分比
	15—64 岁人口中高学历人口百分比
	大专教育比例
	终生学习比例
	公共 R&D 占 GDP 的比重
经济结构	GDP 增长率（几年的平均增长率）
	人均 GDP
	农业就业人数（占总就业人数的百分比）
	工业就业人数（%）
	服务业就业人数（%）
劳动力市场状况	居民总量
	人口密度
	就业率
	失业率
	长时间持续失业（占失业人数的百分比）
	女性失业率
	青年失业率
	<15 岁的人口百分比
	15—64 岁的人口百分比
	>64 岁的人口百分比

二、创新型城市

创新主体逐渐从国家层面到区域层面，再推进到城市发展层面，城市在创新体系中的地位和作用得到凸显。尤其是近些年，城市经济功能呈现出由传统产业转向高新产业、由制造转向研发、由生产转向服务并迈向创新中心的趋势，城市特别是中心城市正日益成为信息、技术、品牌、知识、人才等创新资源的载体和聚集地。城市功能与创新的关系越来越多的受到人们的关注。将"创新"定位为城市的核心功能或核心竞争力的主张也越来越受到广泛的认同。

早在 20 世纪 90 年代,美国可持续社区联合中心就已发表题为《创新型市县伙伴关系》报告,总结许多城市已完成的创新性项目的经验;英国政府 2002 年委托约翰·莫尔斯大学开展了题为《欧洲非首都城市的城市复兴特征》的专项研究,目的在于促进英国核心城市的发展;芬兰首都赫尔辛基市政府与赫尔辛基技术大学于 2001 年共同设立了创新型城市计划,希望通过伙伴之间的合作激发创造力和创新精神。正是这一系列的举措极大地促进了世界范围内创新型城市的建设,部分城市已取得卓越成效,如新加坡、东京等。

目前,中国的城市正进入一个总体转型的历史阶段。许多城市都提出以构建创新型城市为其城市总体发展目标,创新型城市建设成为推进创新型国家建设的重要战略选择。在 2008 年国家发展改革委启动深圳市创建国家创新型城市试点工作的基础上,2010 年国家科技部根据基础良好、特色鲜明、示范性强、体现层次性等原则,确定了首批 20 个国家创新型试点城市(区)(包括深圳、西安等),希望充分发挥城市特别是创新型城市的引领、示范和带动作用,集聚形成一批创新型城市群,率先突破制约创新发展的瓶颈,加快创新型国家建设的进程。

我国学者将创新型城市定义为:在新经济条件下,以创新为核心驱动力,主要依靠科技、知识、人力、文化、体制等创新要素驱动发展的一种城市发展模式;一般由区域科技中心城市发展演变形成,对其他区域具有高端辐射与引领作用,是知识经济和城市经济融合的一种城市演变形态。

根据定义,创新型城市的特点可以总结如下:

(1)从城市发展的驱动力来看,"创新"是城市发展的使命和动力。技术创新、知识创新、服务创新和制度创新等是创新型城市的基本要素,创新人才、资本与产业是驱动城市发展的核心动力。创新活动已成为城市发展的新的模式和功能,城市不仅是新产品、新方法、新市场的诞生地,并且能利用创新来重组各类资源以提升城市的综合竞争力。中国创新城市评价课题组将创新城市应具备的基本特征总结为：充分的创新资源和创新条件，理想的创新投入水平，有效的企业创新活动，较高的产业创新水平，达到一定规模的创新产出以及经济发展方式的转变。

(2) 从网络系统角度看，创新型城市是一个复杂的城市创新网络，各种创新主体（个人、企业、高校、科研院所、联合组织、网络平台等）涌现，在创新资源、创新制度、创新文化的支撑下，形成城市内部创新系统。进而以城市内部创新要素为支撑，在集聚和配置创新资源、不断形成自我平衡调整和发展功能的基础上，形成城市持续创新能力，推动建立创新驱动的集约型城市经济增长，推进城市建立基于经济增长和经济增长方式转变基础之上的城市可持续发展。完善的城市创新系统是创新型城市的主要特征。

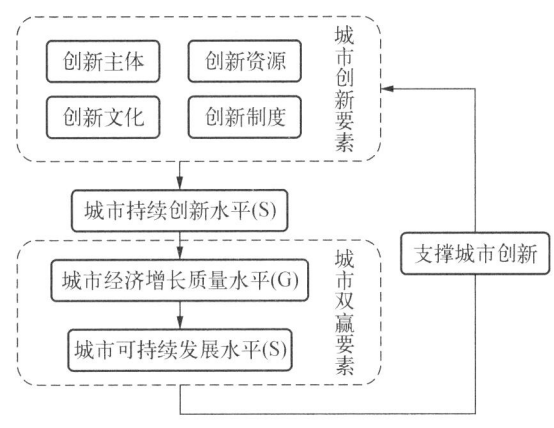

图 11.1 创新型城市概念模型图

资料来源：根据杨冬梅等（2006）整理而成①。

(3) 从城市发展的机制和区位地位上看，创新型城市一般由科技和文化中心城市演变发展而来，具有强区域影响力及辐射能力，对其他区域

---

① 参见杨冬梅、赵黎明、闫凌州《创新型城市：概念模型与发展模式》，载《科学学与科学技术管理》2006 年第 8 期。

具有高端带动与引领作用。创新型城市不是孤立存在的,通过将城市创新能力资本化、产业化和社会化等途径,与其周边的资源型地区与城市、工业型城市和消费型城市存在分工协作关系,在区域、国家乃至全球竞争体系中集聚和配置创新资源。其输出的优势产品是新产品、新的生产方法、新的市场、新的供给来源、新的组织方式等,获得的是资源及基础农产品、工业制成品和消费服务。通过向企业提供特定资源,产生外部性,使得企业在空间、技术及制度上趋于相似,带动整个区域的经济发展。概括来说,创新型城市应具备创新型、系统性、内生性、可持续型、集聚性和开放性六个核心特征。

创新型城市的构建须有必需的要素支撑和条件支撑,国内外许多学者从创新型城市建设的硬件条件、政策支持、文化氛围、创新意识等方面进行了总结。C. Landry(2000)提出了创新型城市建设的七要素:富有创意的人、意志与领导力、人的多样性与智慧获取、开放的组织文化、对本地身份强烈的正面认同感、城市空间与设施和网络机会。J. Simmie 等(2001)认为城市创新环境的产生有四个来源:经济集聚和企业国际化规模,同类型公司的空间集结与定位,城市经济规模与创新进程,创新源泉与国际出口市场的关联。此外,创新型城市还须具有高质量的知识劳动者和便利的基础设施及通讯。

综合各方观点,创新型城市具有四个内部创新基本要素:创新主体、创新资源、创新制度和创新文化。

(1) 创新主体——创新活动的行为主体。创新主体包括城市人才,企业、大学、研究机构、中介机构、政府等机构创新主体,以及以产业集群、产学研联盟等形式存在的创新群主体。

(2) 创新资源——创新活动的基础。包括基础设施、信息网络、技术、知识、资金等。

(3) 创新制度——创新体系有效运转的保障,是影响生产力发展的首要因素。制度创新首先包括明确政府在创新体系中的地位,明确定位自身角色,其次还包括激励、竞争、评价和监督等创新机制,以及政策、法律法规等创新政策。

(4) 创新文化——维系和促进创新的基本环境。包括城市文化观念、创新氛围等软环境,以及参与国际竞争与合作的开放的外部环境。[①]

首先,作为创新型城市,其创新活动主要由创新主体完成,创新主体是创新型城市中最重要的能动要素,其他要素均为环境要素,服务于创新能动要素。创新主体要素位于最顶端,是最重要的构成要素。其次,创新文化、创新制度以及创新资源共同构成了创新型城市发展的基本环境,它们是创新型城市建立的基础。这些环境条件又可以分为硬条件和软条件两类:硬条件主要是指各种创新条件资源,保证创新活动得以开展,是创新的物质来源;软条件,由创新文化和创新制度构成,是创新活动能够持续进行的软环境支撑要素,其中创新文化为创新活动提供文化上的支撑,创新制度则为创新活动提供制度上的保障,两者共同构成创新型城市运转的有效机制。创新主体、创新资源、创新制度与创新文化共同作用,协调互动,有机配合,形成创新型城市的自我平衡发展机制,推动城市形成持续创新能力。

此外,政府的"推动"作用和市场的"拉动"作用非常关键,共同构成创新型城市建设的外驱动,共同作用于整个城市创新体系。

在现代经济条件下,创新型城市的建设和发展主要受到政府和市场两种力量的作用。建立创新型城市的经验可作如下概括:

(一) 政府是创新型城市建设的重要驱动力

政府主导是指由城市政府制定明确的创新型城市发展战略,制定和颁布促进创新型城市建设的政策措施,不断加大基础设施投资,推动国际、国内的创新资源要素向城市集中,支持和鼓励创新主体之间形成互动和网络关系,营造有利于创新的文化氛围,引导全社会参与创新型

[①] 参见杨冬梅、赵黎明、闫凌州《创新型城市:概念模型与发展模式》,载《科学学与科学技术管理》2006 年第 8 期。

城市建设。

城市作为公共产品与私人产品的统一体,其创新发展需要市场与政府、自发性与目标性等综合力量的推进。从历史实践看,即使是西方发达的市场经济国家,在建立创新型城市的初期,也通过建立产业园区、兴办学校以及实施优惠的人才计划等政策,尽可能为城市发展提供优良的知识资本及人才资本,以平衡创新市场失灵,引导城市产业结构升级。而市场主导往往出现在创新型城市趋于成熟的阶段,此时创新型城市的创新体系基本形成,创新型城市具有生存环境及制度环境的区域优势,能够自发吸引外来高科技企业及人才进入,内部创新要素与外部驱动能够相互作用,保持城市可持续发展。因此,政府在创新型城市的形成过程中发挥了重要作用。

(二)通过创新网络化实现创新型城市持续竞争力

依靠政府政策的扶持可以使城市在短时期内集中优势资源,但只有通过市场进一步完善和发展,形成创新主体、创新资源、创新制度和创新文化的相互作用网络,才能逐步弱化城市对政府政策的依赖,形成自主创新能力和自我调节能力,获得内生性和独立性。政府通过提供自主创新所需的导向性、公共性和保护性资源,建立自主创新所需的法规体系、规划体系、人才体系、市场体系、信息体系、标准体系、评价体系、激励体系、诚信体系等体系,以及人居环境和市政设施。大学、科研机构推进自然科学和社会科学的一体化,推进知识和经济的快速融合,推进新技术引进与新组织、新思维引进的融合。中介机构保障市场服务体系和企业信用体系,在融资、信息、招商、谈判、人力资源、财务、广告、咨询、后勤服务、运营配送等领域为科技企业提供优质服务。完善的创新网络使整个城市真正具有持续竞争力。

(三)合理定位,构建创新型产业

在考虑创新型城市建设过程中,应考虑城市本身的经济、政治与文化基础,对于具有良好的经济基础及创新能力的城市,应建设科技创新驱动型的创新型城市,依托雄厚的科教资源,高校及科研所,形成创新源头,从而带动高新技术产业的发展。第三产业占GDP比值、高新技术产业产值占GDP比值已经达到较高水平的城市,可以着眼于现代装备制造、现代服务业及战略性新兴产业等国家重点产业,通过产业转型、产业集群化发展的创新模式逐渐走在全国的前列。部分地区得益于得天独厚的区域优势,在全球化进程中能够便利使用国际创新资源,应向开放型创新驱动城市发展。

创新型城市建设应结合自身独有的优势和特色如资源特色、区位特色、产业特色、文化特色,选择不同的创新驱动要素,走特色化、差异化的发展模式。建设创新型城市的基础是构建创新型产业。作为现代人类主要经济、社会活动的中心,城市的产业发展和总体经济实力是实现城市功能的基础。国内外建设创新型城市的构想都以产业创新为推动创新型城市形成的基本目标和动力。产业创新指向具有创意性、研究性和发展的可持续性等准入门槛更高的产业方向。

(四)开发建设产业园区,是跨越式建立创新型城市的经典模式

大都市通过城市产业升级与资源整合,给出了建设创新型城市的目标和方向,但占城市数量绝大多数的二、三线城市,由于科教资源和创新产业的缺乏,并不能简单地复制大都市优化整合本地创新禀赋的创新路径。为了实现战略赶超,快速形成城市竞争力,通过开发建设产业园区及开发特区,带动城市发展,成为建设创新型城市的不二选择。

众多新兴创新型城市建设经验表明,通过国家投资产业园区,能够在短时间内集中优势资源,形成地区科研能力和创新能力,加快高端创新平台的建设部署,吸引国内国际顶尖的科研机构、企业研发中心落户,进而形成创新集群。配套实施相应的人才引进和培养计划,形成区域研发资源聚集高地和策源地。同时,依靠政策倾斜,弥补本地基础设施不足的缺陷,积极发展创新集群,创建国际一流研发特区创新网络,实现城市经济与科技腾飞。

(五)以教育为依托

创新型城市往往是人才集聚的地方。一方面,创新型城市往往以教育及高等学府为依托,城市内部或周边地区设有大学、工学院等教育机构,为城市建设提供源源不断的科技人才;另一方面,为了保持创新活力,创新型城市还通过提供良好的公共服务设施以及优雅的生活环境吸引外来人才流入。另外,创新型城市内部的众多企业为劳动者提供了充足的工作岗位、更多的就业机会,再加上城市产业的集聚效应,增加了创新型城市对于劳动者的吸引力。

(六)产学研一体化

现有创新型城市都十分重视企业与科研机构的互动与合作,从合作源头上确保项目的市场性,提高科技成果的转化率。一方面,科研机构承担基础研究、应用研究和开发研究之间的衔接工作,消除研究开发不同阶段之间的界面障碍,真正重视应用性成果的成熟性;另一方面,建立工程研究中心、中试基地和孵化器,搭建产学良性互动的平台,此外,健全的技术转移中介组织能够拓宽科研机构研究成果转化的渠道,提供科技成果转化、技术推广、科技评估、资源配置、决策和管理咨询等专业服务,大力促进科技成果向现实生产力转化。

(七)资本充分流动,拥有宽松的融资环境

创新型城市建设需要资本推动。在创新型城市建设初期,政府往往通过财政投入发起建立产业园区、研究所等项目,或由政府购买,为城市发展提供启动资金。随着城市规模的扩大以及城市内部经济结构的完善,直接的财政政策逐渐退出,健全的法律制度及金融监管制度则对于资本引入及使用起到核心作用。

创新型城市往往存在合理的金融制度安排,包括对于风险投资、信用担保、股票期权、资产证券化以及民间金融和非正式金融的有效管理及风险防范,具有丰富的融资平台,包括股票市场、债券市场、基金市场和产权交易市场的直接融资,以及银行信贷、票据融贷等间接融资。城市内部的

金融机构与企业间亲密合作,保证了资本的流动,完成了对企业家的筛选,也为那些创造新产品成功可能性最高的企业家提供了资金支持。

(八)优美宜居的自然环境,完善的公共基础设施

优雅的自然环境和良好的居住条件是创新型城市竞争力的重要组成部分,已经成为创新型城市评价的重要指标。创新型城市往往位于气候良好、自然环境优美的地区,在自身工业发展的过程中亦保持了人与自然的和谐发展。同时,学校、医院、餐厅、金融机构等服务机构完善,道路和交通发达,不仅形成对人才强烈的吸引力,而且为本地科技和文化的发展提供了更多发展空间。

创新型园区的研究是在建设创新型国家和实施自主创新战略的背景下兴起的高新区战略转型思路。2009年,科技部制订发布《创新型科技园区建设指南》,在国家高新区开展创新型科技园区建设工作。章亚南等提出,创新型园区是指以科技创新为主要动力实现工业化和现代化的高新区。[①] 建设创新型园区,核心是实施以提高自主创新能力为核心的"二次创业"。创新型园区为"二次创业"提供了便捷的途径。通过创新型园区的内涵可以看出,创新型园区的主要功能是增强园区创新载体和企业创新,概括起来是聚集创新企业、聚集创新平台、聚集创业投资、聚集创新人才。截至目前,在科技部提出的《创新型科技园区建设指南》的指导下,国内许多国家级高新技术开发区都提出了建设创新型园区的构想和目标,以此来实现"四位一体"的定位,即高新区要"努力成为促进技术进步和增强自主创新能力的重要载体,成为带动区域经济结构调整和经济增长方式转变的强大引擎,成为高新技术企业走出去参与国际竞争的服务平台,成为抢占世界高新技术产业制高点的前沿阵地",最终使园区通过创新能力的提升实现可持续发展。

2010年,科技部发布了《创新型城市建设监测评价指标(试行)》,用

[①] 参见章亚南、宋明华、孙小勇《创新型园区评价指标体系构建及对策研究》,载《技术经济与管理研究》2011年第6期。

于对试点的创新型城市的评价。此外,各省也纷纷出台监测评价指标,配合创新型城市建设。

表 11.4 创新型城市建设监测评价指标(试行)

一级指标	二级指标
创新投入	每万人劳动力从事R&D人员数量(人/万人)
	万名就业人口中受过高等教育人数所占比重(%)
	全社会R&D投入占GDP比重(%)
	地方财政科技拨款占地方财政支出的比重(%)
企业创新	企业R&D投入占企业销售收入的比重(%)
	消化吸收费用占技术引进经费的比重(%)
	规模以上企业中拥有研发机构的企业所占比重(%)
	高新技术企业占企业总数的比例(%)
成果转化	百万人口发明专利授权数(件/百万人)
	百万人口技术市场成交合同额(万元/百万人)
	百万人口拥有的有效商标注册量(个/百万人)
	本市拥有自主创新产品和国家级新产品数量(个)
高新产业	高技术产业增加值占工业增加值的比重(%)
	生产性服务业产值占服务业产值的比重(%)
	主要污染物排放量减少幅度(%)
	万元GDP综合能耗(吨标煤)
	全员劳动生产率(万元/人)
科技惠民	百人口国际互联网用户数(户/百人)
	城市空气质量指数(%)
	城市污水处理率(%)
	公众基本科学素养
创新环境	科技进步法落实情况
	激励自主创新政策落实情况
	对外开放和国际科技合作情况
	其他本地有特色、有创造性的创新政策措施情况

2011年,江苏省科技厅发布《江苏省创新型城市创新型乡镇创新型园区建设评价考核指标体系(试行)》并在省内各地推行。该指标体系适用期限为2011—2015年。针对创新型城市建设,指标规定全社会研发投入占GDP比重必须在2.5%以上;大中型企业中拥有研发机构的企业所占比重在70%以上;每万人口专利授权数、发明专利申请数分别在70件

以上、20件以上;空气质量优良天数占全年天数应在85%以上,主要污染物年均值须满足国家二级标准;每万人口中研发人员数量应在50人以上。

表11.5 创新型城市建设评价考核指标(省辖市)

一级指标	二级指标	考核目标
创新投入	全社会研发投入占GDP比重(%)	2.5%以上
	财政科技支出占一般预算支出的比例(%)	4%以上
企业创新	大中型企业研发投入占销售收入的比重(%)	1.8%以上
	大中型企业中拥有研发机构的企业所占比重(%)	70%以上
	高新技术企业占企业总数的比例(%)	8%以上
知识产出	每亿元GDP专利授权数和发明专利申请数(件)	6件以上、2件以上
	每万人口专利授权数和发明专利申请数(件)	70件以上、20件以上
	工业企业自主知识产权产品产值占比(%)	60%以上
	新产品产值占规模以上工业产值的比重(%)	20%以上
创新绩效	科技进步贡献率(%)	60%以上
	高新技术产业产值占规模以上工业产值的比重(%)	45%以上
	万元GDP综合能耗(吨标煤)	完成省下达的年度节能约束性指标
	空气质量	空气质量优良天数占全年天数85%以上,主要污染物年均值满足国家二级标准
	城市污水处理率(%)	90%以上
	全员劳动生产率(元/人)	全国平均水平1.5倍以上
创新环境	各类科技创业园孵化面积及在孵企业数(平方米、家)	300万平方米以上、4000家以上
	省级以上科技平台数(家)	100家以上
	每万人口中研发人员数量(人)	50人以上
	万名就业人口中受过高等教育人数(人)	1450人以上

第三节　创新型区域的案例：硅谷

硅谷是高科技公司云集的美国加州圣塔克拉拉谷的别称，位于加利福尼亚州北部，旧金山湾区南部，一般包含圣塔克拉拉县和东旧金山湾区的费利蒙市。严格来说，硅谷并非城市，不属于创新型城市的研究范畴，但它出现在众多创新型城市研究文献中，受到学者的广泛关注，其形成模式也不断被东亚等新兴国家作为建设创新型城市的样本模仿借鉴，印度班加罗尔以及下文提到的韩国大田都是仿照硅谷模式兴建起来的。此外，硅谷从工业园区逐渐推动临近城市乃至整个区域的繁荣，也代表了现今新兴国家创新型城市的主流模式。

一、发展历程

硅谷是美国重要的电子工业基地，也是世界最为知名的电子工业集中地。2006年硅谷总共有225300个高技术职位。以高技术从业人员的密度而论，硅谷居美国之首，每1000个在私营企业工作的人里有285.9人从事高科技业。高技术职位的平均年薪亦居美国之首，达到144800美元。2008年硅谷人均GDP达到83000美元，居全美第一。硅谷的GDP占美国总GDP的5%，而人口不到全国的1%。形成了以附近一些具有雄厚科研力量的美国一流大学——斯坦福、伯克利和加州理工等世界知名大学为依托，以高技术的中小公司群为基础，并拥有思科、英特尔、惠普、朗讯、苹果等大公司，融科学、技术、生产为一体的高科技创新型区域。硅谷是最早研究和生产以硅为基础的半导体芯片的地方，尽管美国和世界其他高新技术区都在不断发展壮大，但硅谷仍然是高科技技术创新和发展的开创者。

硅谷所在的旧金山湾区最初是美国海军的研发基地，随后许多科技公司的商店都围绕着海军的研究基地建立起来。"二战"后，海军将西海岸的业务移往加州南部的圣迭戈,由NASA接手了海军原来的工程项目,然而大部分的公司却保留下来,在硅谷逐渐形成航空航天企业聚积区。

此地有很多好的大学,但没有民用高科技企业,学生毕业后往往选择到东海岸去寻找工作机会,就业机会的限制导致人才外流。"二战"后,随着美国回流学生的增多,为满足财务需求,同时给毕业生提供就业机会,斯坦福大学采纳特曼教授的建议开辟工业园,允许高技术公司租用其地作为办公用地,并鼓励学生在当地发展风险投资事业,从而拉开了硅谷兴起的序幕。

硅谷的发展始于斯坦福研究园的成立。1951年,特曼教授成立斯坦福研究园区,这是第一个位于大学附近的高科技工业园区。园区里一些较小的工业建筑以低租金租给一些小的科技公司。最开始的几年里只有几家公司安家于此,随后,依靠斯坦福大学最新的技术以及出租的土地,越来越多的公司来到硅谷。土地租金以及与公司的合作成为斯坦福大学的经济来源,使得斯坦福大学不断地兴旺发达,逐渐形成了依托于斯坦福大学的公司聚集地,并吸引更多怀揣企业家梦想的高科技人才来此创业。

1956年,晶体管的发明人威廉·肖克利在斯坦福大学南边的山景城创立肖克利半导体实验室。1957年,肖克利决定停止对硅晶体管的研究。当时公司的八位工程师出走成立了仙童半导体公司,称为"八叛逆"。"八叛逆"里的诺伊斯和摩尔后来创办了英特尔公司。在仙童工作过的人中,斯波克后来成为国民半导体公司CEO,桑德斯则创办了AMD公司。

1972年第一家风险资本在紧挨斯坦福的Sand Hill路落户,自此,风险资本极大地促进了硅谷的成长。1980年苹果公司的上市吸引了更多风险资本来到硅谷。经过几十年的实践、摸索和调整,硅谷形成了创办新型高科技企业的有效和基本固定的创业模式,它的成长历程一般经历创建、成长、获利三个阶段。风险资金来源于不同渠道,风险投资家只是资金的管理者。在硅谷,80%以上的风险基金来源于私人的独立基金,主要来源有富有的个人资本、机构投资者资金、私募证券基金和共同基金。其组织形式为小企业投资公司、合作制的风险投资公司、股份制的风险投资公司以及大集团内部的风险投资公司或大公司内部的风险投资部。在这种"技术+企业家+资金"的模式下,硅谷不断地扩大发展,成为全世界高新技术发源地和中心。

二、成功因素分析

(1) 重视科技,发展高新技术产业集群。硅谷的成功得益于其成功的产业集群,由于集群具有地域化聚集、专业化分工、社会化协作的特点,增强了其产业竞争力。硅谷地区以高校及创新企业为主体,各创新要素的参与、协作,使得硅谷成为一个创新整体,克服了单独个体智力与资金的限制,整合了多种知识技术资源和技能,产业链和创新配套条件得到优化,降低了技术和市场风险与不确定性,增大了创新投入意愿,增大了创新的努力和探索,使硅谷保持了创新的活力。

(2) 创新主体相互作用,形成完善的创新网络。从创新个人来看,硅谷有大批劳动力、科技开发人员、经营管理人员和市场销售人员,活跃于企业之中,推动企业技术创新,并在地区整体优势中占有核心地位。从机构和技术能力来看,硅谷有大量的机械和原材料辅助生产部门与机构、强有力的金融机构、专门传播最新开发技术知识的机构以及分析最新市场动态的咨询机构等,这些构成了地区知识技术能力的强大支撑,是硅谷地区创新整体优势的坚实基础。从规范、模式和制度文化来看,硅谷有分权和积极介入、利用外部知识技术资源的组织模式,乐于助人的氛围,技术合作联合的传统,这些构成了地区创新整体优势的长久保证。从知识技术运行网络来看,硅谷有以地区网络为基础的工业体系,能促进各个专业制造商集体学习和灵活调整一系列相关技术,这些构成了硅谷地区整体创新优势得以形成和维持的最重要依托。

(3) 充满活力的人力资本机制。硅谷是美国高科技人才的集中地,更是美国信息产业人才的集中地。在硅谷,集结着美国各地和世界各国的科技人员达100万以上,美国科学院院士在硅谷任职的就有近千人,获诺贝尔奖的科学家就达30多人。

硅谷人才流动分为正式和非正式渠道:正式渠道是职业介绍所,硅谷不仅有为一般劳动者提供服务的临时职业机构,而且还有专门招聘高级专业技术人才和高级经理人员的猎头公司;非正式渠道是酒吧、咖啡馆、俱乐部、健身房、展示会等聚会场所,它们不仅是硅谷人交流信息的场所,也是非正式的招聘中心。人力资本参与收入分配,员工持股和股票期权是硅谷的制度创新,是硅谷技术创新和经济增长的推动力。

(4) 闻名世界的风险投资机制。硅谷拥有世界上最完备的风险投资机制,有上千家风险投资公司和2000多家中介服务机构。据美国风险投资协会的一项调查表明,受风险资本支持的企业在创造工作机会、开发新产品和取得技术突破上明显强于一般大公司,不仅如此,这些公司的成长推动着硅谷经济的发展,增强了其在世界上的竞争力。以斯坦福大学为首的科研院所与充裕的风险资本的结合,创造和刺激了硅谷高新技术产业的蓬勃发展。

(5) 高品质的生活环境。硅谷气候宜人,因属温带海洋性气候,夏天不热但干燥少雨,冬天不冷,潮湿多雨,全年平均温度13℃—24℃,全年日照300多天。污染少,美丽绵长的海岸线、森林和300多平方公里的国家公园,这些都是吸引许多人留在硅谷创业发展的重要原因。从城市规划和建设的角度来看,硅谷地区社区设计注重特色,包括历史的、传统的和现代的三种类型,极富吸引力;硅谷地区的交通体系完善发达,各种交通形式俱全,包括公交、快速铁路、通勤铁路、轻轨、轮渡等,与整个湾区成为有机一体;硅谷地区的生活配套设施十分完善,教育、医疗、体育、文化都十分发达,优良的教育质量对于吸引和留住高素质人才起到了非常大的作用;生态环境优美,西邻太平洋,东靠众多国家级旅游胜地,城市内部不仅保证了较高的绿化率,城市周边的开阔空间也得到很好的保护,这对保护生态多样性和优良的空间景观起到了重要作用。

（6）政府在硅谷兴起中所起的作用。硅谷的成功是一个典型的由市场主导建立创新型城市的案例，从硅谷的生存与发展历史看，其成功与美国政府没有任何直接的关系，美国政府在硅谷的形成和发展中只是起到一个间接扶持和引导的作用。同样，对于硅谷风险投资的形成与发展，美国政府也只是起到间接扶植和引导的作用。

但美国政府在构造良好的政策环境与金融安全方面的作用却是不可忽视的。首先，美国本身是一个市场发育非常健全、市场机制相当完善、市场经济非常发达的国家。由于市场体系的完善、法律法规的健全、市场上资金充裕、专业化服务随手可得，使得硅谷的创新动力长盛不衰。美国政府通过健全服务与监管体系来规范风险投资的规则，优化风险投资的环境，形成风险投资社会化和市场化机制，提高了风险投资能力。同时，美国政府通过立法、制定政策和发展计划实施了间接扶持政策。美国政府实施的小企业投资法、小企业研究计划、知识产权保护等政策，给予了风险投资发展极大的支持；一系列鼓励对科技型小企业的长期风险投资的优惠政策，直接刺激了社会风险投资供给规模；设立纳斯达克股票市场，为美国硅谷创业公司上市创造了上市融资的有利条件，为美国硅谷的风险投资提供了退出渠道；成立国家风险投资协会，制定有关法规，除了加强行业管理、规范风险投资行为外，还为交流投资信息、进行人员培训、组织联合投资、改善投资环境、拓宽资金来源和投资渠道等提供多方位的服务。

第十二章 创新发展的支撑条件

把发展基点放在创新上,需要形成促进创新的体制架构,塑造更多依靠创新驱动、更多发挥先发优势的引领型发展;需要依靠创新汇聚融合高端要素,培育经济发展新动能;依靠创新培育发展新产业,推动产业结构转向中高端;依靠创新打造科技创新新高地,拓展我国经济发展新空间;所有这些都需要一系列的支撑条件。

第一节 创新发展的支撑系统

习近平总书记在 2013 年 10 月主持中共中央政治局以实施创新驱动发展战略为题的第九次集体学习时,对实施创新驱动发展战略提出了五点要求,可以说是创新发展的五个支撑条件,具体地说:

一是着力推动科技创新与经济社会发展紧密结合。关键是要处理好政府和市场的关系,通过深化改革,进一步打通科技和经济社会发展之间的通道,让市场真正成为配置创新资源的力量,让企业真正成为技术创新的主体。政府在关系国计民生和产业命脉的领域要积极作为,加强支持和协调,总体确定技术方向和路线,用好国家科技重大专项和重大工程等抓手,集中力量抢占制高点。

二是着力增强自主创新能力。关键是要大幅提高自主创新能力,努力掌握关键核心技术。当务之急是要健全激励机制、完善政策环境,从物质和精神两个方面激发科技创新的积极性和主动性,坚持科技面向经济社会发展的导向,围绕产业链部署创新链,围绕创新链完善资金链,消除科技创新中的"孤岛现象",破除制约科技成果转移扩散的障碍,提升国家创新体系整体效能。

三是着力完善人才发展机制。要用好用活人才,建立更为灵活的人才管理机制,打通人才流动、使用、发挥作用中的体制机制障碍,最大限度支持和帮助科技人员创新创业。要深化教育改革,推进素质教育,创新教育方法,提高人才培养质量,努力形成有利于创新人才成长的育人环境。要积极引进海外优秀人才,制定更加积极的国际人才引进计划,吸引更多海外创新人才到我国工作。

四是着力营造良好政策环境。要加大政府科技投入力度,引导企业和社会增加研发投入,加强知识产权保护工作,完善推动企业技术创新的税收政策,加大资本市场对科技型企业的支持力度。

五是着力扩大科技开放合作。要深化国际交流合作,充分利用全球创新资源,在更高起点上推进自主创新,并同国际科技界携手努力为应对全球共同挑战作出应有贡献。

《世界是平的》一书总结了美国发展创新型经济的要素和制度保障,其中包括:一是拥有很多具备科研能力的大学,它们源源不断地提供实验结果、创新成果和科学突破。二是建立大学—企业科技中心,该中心可能涵盖很多学校和企业,最终将带动新产业的繁育、新产品的生产和新技术的运用。三是拥有全球监管最严格、效率也最高的资本市场,新产品和创新很容易得到风险资本的支持。四是社会的开放性,可以吸引众多的外国创新人才。五是严格的知识产权保护制度。① 可见创新资源涉及提供科教资源的大学、创新创业的人才、创新的空间和平台、创新的制度等。

根据以上界定,无论是一个国家还是一个地区,转向创新发展的方式的基本支撑条件大致可以概括为以下方面:

第一,创新源丰富。或者是拥有丰富的禀赋科教资源,或者是通过有效的机制和制度吸引国内外创新资源,在全球创新价值链中占据有利的地位。美国的硅谷、波士顿128公路与印度的班加罗尔、中国的深圳都是国内外技术、资金、企业家等创新资源的汇聚地。与创新源相关,需要两个动力源:一是高水平的研究大学和各类创新型人才高度集聚。美国的硅谷有斯坦福、伯克利等世界一流大学,波士顿128号公路有哈佛大学、麻省理工、波士顿大学等世界一流大学,台湾的新竹有技术应用能力强的台湾工业技术研究院。我国深圳缺少研究型大学,建立虚拟大学园吸引国内一流研究型大学的研究院进入。二是作为创新主体的创新型企业。不仅拥有某领域作为技术领导者的全球性公司,还拥有一大批创新型中小企业和发达的知识密集型服务企业。作为全球创新发动机的硅谷不仅涌现了众多产业领军型企业,更形成了领导全球电子、生物医药等的新兴产业群,类似的,北卡"三角区"的生物医药、台湾的集成电路、班加罗尔的软件业、伦敦的金融服务业等都是拥有国际竞争力和掌握产业话语权的产业集群。

第二,激励创新的制度环境和体制。创新的制度环境和体制,是指制定和落实一系列鼓励创新的财税、人才流动、技术市场、技术奖励、技术标准、知识产权保护及高新技术产业发展等政策,从而形成系统完备的激励创新制度;创新环境还包括吸引高端创新创业者的良好生活环境和社会法治环境。具体表现为:制定并实施系统完备的激励各产学研主体创新

---

① 参见[美]托马斯·弗里德曼《世界是平的:21世纪简史》,何帆等译,湖南科学技术出版社2006年版,第251—253页。

的政策,如产学研合作互利共赢的创新收益分配体制;形成激励创新的公共服务环境和充分竞争的市场制度;制定并有效执行的知识产权保护制度;拥有吸引高端创新创业人才的宜居宜研环境;拥有良好的社会治安和法制环境等。

第三,高效的科技成果转化体系。创新型国家和区域是研究型大学、科研院所、企业和政府共同促进知识创造与技术扩散的有机系统。当代的创新不只源于以科学新发现为源头的"正向"创新路径:由大学的知识创新、孵化高新技术到企业将高新技术转化为现实生产力的模式,还源于市场拉动、产业发展到产业技术升级的"逆向"创新路径。其中,孵化高新技术和新技术产业化,是产学研合作的关键性环节,因为它是连接知识创新和技术创新的桥梁与纽带。充满活力的科技成果转化体系包括:建立多个有影响力的大学科技园;建立研究型大学和企业共同建立的产学研协同创新平台;拥有一批科技创新平台和载体,包括大学实验室、产学研协同创新平台、孵化器,以及公共性、公益性科技服务平台;拥有一批科技服务机构,包括金融服务、软件服务、文化创意、科技服务、科技中介。在此基础上,各种创新要素向产学研协同创新平台集聚,孵化和研发新技术成为创新投资的重点环节,政府的引导性创新资金重点投向产学研协同创新平台,政产学研金共同建设的科技孵化器产生明显成效;科技与金融深度融合,一批达到规模的专业服务科技创新的风险投资公司活跃于各地,各级金融机构有足够大的资金投入科技创新领域。

第四,对全球创新要素的吸引力。自主创新不等于封闭创新,而是开放式创新,即各个国家主攻相同方向的科技,所产生的新知识、新科技在世界范围内传播,在这一过程中吸收和引进新发明、新技术,可降低研发成本,加速进入世界技术前沿。对国外技术引进的消化吸收再集成创新,也属于自主创新范畴。利用开放型经济的优势,通过开放式创新平台建设,吸引全球创新要素集聚,具体包括:吸引在全球处于产业链高端或拥有前沿产业技术的跨国公司;吸引跨国公司在本区设立研发机构,增加本土企业向外资研发机构学习的机会;吸引国外新技术在本区产业化,孵化和培育全球领先的新兴产业;吸引国际高端的创新创业人才到本地集聚。

总的来说,创新发展的支撑体系是个系统,包括以下各个体系:

——知识创新体系。包括高校、科研院所、中央企业建设和引进的国家实验室、国家重点实验室、国家工程实验室、国家工程技术研究中心、国家工程中心、国家企业技术中心。

——技术创新体系。包括关键共性技术研发与公共服务平台、行业技术与产品开发平台、跨国机构区域性研发中心,打造更加便捷的科技成果产业化通道。

——创新载体体系。包括专业研发机构、企业与高校科研院所联合建立的产学研合作联盟、产学研合作产业基地或中试基地、科技与产业创新对接平台、国家高新技术开发区、大学科技创新园区。

——人才支撑体系。实施各类科技人才支撑计划,着力构建政策优势突出、服务环境一流、创业氛围浓厚、与产业发展相契合的人才集聚高地,为加快转型发展、创新发展、跨越发展提供强大的人才和智力支撑。

——科技管理与政策保障体系。设立科技创新管理高位协调机构,建立专业性综合型跨部门的协调机制,统一组织协调创新平台建设、产业化载体建设、人才队伍建设,加快发展技术市场,形成创新资源优化配置、科技与产业联动发展的新型科技创新管理体系。

——创新文化体系。包括:尊重知识、尊重人才和尊重创造的文化,鼓励创新、敢于创新、勇于创新、包容失败的创新创业文化。

上述支撑条件中有的已在其他章节说明,本章着重分析知识产权保护、培养创新型人才、构建有利于创新的文化环境等创新发展的主要支撑条件。知识产权保护能够保证创新的收益,通过创新收益的分享留住人才,而人才又是持续创新的保证,持续创新推动知识产权保护的发展和完善。完善的创新文化体系为此提供保证,形成一个有机整体(如图 12.1 所示)。

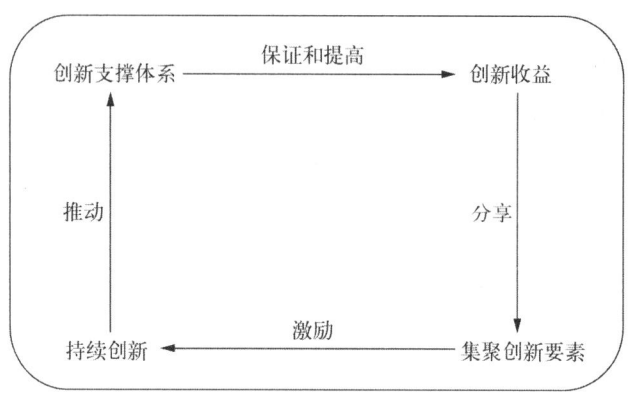

图 12.1 创新发展支撑条件的有机循环

第二节 知识产权保护及其战略

知识产权是指人类智力劳动产生的智力劳动成果所有权。它是依照各国法律赋予符合条件的著作者、发明者或成果拥有者在一定期限内享有的独占权利,包括版权(著作权)和工业产权(专利权、商标权等)。随着科技的发展,为了更好保护产权人的利益,知识产权制度应运而生并不断完善。从严格意义上来说,产权是一个法学概念。产权又称为财产所有权,是权利人拥有的对某项资产或者权益的支配、使用和处置等的权利。它形成了对其他人使用该项财产的限制,是神圣而不可侵犯的。当涉及财产权的时候,产权就与经济学联系起来了。而知识产权是由 Intellectual Property 翻译而来,指的是公民或者企业对其创造的劳动成果拥有的排他性权利。知识产权不是指动产或者不动产的权利,而是一种无形产权。知识产权具有两个特征:其一,知识产权中公民或者企业拥有的是以前从未出现过的知识,是新发现或者创立的知识;其二,知识产权对创新者起到了补偿和保护的作用。一般来说,创新者的财产权范围越广,创造思想的激励也就越强,但是传播和应用它们的激励就越弱。

一、知识产权保护

知识产权的经济学基础可以同公共物品以及外部性相联系。公共物品是指在消费和使用上具有非竞争性和非排他性的物品。所谓非竞争性是指,一种商品消费数量的增加不会增加其他消费者的成本,即增加消费的边际成本为零。例如对公路来说,增加一辆轿车的通行不会增加它的成本。非排他性是指无法将某个人或者某个群体排除在某种商品的消费之外。无论我们是否愿意,都不能把他人排除在接受国防服务之外。具有非竞争性和非排他性的商品主要是由政府部门来提供,而且往往会产生"搭便车"的行为,即人们希望免费享用这种物品。其他具有竞争性和排他性的物品就是私人物品。

知识产权首先是一种知识,在现代经济中,许多知识可以被编码化或者数字化为信息,例如成为软件、商标、专利、品牌等。当一种知识被"生产"出来以后,由于没有相应的权利保护,此时就具有了公共物品的特点,即人们从对某种产品的消费中获得了收益而生产者却得不到补偿,产生了"搭便车"的现象。人们不愿意为这种行为付出代价,往往是"空手套白狼",这样生产"知识"的人因为得不到任何的补偿就不会有创造"知识"的动力。知识产权得不到保护的社会,一定是技术落后的社会。

如果给"知识"的生产者颁发法律证书,证明生产者拥有这种"知识"的产权,能够处置这种产品。当其他人需要这种知识的时候需要付出相应的代价,最简单的方式就是交费使用,如果没有付费就使用则会受到法律的惩罚,这样就对生产者起到了保护和激励作用。生产"知识"的人在获得相应的收益后,会专注于新"知识"的研发和生产,而且利用他的专业能力对原有的"知识"进行更新换代,这样新的"知识"产品又会大规模地运用到社会的产品生产中,整个社会进入了一个"生产知识——购买和利用知识——保障收益——生产知识"的无限而有效的循环中,社会就会获得长足的发展和进步。

知识产权保护就是给予经济主体或者法律主体对某种技术或者知识的所有权并对此加以保护,从法律上保障所有者的权益。这里的知识并不仅仅局限于字面上的内容,它是对"具有稀缺性、进步性,能够将生产者与其他厂商或者个人区别开来的技术、能力、产品"等的高度概括,知识产权包括专利权、商标权、版权等,是具有排他性的私人权利。

知识产权保护来源于经济,又对经济的发展起着重要的导向作用。特别是在处于转型的关键时期的国家中更是如此。完善的知识产权保护体系能够促进经济的发展和进步,在这一点上西方发达国家就是十分鲜明的例子。虽然严格的知识产权可能会导致垄断价格的出现,进而减少消费者剩余,但是这种由于知识产权而形成的垄断价格与寡头之间形成的合谋垄断价格具有本质的区别,这种垄断价格是他们创造知识的溢价,是应该得到的补偿,而且在有效的反垄断法的制约和作用下,这种严格的知识产权保护还是具有重要的保护和促进意义的。

在现代经济实践中,创新中的合作不断增加,专利的市场交易也始终存在且日益重要。知识产权的作用没有因合作创新的增加而淡化,相反,清晰界定知识产权是协同创新的基本前提条件。在创新者、机会、环境和资源这些创新要素中,创新者是最具能动性和最重要的部分。大量研究表明,强知识产权保护能否促进创新依赖于人力资本状况(Nunnenkamp & Spatz,2004;庄子银,2009)。公平的机会、良好的环境和丰富的资源,无不与知识产权保护情况密切相关。因此,政府对知识产权的保护有利于人才特别是创新人才的集聚,从而能提升当地人力资本水平,间接促进创新。

知识产权的保护和使用与经济发展的阶段密切相关,知识产权保护的严格程度与经济的发展水平呈正相关。这是因为知识产权保护制度内生于各国经济发展阶段,或者说,不同的经济发展阶段适用于不同的知识产权保护强度。发达国家占有技术优势,往往强调知识产权保护的重要性,而发展中国家技术相对落后,需要从发达国家引进、消化、吸收技术,往往反对过宽和过强的知识产权保护。自主创新能力较弱的发展中国家,在经济发展的初期以模仿创新为主,较弱的知识产权保护制度有利于以模仿为主的技术进步。随着相对技术水平的不断提高,自主创新对技术进步的作用逐渐凸显,强知识产权保护将更有利于创新的发生。

一般认为存在一个知识产权保护的临界值,当经济发展超越了这一临界值,加强知识产权保护有利于促进创新。根据 Krugman(1979)对"产品周期"的分析,创新国家在初始阶段出口使用新技术开发的新产品,当这项技术扩散到国外时,创新国家又开始进口该产品。因此,发达国家在一项新技术开发初期(图 12.2,t_0 点)可能会执行更严格的知识产权保护政策,而在技术成熟期(图 12.2,t_1 点)或许会有意无意地放松管制,此时技术会向作为跟随国家的发展中国家转移。接受技术转移的发展中国家对引进的新技术进行消化吸收,在此基础上再创新,并在知识创新的引领下,于 t_2 点实现自主创新,t_2 点即为知识产权保护的临界点。

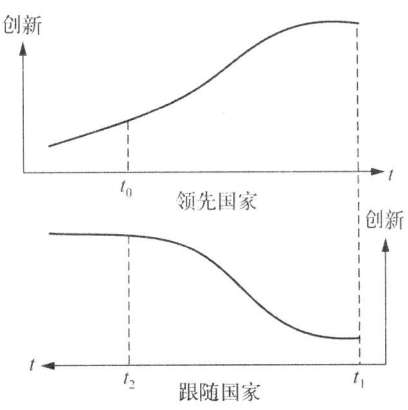

图 12.2　领先国家和跟随国家创新关系

我国转向创新驱动发展后严格的知识产权保护制度就变得十分重要。经济发展的动力由依靠劳动和资本转向依靠自主创新能力的提升。加强知识产权特别是具有实用性和先进性的知识产权的保护,将激励社会大众的创新热情,实现全民创业,营造尊重创新的良好氛围。这也是培养创新人才、构建创新文化的法律条件。

知识产权保护是增强企业竞争能力,实现"走出去"的重要抓手。科技水平和人才的竞争是企业和国家竞争的根本。无形资产的价值是衡量企业的持续发展能力和发展前景的重要指标。一个企业以知识产权为主体的无形资产与其他有形资产在企业总资产中所占的构成比例越大,抗风险能力就越强,也就越有投资价值和发展前景。[1] 中国成为世界上第二大经济体,只是在总量上实现了超越,但是在创新的能力上与许多发达国家相比还是有不小的差距,要广泛地参与到世界经济的竞争中去,没有创新能力强的企业是站不住脚的。我国的很多企业在吸收了大量的人才之后创新能力有了很大的提升,但是知识产权保护的水平却没有跟上,处处受到西方国家的侵权调查。知识产权也是一种商品,具有价值和使用价值,产品的出口也包括知识产权的出口,它比传统的产品附加值更大,对文化的渗透作用也更强,当然这些都是以较高的知识产权保护水平为前提的。只有充分完善我国的知识产权保护制度,让创新的成果能够真正地为我所用,才能够降低国际竞争的风险,增加出口产品的附加值,提高我国企业的国际竞争力。

二、实施知识产权战略

发展动力由依靠资源和劳动力驱动转向依靠创新驱动的经济新常态,把创新放在实现经济转型升级的战略地位上。为加大力度驱动科技创新,需要实施知识产权战略,其内容包括两个方面:一是严格保护知识

---

[1] 参见李顺德《知识产权战略——创新发展的重要抓手》,载《中国科学院院刊》2014年第5期。

产权;二是推动新技术、新知识的扩散和应用,实现知识产权价值最大化。

知识产权是创新的成果,而创新是需要成本的,也具有很大的不确定性。创新的成本需要得到收益:一方面是对创新者或者人才的补偿,他们付出了劳动,甚至经历了多次失败的教训,物质和精神都发生了消耗,得到收益是对他们提供知识的补偿;另一方面则是对创新者的激励,是对他们创造创新行为的肯定。如果没有对产权的保护,创新的成果很容易就被复制和模仿,而且复制和模仿成本要远远低于其创新的成本,这样理性的生产者将会选择复制和模仿而不是创新,就会出现"劣币驱逐良币"的现象。因此知识产权保护制度对创新型企业和创新型国家的建设具有十分重要的战略意义。

知识产权保护能够促进社会由模仿创新向自主创新的转变。虽然严格的知识产权保护制度可能会造成垄断价格的出现,但是斯蒂格利茨(2011)把专利垄断带来的收益部分看作一种有益的征税,这种"税收"直接补贴给了创新者,产生激励效应。把新知识浓缩为一种可传递的信号,通过法律制度保护这些信号的收益权,使那些使用这些新知识盈利的公司必须支付费用,这在本质上是对创新的一种"价格激励"。另外,模仿行为的发生需要有三个前提:模仿动机、模仿能力和突破法律制约的可能性。其中的法律制约主要是指知识产权制度。知识产权保护制度赋予了新知识的生产者以更可靠的利益预期,使创新者对创新失败的担忧在远期找到了平衡,同时,严格的知识产权保护制度将迫使模仿者加入创新的行列,这在长期对经济发展有利。

当一个国家对商标、版权的保护力度较弱时,恶意模仿使得那些创新企业还没来得及建立起自己的品牌声誉,就因创新成本无法回收而退出市场。留在市场中的却是不注重创新、不注重品牌的模仿型企业,它们没有能力和动力去提高产品质量。因此,通过对版权、商标类知识产权的保护,提高企业维护自身声誉的意识和动力,在"声誉激励"机制作用下可形成企业追求产品质量的氛围,而不断提高质量的目标又需要通过创新来实现。于是,形成了"知识产权保护——声誉激励——追求产品质量——创新"的传导机制。

国际贸易条件的变化,以及日益收紧的资源环境约束,决定了我国的发展方式必须向技术推动的内生增长和自主创新转变。要在全社会形成自主创新的氛围,知识产权保护这一激励机制至关重要。一方面,通过完善知识产权保护制度逐步与国际接轨,可使我们更好地融入国际社会,推进国际化;另一方面,有效的知识产权保护可使我们在新的全球化背景下,吸引更多的顶尖研发人才,利用全球创新资源,推进新型工业化(刘志彪,2013)。最重要的是,知识产权保护形成了创新收益预期,可激发全社会的创新活力。[①]

知识产权制度不排斥新知识、新技术的社会传播和扩散。知识产权保护,保护的是对新知识的收益权、处置权,而非新知识本身。申请知识产权就是与社会达成一项交易,即发明人把自己的创新成果向社会公开;作为交换,代表公权力的法律赋予其收益权。从这个角度看,知识产权制度是在一定的约束条件下,通过市场交易的方式实现的一种均衡。同时,现代知识产权制度鼓励合作。在开放的背景下,知识和技术创新者、技术需求者通过协同的方式共享知识、信息、研发平台和试验生产线,提高了创新的质量和数量。根据吴延兵、米增渝(2011)的研究,协同创新的效率明显高于独立创新和模仿。原因是,模仿的成本低、产出快,但市场狭小、无自主权,且受专利限制。独立创新的固定成本和沉没成本高,规模不经济和不确定性,使企业资金利用效率和产出效率不高。协同创新通过合作获得外部创新资源,提高创新成功概率,分担创新风险,缩短创新时间,提高了经济效益。在产学研协同创新中,最核心的内容就是知识产权,因为这涉及创新收益的分配。没有清晰的知识产权界定,产学研的协同创新不具有可操作性,因为随之而来的纠纷将使产学研同盟很快瓦解。在

---

① 参见洪银兴等《产学研协同创新研究》,人民出版社2015年版,第289页。

产学研合作创新体系中,企业可能不只是采用新技术的主体,还会成为孵化高新技术的一个主体。此时,"产"部门与"学、研"部门共享租金索取权。[①] 推动知识产权保护将有利于产学研的结合和相关收益的分享,是保证这一发展模式的重要支撑。

无论是在传统的创新体系中还是在产学研协同创新体系中,企业都是创新行为和知识产权保护的主体。实施知识产权战略,要充分发挥企业的主体作用。无论是创新型体系建设,还是知识产权战略的实施,都必须将企业放在中心地位。创新成果的转化需要企业,在市场经济条件下,创新的需求最初也是在企业的需求中被发现的,因此企业就成为了创新的主体。企业拥有自主知识产权的核心技术,是推动创新的前提。企业有敏锐的嗅觉,先时而动转化新技术是增强本企业竞争能力的条件。

对企业来说,没有自主创新成果,知识产权保护制度就是无本之木、无水之源,就是一个空壳,没有发挥作用的余地。同时,创新的成果还必须要有实用性,能够具有转化为产品的操作性,否则会造成资源的浪费而得不到任何形式的补偿。特别是传统的"三来一补"企业,需要把发展方式转移到从被动接单到模仿创新再到自主创新的道路上来。创新是一个循序渐进的过程,企业也许只是对产品作了轻微的改动,但这就是进步,这小小的变动也许就会给企业带来巨大的经济效益,关注小的改进、关注一线开发设计和从业人员是进行创新的起点。行业没有高低之分,创新也没有高低之分,再简单的产品也具有创新的余地。德国一家做螺丝钉的企业,几十年来专注于自己产品的研发,能够将螺丝钉做到任何情况下都不会松动的程度,世界上几大飞机公司都订购它的产品。这表明,有了技术就有了竞争力,就有了市场,就有了能够生存的资本。处于价值链的底端,最终会被市场所淘汰。

同时,应将知识产权保护提升至与增强创新能力相同的地位。为了

[①] 参见洪银兴等《产学研协同创新研究》,人民出版社 2015 年版,第 290—291 页。

防止"搭便车"行为,必须做好知识产权保护工作。企业在鼓励创新的基础上,对科技创新成果应及时申请保护。这里需要政府提供相应的政策和制度。当然申请保护的目的是为了知识的应用,一项知识虽然得到了保护,但是没有让其走出实验室,没有真正用到实际的生产和消费过程中就没有任何实际的意义,反而浪费了大量的企业人力和财力。企业在申请知识产权保护的时候要做好筛选工作,把那些存在应用价值、具有发展前景的知识筛选出来,做好"优胜劣汰",将有限的资源应用到"有用"的知识的开发和保护当中去。应积极推动知识产权的利益分配和交易,让企业的发展更具有持续性、绿色性和竞争力。

知识和技术等创新要素不同于物质要素,其使用具有规模报酬递增的特点,因而创新不排斥新知识、新技术的广泛采用。只有当全社会都能采用自主创新成果时才能谈得上经济发展方式的转变,这也是建设创新型国家的基本要求。一般说来,强化市场竞争机制,就可以推动创新成果的扩散。但只是存在竞争机制是不够的,创新成果的全社会扩散机制还涉及两个方面的建设:一是通过计算机和通信网络将新知识、新技术数字化进行传播。二是通过促进公众接受多种知识和技能的训练以掌握学习的能力,从而形成"学习型社会"。对知识产权拥有者来说,需要通过知识产权营销来实现知识产权价值最大化。使用者对拥有者付费,不仅使新知识、新技术得到广泛使用,还能使拥有者得到更多的回报。

第三节　创新发展的人才支撑

科学技术是第一生产力,人才是创新发展的第一资源。马克思用复杂劳动的概念说明经过教育和培训的劳动能创造更高的价值。现代经济学使用人力资本的概念说明人才的作用。现代经济发展越来越依靠知识和技术,人力资本的作用也越来越突出,甚至成为国际竞争的决定性因素。

一、人才在创新发展中的决定性作用

习近平总书记指出,创新是经济社会发展的牛鼻子,要推进人才发展体制改革和政策创新,突出"高精尖缺"导向,实施更加开放的创新人才引进政策,聚天下英才而用之。知识就是力量,人才就是未来。我国要在科技创新方面走在世界前列,必须在创新实践中发现人才、在创新活动中培育人才、在创新事业中凝聚人才,必须大力培养造就规模宏大、结构合理、素质优良的创新型科技人才。① 第三次科技革命是以信息技术的应用为特征的,并且信息技术的出现必须要以高素质的人力作为支撑,此时人力资本处于优势地位,原有的物质资本加上简单劳动力的生产方式已经退出了历史的舞台。企业家的才能往往能够决定一个企业的发展。越是竞争力强的公司,人力资本在企业贡献中所占的比重就越大,例如美国的微软,中国的华为、联想等,这个时候物质资本和人力资本的地位又一次发生了变化,物质资本开始逐渐依附于人力资本,人力资本的作用也被提升到了前所未有的高度。正因为如此新增长理论的代表人物卢卡斯提出:人力资本积累是经济增长的源泉。人力资本积累具有内生性特点。教育投资形式的人力资本积累会产生提高全社会生产率的收益递增的外部正效应。各国的生产率差别可以用人力资本积累水平的差别来说明。专业化的知识技能和人力资本积累可以生产递增的收益,并使其他投入收益及总规模收益递增,由此,人力资本是现代经济增长的决定因素和永久动力。

人力资本在企业发展中的巨大作用要求这一资本必须得到与其贡献相适应的回报,由此产生了人力资本产权理论。这一理论是基于人力资

---

① 参见习近平《加快从要素驱动、投资规模驱动发展为主向以创新驱动发展为主的转变》,2014年6月在中国科学院第十七次院士大会上的讲话。

本的特性而提出的。人力资本产权是指在企业的生产和流通过程中，个体对自己人力资本所拥有的收益、处置等的权利。谁投资，谁拥有产权。为了更好地对人力资本的效能进行物化，可以把个人的学历、职称、创新能力等折价，并以此为基础进行收益的分配。人力资本产权化，是对人力资本进行激励的手段。

现阶段，我们实施创新驱动战略必须以人才为依托，不仅需要提高劳动者素质，更需要高端的创新创业人才。因此，转向创新驱动，人力资本比物质资本更重要。增加人力资本供给就能驱动创新。在这里需要改变对低成本发展战略的认识。低成本战略理论强调发展中国家以较低的劳动力和土地成本作为比较优势。这种低成本比较优势在贸易领域可能是有效的，但在创新型经济中就不适用了。低价位的薪酬只能吸引低素质劳动力，只有高价位的薪酬才能吸引到高端人才，才能创新高科技和新产业，从而创造自己的竞争优势。

对于企业来说，要具备战略眼光，仅仅以获取自己的财富为目的的只能是财富拥有者，除此之外还承担一定的社会责任，将企业内部资本包括人力资本实现有效配置，使得人人能够发挥自己的才能，将个人价值与企业价值结合在一起的则是企业家。创新型国家和创新型企业的建设需要有战略眼光的企业家的存在，因为他们能够将人力资本的作用发挥到最大化。

人才就是资本，人才就是竞争力。过去和现在的经验都表明，人才在创新发展中具有决定性的作用。人才并不仅仅是掌握高精尖技术的人员，它是一个十分宽泛的概念，即使是普通的工作者，在自己的岗位上改良生产流程，提高生产效率，为企业和社会带来价值的，都是人才的组成部分。三百六十行，行行出状元。所谓人尽其才、物尽其用讲的就是这个道理。

人才的多少将直接影响到国家整体实力的高低。人才越多，越能够在各个领域发挥自己的聪明才智，越能够发现新的知识、新的成果，也就越能够带动各个领域进而整个国家的发展。人才在创新发展中的决定性作用表现在以下几个方面：

首先，人才为创新成果的产生打下基础。人才利用自己的专业知识或者长期的生产实践，对专业领域的了解程度要远远高于一般人，并且由于工作的延续性，他们也更能够发现其中的问题并对其进行改良和创新。我国的原子弹、氢弹等军工技术就是在"一穷二白"的基础上发展起来的，靠的就是那些孜孜不倦、将生死置之度外的科技工作人才。没有专业性的人才，国家和企业将难以获得发展的支撑。

其次，人才为创新成果的转化提供条件。一项成果有没有应用价值，能不能转化为现实的生产力，将直接决定创新行为的成败。而这些过程的实现需要企业科研人员的反复实践，以市场的需求来带动创新的行为，以创新的行为推动创新成果的转化。相关转化机制的建立和完善也是由众多人才来完成的。只有将创新的成果转化为现实的生产力，才能保证创新的链条不会断裂，这需要高素质的人才作为保证。

尊重人才就是尊重创新。只有人力资本得到了有效的积累，才能为企业创新能力的提升提供平台和源泉；没有对人力资本的激励，就无法最大限度地挖掘企业的产能。留住了人力，能够增强企业的抗风险能力，能够为企业贡献更多的高素质人才。尊重人才就是创造新的资本。在实际的操作中，人力资本产权化除了对人力这一资源的使用给予现实的财富回报之外，还以员工持股、股票期权、无形资产入股等形式将企业的发展和个人的贡献组成命运共同体，这种发展战略而不是福利计划极大地提高了员工的工作热情，股权分散也提高了企业的抗风险能力，从而有利于实现"留住人才——发现人才——利用人才——保护人才"的良性循环。赵曙明(2001)发现，国外的企业很早就开始了人力资本的产权实践，跨国公司中人力资本拥有的产权占整个企业产权的38%以上。

正是基于人才在创新发展中的决定性作用，习近平总书记明确指出：加快构建具有全球竞争力的人才制度体系，聚天下英才而用之。要着力破除体制机制障碍,向用人主体放权,为人才松绑,让人才创新创造活力充分迸发,使各方面人才各得其所、尽展其长。要树立强烈的人才意识,做好团结、引领、服务工作,真诚关心人才、爱护人才、成就人才,激励广大人才为实现"两个一百年"奋斗目标、实现中华民族伟大复兴的中国梦贡献聪明才智。

二、创新发展中的人才战略

中国人口多,但人才缺。中国目前的创新能力弱,根子在创新人才的缺乏。中国目前的人才培养缺乏稳定性和持续性,制约了研发能力的持续提升;人才储备不足,导致科技成果转化效率过低,科技成果转化的经济效益不高;创新型人才结构性不足矛盾突出,世界级科技大师缺乏,领军人才、尖子人才不足;工程技术人才培养同生产和创新实践脱节,某种程度上说这是一种资源的浪费,是一种沉没成本,没有将资源放在它应该待的位置上。如何将大学培养的人才更好地与实际需求相连接,使人才能够有用武之地,以此推动创新能力的提升,这是一个深刻的社会问题。为此需要实施人才发展战略,将人才战略贯穿到创新发展的过程中,坚持更加开放的创新人才政策,引导人才的有序流动。

创新发展依托的是人才、科技之类的创新要素。创新要素不可能都从国内取得,还需要从国外获得,尤其是高科技及其人才。因此现阶段开放的重点需要转向引进创新要素。由于当今国际经济进入了要素的国际流动取代产品的国际流动阶段,许多高新技术产品可以依靠要素的国际流动在本国制造。这样,进口战略将逐步转向进口要素(尤其是创新要素)替代进口产品的阶段,目标是利用国际创新资源来提升我们的创新能力。这就涉及引进要素战略的特征。过去发展基本上是资本推动的,其他如技术和管理等发展要素基本上是跟着资本走的,因此通过引进外资来利用其他国际资源(国外先进的技术和管理)。现在发展的重点转向创新,各种创新要素是跟着人才走的,因此发展创新型经济需要通过引进高端创新人才来利用其他国际创新要素。

作为世界上最发达的资本主义国家的美国,每年都会招揽大量的人才。对高科技人才在移民和科研基金设置等方面给予特殊政策,把猎头产业作为提高国家人才储备的重要支撑。除了美国各种优惠的科研条件以外,移民国家较为包容的创新文化也发挥了很大的作用,使科研人员能够安心地做好工作。中国已经是世界上最大的留学生输出国,也是世界上最大的高科技人才供应国。现在中国的创新迫切需要以"聚天下英才而用之"的开放态度吸引和容纳人才。在人才的引进上,不仅要从经济上提供优惠政策,还要在他们的价值发挥、权益保障上给予更多的重视,为他们提供更为宽松的科学研究平台和条件。良好的科研环境、一流的实验设施、相对较高的生活质量是影响他们选择的主要因素。按此要求,实施开放的创新人才战略,要做到以下几点。

第一,实现国内人才与国外人才的结合。传统的教育也能够培养出像屠呦呦这样获得诺贝尔奖的科学家,关键是如何将人才放到发挥他们价值的舞台上。坚持国内人才和国外人才的结合,给与他们相同的科研条件,建立市场化的人才选拔、培养和考核机制,解决他们在生活、医疗、科研条件、住房等方面的问题。按照现在的条件,需要以国内人才为主,国外人才为辅,汲取国外人才培养的有益经验来改革我们的教育和科研制度,改善科研环境。坚持"五湖四海,任人唯才"的原则,实施宽松的人才管理政策,让他们把精力真正放在科研创新上。在人才的应用方向上,坚持政策导向的全面性。

第二,坚持基础性研究人才与高精尖缺人才相结合。中国经济起步较晚,为了缩小与发达国家之间的差距,最初采取的是模仿创新,着眼于某一个行业主要为军工行业的战略定位。在经济发展水平居于一个较高的水平之后,原来的模仿创新模式就不再适应需要了,将自主创新摆在优先发展的位置就成为新的发展方向。由于行业之间的差距在短时间内难以扭转,基于现实情况,可以在原先基础较好的行业引进高精尖缺人才,以提高我们的比较优势。对传统行业坚持基础性导向，把人才放到着力提升传统行业的质量水平上。其实基础性研究与高精尖缺研究二者并不矛盾，基础性研究是创新的基础，高精尖缺研究是创新的导向，基础性研究为高精尖缺研究提供支持，也能够产生高精尖缺的成果；高精尖缺研究为基础性研究提供指引，重要的是要实现基础研究与高精尖缺研究的有机衔接，形成一个完善的体系，相辅相成，实现创新能力的提高。

第三，人力资本比物质资本更重要。增加人力资本供给就能驱动创新。在这里需要改变对低成本发展战略的认识。低成本战略理论强调发展中国家以低的劳动力和土地成本作为比较优势。这种低成本比较优势在贸易领域可能是有效的，但在创新型经济中就不适用了。低价位的薪酬只能吸引低素质劳动力，只有高价位的薪酬才能吸引到高端人才，才能创新高科技和新产业，从而创造自己的竞争优势。在新中国刚成立的时候，当时中国的人均收入还处于一个比较低的水平，科研工作者在严酷的环境下进行的创新研究是凭着对国家的热爱和对创新的热情展开的，国家的福利分房和其他社会保障制度也使他们将满腔的热情投放在创新当中并取得了巨大的成果。随着经济的发展和人口的逐渐增加，市场经济的建立放开了竞争，国家对经济的行政干预逐渐减少，人的逐利性逐渐显现出来，收入差距逐渐扩大。此时仅仅凭着工作热情进行创新是不够的，家庭、就业、医疗等方面的压力越来越大，需要一定的收入水平来保障。因此，只有做好人才的后勤工作，才能为人才作用的发挥创造必要的条件，而较高的收入是保证这个条件的重要一环。

第四，引导人才的有序流动。作为一种资源，人才是具有流动性的。市场的力量推动着资源流向能够给予它最大回报的地方，当然对人才这种资源来说，回报不仅仅指的是经济利益回报，还包括文化回报以及人格尊重回报。人才的流动主要包括地区流动和行业流动。地区流动是指人才由欠发达地区流向发达地区或者相反（主要是行政因素或者预期外因素的作用）。行业流动是不同行业之间人才的流动，这种流动的规模要小于地区流动的规模,因为一个人掌握的知识是有限的,而且知识都具有专用性,即使是行业流动,也是差别不大的行业,或者是那些所有行业都适用的岗位,例如人力资源、会计管理等。人才之所以发生流动,一方面在于追求更好的社会保障体系,追求更好的医疗、教育、交通、卫生等条件;另一方面则是经济因素的影响。要引导人才的合理流动,需要将这几个影响因素结合起来。

第四节 创新文化建设

创新文化是国家或民族整个文化体系的有机组成部分。依附于创新这个载体,把创新的精神融入文化当中就形成了创新文化。创新需要意识形态的支持,如果创新是保温棚中的植物,那么创新文化就是它周围的生长条件,包括温度、湿度、含氧量等,它是无形的,却无时无刻不影响着创新的发展。

一、创新文化也是创新力

创新文化建设的目的是要让创新在全社会蔚然成风。崇尚创新,国家才有光明前景,社会才能充满活力。创新发展是全民参与、全民推动的宏伟事业。这就需要弘扬创新文化。

所谓创新文化,是指与创新相关的文化形态,它是文化的重要组成部分,它把激励、崇尚和保障创新的价值理念、行为习惯、意识形态和社会环境集合起来,在无形中推动着一个社会创新活动的发展。在内容上,它包括了创新是民族进步灵魂的价值观,开放包容的创新精神,不畏失败和允许失败的宽容理念。它是一种软实力,是推动创新的驱动力,是加速自主创新活动的重要土壤。创新是一种能力,这种能力只有在创新文化的氛围中才能够得到持续的发展。同时,创新文化也是上层建筑的组成部分,对经济基础有着重要的反作用。一个具有先进创新文化的民族,一般也就具有先进的创新能力,而创新能力的提升反过来又会完善创新文化的内涵。因此创新文化既包括创新的软环境,也包括创新制度、创新行为和创新主体建设。

先进的文化能够影响创新的行为和创新的方式,提高人类改造自然的能力。当今时代文化的生产力作用越来越明显。文化生产力是"具有一定智慧和知识的劳动者运用和掌握文化资源生产和创造文化产品以及提供文化服务的能力[①]"。我们认为,文化生产力除了具有上述含义以外,还包括文化通过无形的影响来提升劳动者的生产能力,不仅局限于文化产品和服务,还包括其他的一切产品和服务,具体涵盖了人的智力、劳动组织形式、生产管理方式等。

创新文化的生产力属性表现在从根本上改变了经济发展方式。无论是从农业社会到工业社会,还是从工业社会到信息社会,创新文化的存在改变了劳动者的思想,催生出了新的生产工具和生产方式,如果没有蒸汽机、发电机的出现,我们现在也许还停留在自给自足的小农经济时代。创新文化的生产力属性还表现在改变了人们的思维方式,千方百计地提高了生产的效率和质量。创新文化的存在缩短了科技成果的转化周期,提高了劳动生产的效率,使人类社会获得了空前的发展。美国的硅谷能够具有世界上最先进的创新文化和最高效的成果转化机制,就在于硅谷弥漫着一种创新的文化。人人创新,业业创新,把创新这种文化的效能发挥到最优。因此我们一方面要在创新过程中不断丰富和完善我们的文化,另一方面还要提升创新文化对生产的反作用,增强我国的文化软实力。

创新能力的发展对创新文化的进步提出了新的要求。创新的竞争,不仅仅是创新技术的竞争,还包括创新文化的竞争。我国历经改革开放几十年的发展,科技水平迅速提升,一些技术也已经处于国际先进水平,

---

① 钟榴等:《文化生产力的内涵及其发展研究》,载《生产力研究》2010年第3期。

打破了国际垄断。但是必须清醒地认识到,我们是制造业大国而不是创造大国。虽然我们拥有世界上最多的人口,但是雄厚的人力资本优势并没有发挥出来,归结起来除了特殊的社会发展环境和发展阶段以外,还受到创新文化建设还没有跟上社会发展的现实影响。

建设创新文化需要通过对传统文化的改造提升来将其与现代化的创新文化相结合。以儒家思想为代表的部分传统观念对创新的发展产生了一定程度的压制作用,传统的主从文化的存在,使得个人缺乏自主性,个体意识和价值得不到应有的尊重。而且"人怕出名猪怕壮"、"枪打出头鸟"造成了平均主义盛行和平庸思想的广泛存在。创新文化要求把个体当成创新的来源。除了要改变传统文化的保守倾向以外,还要对中国目前的人才培养方式进行改革,改变过去的那种应试教育,逐渐增加学生的实践创新课程。教育改革的主体应该包括学生和老师,老师的观念才是最重要的。在日常的教学当中,老师要尊重学生的思想,培养学生的积极情绪,即使是天马行空的思想也要给予鼓励,不能够将学生的梦想看成是"没出息"、"没前景",将老师的观点强加在学生身上本来就是对创新人才的扼杀。同时,要逐渐提高教育和就业的契合点,让学校培养的人才更多地为社会所接受,让学生有用武之地,尽最大可能降低沉没成本。爱一行,干一行,才能创新一行。要在法律框架内,让敢想敢干敢创新成为一种趋势,成为一种潮流。

二、创新文化的建设

首先是倡导敢为人先、勇于冒尖的创新精神,使创新成为全社会的一种价值导向、一种思维方式、一种生活习惯。培育具有创新精神的主体是加强创新文化建设的首要任务。在此基础上,首先要实现对创新主体的态度的转变。长期以来,无论是在科技创新的活动中还是在产品的生产过程中都掺杂了过多的行政因素,忽略了个体的精神存在,仅仅强调创新能力的提高而忽视人的需求,把人当成榨取财富的工具而不是社会活动的综合体,进而造成了人们缺乏个性和创造力。转变这种态度是释放人们的创新潜力的重要保证。要把人文精神贯彻到创新主体的培育当中,坚持以人为本,尊重人、保障人、关心人,让人的思想参与到创新当中来。

其次是宽容失败的文化。无论是创新还是创业都不可能一次成功,都是充满风险的活动,往往是经过 n 次才能成功,因此宽容失败的文化非常重要。宽容失败的态度,也是国际上提倡的科学精神,是创新文化的新含义。创新作为一种投资,风险和收益是并存的,而且科技创新的成功率一般只有20%左右。我们说"失败是成功之母",但是在实际中这一思想却被扭曲了,以成败论英雄成为了唯一的价值评判标准。没有宽容失败的氛围和态度,那些创新的行为就得不到有效的激励,潜在的创新成果也就会被扼杀在摇篮状态。公司可以规定员工必须总结失败的教训,允许犯错误;在政府部门中,那些在法律框架内能做事、敢做事的人会得到重用;同样的,在企业和科研单位,要将那些敢创新、能创新、不惧失败的人才提拔起来,把他们的创新行为和创新动力扩散到每一个角落。研究发现,组织支持感对研发人员的研发行为具有显著的正向作用,积极的情绪激励能够推动新的科研成果的出现。① 宽容失败还需要有强大的舆论宣传,对于创新行为的报道要与一般的报道区别开来,多作正面分析,也不是掩盖失败的过程,而是要帮助社会上建立起对待失败的态度。中国的传统文化里也有许多宽容失败的案例,利用传统文化做好宣传往往能够取得事半功倍的效果。

第三是尊重创造的文化。创新者的成果价值得到承认并充分地实现其价值与文化环境相关。只有在尊重知识、尊重创造的文化环境中,创新成果的价值才能得到充分实现。同时,知识产权的保护不仅要靠制度,也要靠知识产权保护的价值观取向的形成来自觉养成。

尊重创新行为,还要有完善的社会保障。要将社会的主流文化拉到

---

① 顾远东等:《组织支持感对研发人员创新行为的影响机制研究》,载《管理科学》2014年第1期。

创新、民主、和谐的轨道上来,而不是片面地追求财富的多少。当前社会上炒房比创新赚钱、比勤劳致富赚钱的思想占有很大的市场,而且房价的上涨已经超出了人民的承受能力,特别是在东部发达地区更是如此,企业的净利润竟然买不起一套房子。当人们通过杠杆将大部分的资金转移到房地产市场中去的时候,就会衍生出一种独特的炒房文化,流入到实体经济和创新中的资金就严重不足,而且这种扭曲也打击了创新主体的创新热情,最终将不利于经济的安全和长远发展。因此,要扭转这种价值观,重振实体经济,需要国家和地方逐步摆脱对土地财政的依赖,做好创新主体的保障工作,为创新行为的出现提供良好的土壤。

尊重创新行为还需要营造健康有序的市场竞争秩序,将这种秩序衍生到创新中,衍生到创新文化中去,将尊重创新的行为通过市场的力量加以强化。只有创新者的创新成果得到保护并且能够得到一定的收益,才能够将创新行为与一般的商业行为区别开来,才能够保证创新具有的持续性,把创新这一行为提升到较高的平台上。依靠科技成果创业与一般的创业不同,后者创业主要靠资本(资金),是以资本(资金)招技术,是物质资本雇佣劳动。而前者创业主要靠知识和技术,是以知识和技术招资本(资金)。物质资本被知识资本所雇佣。创业的主动因素是知识和技术,物质资本则作为风险投资,从属于知识资本。就像微软公司这样成功的科技企业首先归功于比尔·盖茨这样的科技企业家,而不是哪一位风险投资者。即使是在一般的企业中,只要是创新新技术和新产品,就不仅仅是劳动和资本的结合,它还是高科技的思想(知识)与资本的结合。拥有高科技思想的创业者是知识资本和人力资本的人格化,即"知本家"。他们替代资本家成为财富创造的中心。

创新文化的建设需要创新的主体参与。文化建设最终还是依靠人,依靠人们在创新行为中积累的经验和教训。人人参与创新文化的建设,人人都能够正视创新的行为,将这种文化渗透到生活和生产当中,这本来就是创新文化的应有之意。创新文化形成和发展的过程,也就是创新能力逐渐完善,并在创新文化作用下使之不断提高的过程,是在人们的思想中形成的创新光荣、宽容失败的价值观念的过程。在创新文化浓厚的国家,创新行为也会得到有效的保护,虽然创新的结果也许不是盈利,但是保障创新人员的需要是持续创新的钥匙。在创新文化的影响下,创新成为一种自觉的行为,创新的成果也会受到人们的尊重。

尊重创新行为的环境建设不是一朝一夕的事情,软环境的建设最耗时间,而建设的成果又最难计量,需要有一个科学的长远的态度,要有"前人栽树后人乘凉"的远见卓识,也需要经过一代人甚至几代人的不懈努力。一旦这种环境得以建立,它将会发挥巨大的作用,将会把尊重创新行为的理念和思想扩散到社会的各个角落,最终形成鼓励创新的强大力量。

第十三章 激励创新的体制机制

实施创新驱动发展战略,需要形成以创新为主要引领和支撑的经济体系和发展模式,形成促进创新的体制架构。其路径就是习近平总书记在2014年8月的中央财经领导小组会议的讲话中指出的:深化改革,建立健全体制机制。要面向世界科技前沿、面向国家重大需求、面向国民经济主战场,精心设计和大力推进改革,让机构、人才、装置、资金、项目都充分活跃起来,形成推进科技创新发展的强大合力。创新的激励机制贯穿从知识创新、技术创新、科技创新、产业创新到创新产业化的整个过程,让创新知识和技术的价值最终得以实现,使得协同创新的各个主体在创新产业化的过程中获得价值最大化。激励创新的体制机制主要涉及动力机制、协同和保障机制、风险共担和利益共享机制以及价值评价机制等方面。

第一节 创新动力:市场压力和激励

激励相容是现代经济学的核心内容。创新动力的背后是经济活力。所谓经济活力,如费尔普斯(2013)所说:"是创新背后的深层动力与制度的综合体:革新的动力、必要的能力、对新事物的宽容以及有关的支持制度。"

一、创新活动不同于一般的经济活动

为什么需要特别研究创新的动力？原因是创新同其他经济活动有相同之处,也有不同之处,需要特别的动力机制安排。

人们往往以为,经济增长转向创新驱动可以节省资金投入。这是一种误解。经济增长由物质资源投入转向创新驱动,可以相对节省物质资源、环境资源之类的物质投入,但不能节省资金投入。创新驱动经济增长的决定性要素除了高端创新创业人才和科学发现的新思想外,再就是创新投入。就是说,需要足够的投入来驱动创新。转变增长方式是要调整投入方向,由原来的增加物质投入,转为对创新环节和创新要素的投入。就创新环节来说,研究开发环节的投入成为重点;就创新要素来说,人力资本是创新的重要要素,加大人力资本投资、增加人力资本供给就能起到创新驱动的作用。

转向市场经济意味着市场对资源配置起决定性调节作用。市场对资源配置的调节依靠竞争机制的作用。不可否认,与计划经济相比,市场经济中的创新力是最强的,特别是市场经济赋予了个体强大的创新力。同其他经济活动一样,市场竞争的压力可以成为创新投入的动力;创新以市场为导向,能够较好地解决创新效率问题。很显然,市场机制是创新的重要动力机制,是创新的外在压力。而且,以下所分析的激励机制也应该以此为基础。但是,对创新来说,只是靠市场的压力还是不够的,由于以下两方面原因,创新的动力还需要有市场以外的激励机制。

首先,创新是有风险的。人们往往以为创新的厂商能够获取比其他厂商更高的收益。其实不然,进行创新的厂商在短期内往往是只有投入,没有收益,甚至有失败的风险。由于创新产品市场信息不完全,创新成果仍然存在收益难以补偿其成本问题。更不用说创新本身所要支付的成本、创新成果的交易成本也很大。一般的新商品进入市场时买卖双方的信息相对完全,而创新产品(包括含有新技术的产品)进入市场时,其含有的创新内容一时不会被买者知晓,因而难以实现其市场价值。而这种创新产品要能被市场了解并接受,就需要创新者通过示范和推广等途径提供学习机会,由此进一步增大了交易成本。这说明,创新能不能成功有很大的不确定性,创新成果能否为市场接受也是不确定的。这直接影响创新收益及其归属问题。创新动力就在于保证创新成本得到补偿并得到创新收益。需要补偿的创新成本不仅包括创新投入,还包括风险成本和机会成本。

其次,竞争对创新的作用力有限。根据一般的竞争理论,一个技术创新会使前一个创新变得过时,竞争的压力会迫使厂商不断地进行研发。因此,创新企业有了连续创新的动力。据此,人们一般认为只要存在竞争就能解决创新的动力和压力问题,甚至长期占统治地位的思想是垄断阻碍技术进步、扼杀创新。其基本思路是企业一旦占据垄断地位就会不思进取,同时也会利用其垄断地位阻碍竞争者进入。研究现实中的创新行为可以发现这些观点并不准确,而且可以说恰恰是这种思想以及以此为依据建立的经济体制阻碍了创新。诺贝尔经济学奖得主斯蒂格里茨依据信息不完全理论发现,只是在竞争条件下不能解决创新动力不足的问题。正如他所说的:"当存在创新时,市场过程不能自动地确保激励竞争或快速研究开发的发生。"[①]创新企业在某一项研发成果取得领先地位后,可能有两种情况:一方面创新成功的企业考虑到研发投入的回收,往往会寻求一种策略使研发的速度放慢,只要能维持其垄断地位就行,其创新步伐就不会停下来;另一方面,潜在竞争者的策略往往是满足于采用创新企业的创新成果,原因是它要能赶上并超过创新企业会促使创新企业的研发速度加快,其研发投入也会更大。这样,潜在的竞争没有形成现实竞争,

---

① [美]斯蒂格里茨:《社会主义向何处去》,周立群等译,吉林人民出版社1998年版,第169页。

对创新企业的连续创新只能起有限作用。① 这就是说,在激励创新方面市场竞争作用是有限的,需要市场以外的制度建设。

第三,创新收益不能完全收敛到创新者。其原因:一是创新的知识和技术具有外溢性,实际上带有公共品的性质。二是创新成果的成本有创新成本(信息成本)和复制成本(扩散成本)之分,创新成本明显大于复制成本,创新成果的复制几乎是没有成本的。因此,没有从事创新投入的其他厂商通过复制从创新者的创新成果中得到收益,其结果是降低了创新者的收益,挫伤了其创新积极性。再加上知识产品的市场信息不完全,"其他人分享创新收益的边际成本为零"②。因此,首先创新的生产者的创新成本往往得不到应有的补偿,研究开发投入且得不到及时的回报导致创新者缺乏创新的动力。由此,他提出了激励创新的体制和机制安排问题。

基于以上原因,斯蒂格里茨在研究一些原先的计划经济国家向市场经济国家转型时,特别指出标准的市场经济模型"忽视了创新的作用",其之所以不关注创新是因为市场经济面对的是已有的资源(尤其是有形要素)的配置问题,目标是实现资源的有效配置。在这里,市场尤其是竞争机制调节资源配置最为有效。而现在所要研究的创新型经济面对的是创新要素,即知识资本、人力资本等无形要素,目标是创造新要素(新技术、新产品和新产业)。在这里,只有竞争压力是不够的,激励创新制度最为有效,需要引入被市场经济排斥的垄断之类的制度安排。

二、创新动力源于对创新收益权的垄断

已有的向市场经济体制的转型能够较好地解决提高效率问题,对创新也起促进作用。但是,标准的市场经济理论所要说明的是,对现有(既定)的生产要素,市场机制的作用能够实现资源的有效配置。而创新是创

---

① 参见[美]斯蒂格里茨《社会主义向何处去》,周立群等译,吉林人民出版社1998年版,第167页。
② [美]斯蒂格里茨:《社会主义向何处去》,周立群等译,吉林人民出版社1998年版,第173页。

造新的生产要素、变革生产要素,单纯的市场机制就不能完全起到激励和调节的作用。提高自主创新的动力不只是要强化竞争环境,还要以垄断创新收益权有效保障创新者的创新收益。

创新既需要动力也需要压力,可以肯定,竞争机制的存在对企业来说无疑是推动创新的外在压力,强化竞争可以强化创新力,但是只是竞争不能完全解决创新的动力。理论和现实都证明创新所需要的竞争环境是不完全竞争的环境。

马克思关于技术进步对相对剩余价值生产的作用机理说明,技术进步推动全社会劳动生产率提高从而生产出相对剩余价值有个重要的环节,就是首先采用新技术的资本家可以获得超额剩余价值,直到新技术被全社会采用,超额剩余价值消失,形成相对剩余价值。由此可见,这个首先采用新技术的生产者在一段时间中获得超额剩余价值就是独占了创新收益。这种独占创新收益就是垄断。试想如果没有这种对创新收益的独占和垄断,生产者何来创新动力呢?从这个意义上说,竞争是创新的压力,一定范围的垄断是创新的动力。

研究创新产品的市场竞争机理可以发现,单纯的竞争机制只是解决创新的外在压力,不能解决创新的内在动力,更不能解决连续创新的动力。完全竞争的市场对复制并侵犯知识产权不但难以克服,而且有刺激作用。针对这种制度性缺陷,保障创新者的创新收益的制度安排就是明确并保障创新技术的厂商拥有垄断收益权(专利之类的知识产权)。新技术的推广只能通过购买发明专利之类的知识产权途径进行。如果有人复制和采用其创新成果,就要从复制和采用这一创新成果的厂商那里收取收益,从而补偿其创新成本。这种创新企业对其创新收益的独占垄断不是指某个企业对特定行业和部门的垄断,而是指对发明专利之类的知识产权的垄断。这种垄断和独占不但不会阻碍创新,还会成为创新的动力。这是在知识产权保护制度下的市场运行。

突出创新收益的垄断对创新的动力作用,不等于弱化竞争,恰恰是鼓励创新的潜在竞争者在研究开发上积极参与现实的竞争,形成不断打破技术垄断的竞争压力。正如马克思在《资本论》中所分析的,在首先创新者获得超额剩余价值以后,其他生产者紧随其后学习并掌握其创新技术,全社会劳动生产率得到提高,因此产生相对剩余价值,接下来又会产生谋求新的超额剩余价值的竞争。有鉴于此,在一项创新成果产生以后,在保护知识产权的前提下,鼓励采用新技术本身可以起到推动连续创新的作用。

特别要注意到大学介入的产学研合作创新平台对推动创新竞争所起的作用。大学的学术导向对创造新知识有内在的动力,因而有源源不断的新思想供给。产学研结合在一起就形成学术导向与市场导向的协同,形成不断创造新思想、新发现的平台。因此产生的源源不断的创新成果,可以推动不断采用新技术的竞争,从而克服垄断对创新的阻碍。当然,合作创新不只是大学与企业之间的合作,还包括上下游企业之间的合作创新和研发。这与反垄断理论中所要反对的合谋有区别。合谋就是牺牲本行业中其他厂商的利益而追求合谋各方的共同利益。技术创新需要企业之间、产学研之间的合作研发,合作研究开发的成果不可能被独占,可以使本行业其他厂商共同受益。将合作创新作为合谋来反对,会阻碍技术进步。

第二节 创新投资:风险共担和利益共享

诺贝尔经济学奖得主费尔普斯(2013)提出:"事实上,所有创新都有偶然或者随机的因素。在一定程度上,新产品开发成功和得到商业化应用都是概率问题。""创新是走向未知的历程。"[①]创新的过程,最大的障碍

---

① [美]费尔普斯:《大繁荣:大众创新如何带来国家繁荣》,余江译,中信出版社2013年版,第31页。

是存在不确定性和风险。针对创新的不确定性和风险,必须要有激励创新的体制机制作为支持制度。

一、创新投资是风险投资

一般说来,投资有两个特性。一是趋利性,即所谓的等量资本得到等量利润;二是流动性,资本不仅要求适时回流,还要求在回流中得到增值。与一般的投资不完全相同,创新投资有两个明显特征:第一,创新性投资一般是长期性投资,特别是一些研发性投资,往往是产生新思想时就开始投入,投入以后就在相当长的时间中不能回流。第二,既然是长期性投资就会有失败的风险,可能是有的创新思想不能转化成技术和产品,也有可能转化成的技术和产品不为市场所接受。因此,创新性投资必然是风险投资。

从资本回流过程分析,创新技术不会一帆风顺,创新过程中改变创新方向和技术路线是经常的。创新方向的调整就会使原有的研发投入被舍弃掉,这类被舍弃的投入都是无法通过市场收回的沉淀成本。这就是斯蒂格里茨所说的:"在研究开发上的支出不仅属于固定成本,而且属于沉淀成本。一旦支出了这笔费用,就无法再收回了。"这种沉淀成本也同样会影响到其他厂商的创新能力。"这种高额的、固定的沉淀成本对于新厂商的进入构成了一种天然屏障。"[1]这意味着创新资本难以如数回流。创新投资回流速度分析表明,越是在创新阶段后端的投入,投资周期越短,投入的回流越快;越是在创新前端的投入,投资的周期越长,投入的回流越慢,就不能在短期内收回投资。

自主创新投资的不确定性及由此产生的风险,不可避免地会催生风险厌恶者。自主创新投资需要投资者具有长期行为,而实际情况是因为惧怕和厌恶风险,投资行为常常是短期的。从我国的创新实践来看,企业

---

[1] [美]斯蒂格里茨:《社会主义向何处去》,周立群等译,吉林人民出版社1998年版,第163页。

的创新热情主要在创新的第三个阶段就说明了这一点。在自主创新的第三阶段,采用新技术来源是多方面的:可能是企业所参与的前两个自主创新阶段的成果,可能是来自于直接引进和购买的新技术,也可能是企业自身进行的技术改造。企业创新行为主要在购买和引进新技术,以及企业内部所进行的技术改造。对企业来说这种创新行为紧靠市场,信息完全,风险最小。与此相反,对创新前端阶段的创新收入,特别是涉及与大学等其他创新主体合作的投资,企业因厌恶风险而举棋不定。甚至连所谓的风险投资公司也是"避险公司",热衷于后端创新环节的投资。即使是在自主创新前端的大学和科研院所为规避创新风险,也只是到创造出新思想发现为止,不愿意再跨一步进入孵化新技术阶段。

当今的自主创新不只是需要企业从引进和购买的途径采用新技术,更需要的是企业参与到自主创新的前端阶段,与科学家合作,将科学家的知识创新成果转化为新技术和新产品,从而产生原始创新成果。现在因为厌恶创新风险,谁都不愿意进入研发和孵化高新技术的环节,创新缺乏源泉,自主创新就成为一句空话。所有这些规避风险的行为产生的结果是错过发展机会,整个社会也就成为缺乏创新精神、缺乏活力、缺乏创造力的社会。

二、对创新投资的激励

针对上述由于创新市场信息不完全所产生的风险厌恶,市场经济需要作相应的制度安排来形成创新激励:鼓励创造者和发明者抛开风险顾虑来实现自己的梦想,鼓励企业为了更好的收益而去冒大的风险,给刚开始一项崭新事业的企业家投资来实现自己的创业梦想。显然,这种制度安排就是要使承担风险的市场参与者仍然具有敢于冒风险的创新精神和能力。

创新投入首要的是明确在不同的创新阶段的创新投入主体。我们讲企业是技术创新主体,不等于说同一个企业在创新的每个阶段都成为投入主体,而是要求在创新的每个阶段都有企业进入作为创新投入的主体。尤其是鼓励生产企业直接进入孵化新技术的创新领域。原因是企业进行这种投资与自己的长期发展密切相关,在创新过程中企业可能理性地指导创新行为,可以通过不断地调整创新路线以达到目的。只要能取得成功,一般都能得到高收益。

但是从社会角度分析,从创新投资的专业化考虑,不能要求个个企业都从事全过程的创新活动,还是需要专业性的风险投资家或创业投资家,他们活跃在创新的两个阶段:孵化新技术阶段、创建新企业阶段。正如奈特所指出的:"在现代经济中新企业的创建和建成后企业的经营之间的分离的趋势很明显。一部分投资者创建企业的目的是从企业的正常经营中得到收益。更多的人则期望从建成后的企业的出售中获得利润,然后再用这些资本进行新的风险投资活动。""相当多的且数目日益增加的个人和公司将其主要精力放在新企业的创建上。"[1]这可以说是现代经济充满创新活力的原因所在。风险投资者具有专业化的优势,"除了出色的判断力、预见能力和充分的信息之外,职业投机者的另一个重大优势是其业务量巨大、业务范围广泛"。投机者会在一定时期中进入市场几百甚至上千次,从而使他的判断失误趋于消失并使他的经营得到稳定的可预测的报酬。[2] 专门承担风险的人比偶尔面对风险的人更了解他所面对的风险问题。他是一个专家,对他来说应对不确定性问题变成一个具有一般意义的管理和经济控制问题,不仅可以使损失与收益相互抵消,还可能在其对企业的买卖中得到收益。

我国目前创新投入不足的主要原因就在于缺乏敢于进入创新领域,特别是创新前两个阶段的风险投资家。这跟现有的体制缺乏风险投资的保险机制相关。这种风险的保险机制实际上就是风险投资的动力机制,

---

[1] [美]福兰克·奈特:《风险、不确定性和利润》,中国人民大学出版社2005年版,第187页。
[2] 参见[美]福兰克·奈特《风险、不确定性和利润》,中国人民大学出版社2005年版,第187页。

其基本路径是为创新投资提供顺畅的进入和退出机制,尤其是退出机制。一旦市场前景变得不好,它们就会迅速撤离,退出越畅通,进入的创新投资越多。创业板市场和股权交易市场可以为敢冒风险的市场参与者提供安全保障。同时,完善的期货市场和保险市场为风险投资家提供保险、对冲等市场运作,可以由多数人来分散发生在个别人身上的风险,锁定或减少创新投资者损失。从我国的创新实践看,政府主动介入自主创新的风险投资,通过贴息贷款、财政补贴,既能起到引导作用,又能增强企业风险投资的信心。

为了激励创新的前两个阶段的投入,需要科学评价不同创新阶段的创新成果的价值。一项创新成果,从产生新思想到成为进入市场的新技术和新产品,实际上形成了一个价值链,对创新投资来说就形成了一个投资成本链。在创新的不同阶段产出具有不同附加价值的成果,如新思想、中试成果、新技术、新产品。这就需要根据信息不完全程度评价各个阶段的创新价值,从而决定创新投资各个阶段的成本和相应的收益。创新成果靠近市场,其信息就较为完全,市场风险小,在成果转让时创新成果价格就要定得高。相应的投资成本大,投资收益率低。与此相应,越是往前端,成果转让价格就越低,投资成本越低,投资收益率越高。由此形成高风险、高收益的机制,从而激励企业进行创新性投资的长期行为。

三、创新收益共享和风险共担

从创新到创业不是孤立的个人行为,而是多方面的合作行为。就资本来说,涉及知识资本、人力资本和风险投资;就参与者来说,涉及提出创意者、研发新技术的企业和投资家;就创业团队来说,涉及科技人员、经营管理者、市场营运者。因此,对这方面的激励创新的体制基本要求正如习近平总书记所说的:研发人员创新劳动同其利益收入对接,形成有利于出创新成果、有利于创新成果产业化的新机制。

在熊彼特那个时代,创新的真正实现或应用需要有足够能力的企业家完成筹集资本、组织新企业、开发潜在的新产品等必要工作,其过程是缓慢的。而在现代,风险投资者大大加快了这个初创过程。根据硅谷和中关村等地的经验,这里不仅仅是科技企业靠近大学,更重要的是聚集了活跃的专事创新创业的风险投资公司和资本市场。风险投资家以充足的资金和专家的水准,再加上敢冒风险的企业家精神筹集资本并进行资本运作,成功的概率较大。

创新创业风险应该共担,但共担风险不等于平均分担风险。在实践中,激励创新机制的设计针对不同的创新参与者应该有不同等的激励。由于科技创业能否成功依赖于企业家的创新素质和参与科技创新的科技人员的知识积累,这意味着创新收益的分配中对知识资本和人力资本应该有更高的评价。也就是说,科学家和企业家共享产业创新的成果,尤其是科学家在其中的贡献要得到充分的评价和回报。为激励大众,提出创意会有相应的收益,但创新不成功,提出创意者只是承担其创意没有实现的风险,相对来说经济风险较小。而对实际承担创新失败经济风险的风险投资者,需要明确其高风险高收益。从事转化的企业家也是如此。这就是熊彼特提出的"企业家从来都不是风险承担者,在任何情况下,承担风险并不是企业家职能的一个要素。即使他可能冒着名声的风险,但是经营失败的直接经济责任从来都不会由他承担"①。具体地说,"如果企业家是用以前的利润来提供资金支持,或者他利用属于他的'静态'企业的生产手段来经营,那他也只是以资本家或者商品拥有者的身份承担风险,而不是以企业家的身份承担。"②

风险投资收益有明显的收敛性,风险投资公司是风险投资的主体。风险投资公司之所以愿意承担风险,原因是其投资在多个创新创业项目上,其中某个或几个项目一旦成功会有大的收益,足够弥补创新创业失败项目的支出。这就是风险大收益也大的含义。而且,风险投资的最终目

---

① [美]熊彼特:《经济发展理论》,叶华译,江西教育出版社2014年版,第121页。
② [美]熊彼特:《经济发展理论》,叶华译,江西教育出版社2014年版,第121页。

的并不是要成为股东获得股权,而是要在创新企业价值实现之后能顺利地进行股权转让。为了退出时投资能获得高回报,或使创新企业成功上市,或使创新企业被并购或重组。在制度设计中存在的创业板之类的风险资本市场给风险投资者提供了及时转让风险的机制。风险投资活跃的基本条件是存在像纳斯达克这样的创业板市场。"具有高度流动性且上市条件较为宽松的纳斯达克股票市场使创业企业首发上市的成功率大为提高,进而导致风险资本对高科技企业的投资。"①

因此,风险投资又称创业投资。风险投资者从研发和孵化新技术阶段就开始进入,把创新和创业两个阶段粘合在一起。风险投资者的专业性在于,既专注于创新项目市场,又专注于创新项目的科学价值,并且着力对创业企业进行辅导和帮助,大大降低了产业化风险。无论是通过哪一种形式,风险资本都要对创新的整个价值实现的过程从知识创新到创新产业化进行监管和保障,以达到获得超额投资回报的目的。这些风险投资者的存在可以说是现代经济充满创新活力的原因所在。

创新企业很多是初创企业,在企业管理、财务、风险控制、市场扩散等方面都存在或大或小的问题。而风险资本的进入,会对企业的管理、财务融资的风险以及市场化运作等进行严格的管控,从而使风险降至最低,保障创新的收益得以实现。由于创新的技术具有外溢性特点,政府对创新应该有投入,政府通过建设科技园、孵化器和众创空间的方式提供引导性投入,这也在一定程度上减轻了风险投资者的风险压力。

第三节 创新企业的价值:评价和实现

创新发展的微观基础是创新企业。创新企业在这里是指依靠科技创

---

① [美]威廉·拉让尼克:《创新魔咒:新经济能否带来持续繁荣》,黄一义、冀书鹏译,上海远东出版社2011年版。

新成果进行科技创业的企业。它与一般的企业不同：一般的企业由资本和劳动组成，科技创业企业则更多的依靠创意和风险投资。一般的企业是物质资本雇佣劳动，追求资本所得（利润）的最大化，而科技创业企业是以知识和创意吸引风险资本，所追求的是整个企业整体价值的最大化，这也成为科技创新创业各个参与者的动力。这是完善激励创新的体制机制的重要方面。

一、创新企业的目标是追求企业的整体价值最大化

对一般的企业运行来说，目标和动力在对利润的追逐。而对创新创业企业来说，其目标和动力在企业整体价值的实现。

通常的生产过程是资本消耗和劳动消耗。创新过程与生产过程不完全相同，创新创业过程虽然也需要物质资源的消耗和劳动的消耗，但更为重要的是智慧和创意。① 具体地说创新企业有以下四个方面与一般的生产过程相区别：

第一，创新所依赖的资源主要是人力资源，人力资源也不是一般的知识和技能。"基本要素是想象力或创造力，对可能开发和推广的还没有人想到过的事物的构想"②。相应的，从事产业化创新的科技企业，是科学家的知识资本、企业家的人力资本和风险投资家的金融资本的集合。相应的创新成果的价值除了一般的劳动消耗外，主要是这三类资本价值在某种创新成果上的付出及相应的分配份额。如果要用劳动价值论来说明，这三类资本都是复杂劳动，比简单劳动创造了更高的价值。

第二，科技创业者一般是个团队。在团队里面的科技人才是多方面

---

① "直到今天，政策制定者和评论家都分不清现代经济体、欠发达经济体和非现代经济体的差异。他们将所有国家的经济（包括高度现代的经济）都视为产品制造机器，只不过效率不同。某些国家只是在自然条件或政策上存在缺陷。但仔细观察，我们会发现现代经济体的某些独有的特征，那就是创意。"［美］费尔普斯：《大繁荣：大众创新如何带来国家繁荣》，余江译，中信出版社2013年版）
② ［美］费尔普斯：《大繁荣：大众创新如何带来国家繁荣》，余江译，中信出版社2013年版。

专业人才的集合,除此以外,还需要有经营管理、市场和销售人才。① 而且,科技创业不只是组织科技创新活动,还要经营企业,参与市场活动。这意味着科技创业是各类人才的共同创业。这也正如费尔普斯所发现的:"构思新产品的项目通常要先组建一个有创造力的团队,商业化生产和推广新产品的项目往往需要首先设立一家由若干人组成的公司。任何有团队工作经验的人都明白,团队产生新创意的能力远远超过单独的个人。"②

第三,科技创业的基本要素是知识资本和人力资本。根据新增长理论,知识的创新和积累是现代经济增长的重要因素。人力资本是现代经济增长的决定因素和永久动力。科技创业能否成功依赖于体现人力资本积累水平的企业家的创新素质和参与科技创新的科技人员的知识积累。

第四,在互联网时代科技创新和创业既是分散的,又是相互合作的,因此参与者对创新价值有共享的要求。正如里夫金在其《第三次工业革命》一书中所指出的:"伴随互联网成长起来的新一代人习惯于对创造力、知识、专业技能甚至产品和服务的开放式共享,以促进社会总体财富的增长。"③在创新中信息资源的共享必然会导致创新成果的共享。

就如费尔普斯所发现的,"如果在一个经济体里,人们没有创新的动力和激励,或无法获得创新的条件。""如果没有财产保护和盈利的激励,不管非财务性质的回报有多大,多数创业家都不愿冒风险。"④产业化创新的每个参与者都有实现自身价值的要求,体现在创新收益始终得到符合自身贡献的财务回报和非财务回报(主要是产权)。例如,提出创意者合法地取得创意收益(如专利收入),投资人得到投资收益,等等。从创新

---

① 麻省理工学院管理学家爱德华·罗伯茨在分析高新技术企业取得成功的基本要素时指出,有些企业是由团队造就的,而非个人。在团队里,除了要有技术人才,还要有市场和销售人才。(参见[美]罗伯茨《风险投资及运行机制》,载廖理《探求智慧之旅》,北京大学出版社2000年版,第252页)
② [美]费尔普斯:《大繁荣:大众创新如何带来国家繁荣》,余江译,中信出版社2013年版,第41—42页。
③ [美]里夫金:《第三次工业革命》,张体伟、孙豫宁译,中信出版社2012年版,第224页。
④ [美]费尔普斯:《大繁荣:大众创新如何带来国家繁荣》,余江译,中信出版社2013年版,第32页。

成果的财产权利考虑,依靠创新成果创业的企业,其股权结构就不能只是投入的资金份额,还必须包括科技创业者的知识产权和人力资本股权。因此科技创业者价值实现的主要形式是股权激励。不仅如此,股权激励甚至可以扩大到参与创新活动的各类高层次人才。

显然,产业化创新的经济体也就是整个创业和经营团队。其中无论是哪一个参与者的收入,都依赖于整个创新成果及企业的整体价值。每个创新参与者只有在创新企业的整体价值提升中才能得到利益。科技创业成功,企业价值的整体提升就成为所有创业者的共同利益追求。即使是风险投资者,他们也不能单纯作为资本所有者在其中获利,只有在创办的科技企业在上市或股权转让后才能得到自己的收益。

研究硅谷的科技创业机制可以发现,对科技创业者股权激励的主要形式是股票期权。其目标是将创业者的股权收入与企业在股票市场上的市场价值紧密联系起来。企业一旦上市或出售给大公司,其潜在的市场价值就十分可观。而且,股票期权不只是经理人持有,还被视为吸引创新人才进入创新型新兴企业的报酬,其知识资本和人力资本价值可以随着企业市场价值的提升而提高。

基于上述分析,对科技创业企业来说,其进行产业化创新所追求的目标是依靠创新提升企业的整体价值,其核心是科技企业家对企业的创立和成长起决定性作用。科技企业家与风险投资者的最大不同,就是不从建成后的企业出售中获利,也不同于一般的资本所有者,只是追求企业利润最大化,还不同于一般的经营者,只是追求经营规模的最大化,而是追求科技企业的创新价值,也就是建立在创新基础上的企业整体价值的提升。

二、资本市场对创新企业的价值评价

从产业化创新创业的角度看,股票市场具有对科技创业企业的价值发现和价值评价功能。例如创业板市场实际上是发现和评价科技创业企业的预期价值，主板市场则是对创业成功的科技企业的实际价值进行评价。一些成功进行产业化创新的企业因得到高的市场价值评价而获得爆发性扩张。如果对股票市场的功能有了这种认识，就需要进一步完善股票市场以及多层次资本市场，解决好价值发现和评价机制的准确性问题。

科技创业企业的运行目标是在资本市场上获得最高的价值评价。资本市场发现和评价创新企业价值的功能，也能对科技创业者提供激励。对产业化创新最有效的激励是股权激励。激励的主要方式是将各类创业者的股权（期权）收入与企业在股票市场上的市场价值紧密联系起来。股票期权被视为吸引创新人才进入创新型企业的报酬，其知识资本和人力资本价值可以随着企业市场价值的提升而变现。将来企业一旦上市或出售给大公司，其潜在的市场价值将十分可观。科技企业在资本市场上市后，不仅企业价值得到市场的评价，其创业团队成员以其股票期权的价值也得到市场评价。比如阿里巴巴以技术人员为主的30人创业团队在一夜之间成为亿万富豪。资本市场也就为科技创业者提供了获取企业股权收益的途径，从而成为激励科技创业者成长的路径。

科技创业企业的价值评价离不开市场，其在资本市场募集的资本规模在很大程度上是对该企业价值的市场评价。如阿里巴巴在美国上市募得巨额资本，就是对其公司同时也是对马云这样的企业家的最高评价。

根据威廉·拉让尼克的界定，股票市场对创新型企业有五个作用(5c)：一是创建(creation)。股票市场具有鼓励资本流入创业企业的作用。二是控制(control)。通过股票买卖，股票市场可以影响公司持股比例的集中程度，从而对谁来行使公司资源的战略控制发生影响。三是兼并(combination)。股票市场使公司用股票而非现金作为并购的支付手段，从而控制另一家公司。四是薪酬(compensation)。股票市场可以把股票（期权）当作薪酬方式用来吸引、保留、动员和激励员工。五是现金(cash)。股票市场对公司现金的募集具有开源的作用。① 股票市场的这五个作用放大了产业化创新成果的价值,具体表现在以下产业化创新创业的三个阶段。

在产业化创新的第一个阶段,需要资本市场引导社会资本流向初创的科技企业。通常认为,创业板股票市场的作用是为风险投资者转让创业企业的股权服务。其意义不仅如此,更为重要的是为创新的科技企业的预期价值进行市场评价。一般情况下,科技企业从创业开始一直到壮大,其融资过程要经过天使投资、风险投资和股权投资。产业化创新成功的企业只有在创业板市场上得到较高的预期市场评价,才可能获得更多的创业投资。科技企业在年轻时就上市(或转让股权),使科技企业因得到金融支持而实现跨越式成长。例如思科原来是一家不为人知的高科技公司,依靠纳斯达克市场在17个月后其市值就攀升为全球之冠。② 由于科技企业为激励创新和创业企业家、风险投资家和高技术人员,一般以股权(期权)形式取得薪酬。在公司上市时这些为科技创业作出贡献的持有股权的人员能获得高额的回报,最典型的就是Facebook,其之所以能出现风险投资大量流入产业化的创新和创业领域,创业板股票市场起到了决定性的作用。③ 1971年开张的纳斯达克市场较主板市场,其上市条件宽松了许多,这使创新企业的首次公开发行上市变得大为容易。其功能是为风险投资提供顺畅的退出机制,风险投资者在股票市场把风险转让给投机者并得到回报,也就使投入科技创新项目的资金在孵化出高新技

---

① 参见[美]威廉·拉让尼克《创新魔咒:新经济能否带来持续繁荣》,黄一义、冀书鹏译,上海远东出版社2011年版,第191页。
② 参见[美]威廉·拉让尼克《创新魔咒:新经济能否带来持续繁荣》,黄一义、冀书鹏译,上海远东出版社2011年版。
③ Facebook是2004年才上线的草根互联网企业。一开始是得到天使基金提供的50万美元的融资,2005年和2006年分别获得1260万美元和2750万美元的风险投资,后来微软和高盛也出手投资。最后于2012年5月18日上市,至2015年4月20日收盘,其市值达2326.52亿美元,2014年营业收入达125亿美元,净利润近30亿美元。(参见杨涛《中小科技企业"找钱"有招》,载《人民日报》2015年4月22日)

术和企业后能及时退出从而进入新的项目,这不仅吸引了风险资本对科技企业的投资,而且能保证风险投资的可持续。

在产业化创新的第二个阶段,如果说创业板市场是对初创科技企业的预期市场作出评价,那么主板资本市场则是对创业成功的科技企业价值作出评价。创业成功的科技企业经过一定时期的运行,其创新能力逐步释放,盈利能力也明显提高,进一步要求实现由小到大的规模扩张并且领跑产业升级。特别是许多小的甚至没有历史的草根科技企业在股票市场上能够得到超越历史悠久的大企业的市场评价并募集到巨额资本,原因就在于主板股票市场的开放和公平,后者更为青睐企业的创新力。特别需要指出的是,主板股票市场对上市的科技企业比创业板市场有更为严格的条件,同时股票市场参与者众多,有能力为科技企业的市场价值作出客观的评价。在此条件下,这类企业上市,资本市场对其给予高的市场评价,使其募集到足额的社会资本,也就能迅速地实现其由小到大的暴发性扩张,并有能力成为产业结构转向中高端的领跑者。我国的阿里巴巴在美国上市,其IPO发行价为68美元,上市募集资金多达200多亿美元,一跃成为全球最有价值的科技公司之一,在很短的时间内实现了由小到大的暴发性扩张。

在产业化创新的第三个阶段,则是先行实现产业创新的企业利用资本市场的资产重组机制,带动整个行业的提升。产业化创新的重要成果是创造出符合科技和产业发展趋势的新兴产业。因此,从社会讲,需要放大产业化创新成果,以带动产业结构转向中高端。从企业讲,实现产业化创新并且其市场价值得到资本市场高的评价后,进一步的要求就是控制市场,其必要性在于公司上市后需要有足够的业绩来支撑。但是,产业化创新成功的企业的成长,面对的是一批创新乏力但规模较大的企业占用了大量的资源,其中不乏过剩和落后产能。在资源有限的背景下,过剩产能不能化解,落后产能、污染产能以及高能耗产能不能淘汰,产业创新、高科技产业化都难以推进。同时,面对同行业的竞争,所产生的竞争费用会降低其盈利能力。这就需要市场存在一种机制,推动资源和市场向产业化创新成功的企业集中。资本市场就有资本集中的功能,其路径就是在资本市场上推进企业之间的并购和重组。优势企业既有产业的技术优势,又有在股票市场提高市值并且募集了巨额资本的规模优势,因而有足够的能力迅速壮大并成为行业"老大",如微软收购有150年历史的大企业诺基亚。成立于1928年的世界财富百强企业之一摩托罗拉,先被谷歌收购,后被联想收购。这些案例说明股票市场的价值评价和价值实现的功能,可以放大产业化创新成果的价值。

说到资本市场放大产业化创新成果价值,不能不指出金融家在其中所起到的作用。金融家作为风险投资者,有敏锐的眼光选择有价值的创意作为投资对象,并有足够的能力募集用作风险投资的社会资本。金融家作为投资银行家预见性地选择并推荐成长性科技企业上市,帮助其在资本市场募集足够规模的社会资本。金融家作为产业资本和银行资本融合的金融资本家作推动企业资产重组并引导结构调整。试想,没有这些充满活力的金融家,不可能有成功的产业化创新,资本市场也不可能有上述推动结构调整从而放大产业化创新成果价值的功能。国内一些科教资源丰富的地区并没有成为产业化创新和科技创业的中心,问题在于缺乏足够活跃的金融活动,从根本上说是缺乏足够的充满活力的金融家。因此,在推进产业化创新和产业结构中高端化中,需要进一步挖掘金融投资功能。其中包括:创新投资引导创新驱动,创业投资引导科技企业,并购投资引导企业重组,产业投资引导结构调整。

当然,资本市场具有上述发现和评价创新企业价值的功能,是在规范运作的基础上实现的。商品市场之所以具有发现和评价价值的功能,基本要求是公平竞争、信息充分和等价交换。股票市场要具有这种功能,除了这些要求外,还要求规范运作和上市公司披露准确信息,以及严格的审计制度。21世纪初美国出现安然、世通等大公司的CEO财务造假以获取更高的股票期权收入,导致公司破产和华尔街股票市场濒临崩溃事件,由此促使美国出台较为严格的会计审计和对市场各个主体行为进行监控的制度。这说明只有在股票市场规范运作,得到投资者高度信任,才可能准确评价上市的科技企业的价值。

第四节　政府的激励创新政策

创新成果(知识和技术)的公共品特性决定了创新创业只是靠市场调节资源配置是远远不够的。正如波特所指出的:"当竞争的基础转为创造和知识累积时,国家的作用就变得日益重要,创造与保持竞争优势也变成本土化的过程。"

如果大学、科研机构及科学家同企业及企业家进入同一平台内对接知识创新和技术创新,创新的技术就不存在转移,而是协同创新的共同成果。

科学家和企业家在同一创新平台上直接交汇和协同,一方面,需要通过科技体制改革推动大学的创新不限于创造知识,还要往前走一步,将科学研究成果推向应用,参与孵化新技术;另一方面,需要通过企业改革推动企业的技术创新不停留在接受新技术转移的水平上,而是要将技术创新环节延伸到技术的孵化创新阶段。由于大学和企业处于不同的系统,各自有不同的追求目标,因此两大系统的集成与对接需要政府发挥主导作用。国家创新体系的完善也需要政府以公共财政为基础建立科技园,以支撑科技孵化器的建设等。

科技创新和产业创新对接的意义,就是通常所说的打通创新到创业的"最后一公里"。在许多场合是科技创新者带着孵化出的创新成果创办企业,也有的是现有的企业将新技术进行产业化。针对从创新到创业的不确定性和风险,对接科技创新和科技创业关键在一个国家和地区的经济活力。创新创业的平台建设首先要建立创业集聚的大学科技园区,因为经济活动的空间集聚可以产生集聚效应。发展乡镇经济时的农村工业区,发展开放型经济时的开发区,都具有明显的集聚效应。发展创新型经济同样需要这种集聚效应,建设和发展科技创新园区就是为了能够产生集聚效应。最为典型的是我国北京的中关村,深圳的虚拟大学园区,以及分布在全国各地的大学科技园区。大学科技园区既集聚大学的研究机构及其科学家,又集聚科技型企业及其企业家;既集聚活跃的创业者,又集聚风险投资者;既集聚市场和科技信息,又集聚政府的科技和公共服务。创新要素在这里高度集聚,既有竞争,又有合作,还便于集成,必然会产生明显的集聚效应。实践证明,在科技园区创新创业成功的几率一般都很高。

由创新成本效益分析可知,创新需要研究开发投入。创新成本能否足额补偿,直接影响创新者的积极性。知识和技术的生产与一般商品生产不同,创新和技术进步的成果有溢出效应。就是说,创新的知识和技术,不仅会使创新者收益,社会也会受益。从这一意义上来说,创新的知识和技术具有公共产品的属性。既然创新成果具有这种特性,政府作为社会利益的代表就有责任介入创新的协调和调节。大致可根据自主创新的各个阶段与市场的距离,确定政府和市场作用的界线。离市场越近的阶段,市场机制的调节作用越大;离市场越远的阶段,政府的作用越大。这意味着在创造新知识和新思想的阶段,更多的需要政府介入,特别是政府投资。但这不意味着在靠近市场的创新阶段不需要政府的积极干预。

公共产品的重要特征是新增消费的边际成本为零。创新的知识和技术被人采用和复制几乎是无成本的,因此,仿冒、剽窃等"免费搭车"行为难以避免。其后果是,创新者的创新成本得不到补偿,而仿冒者却得到创新收益。这种状况的存在势必挫伤创新者的积极性,更谈不上竞争的压力促使创新者连续不断地创新了。在现实中,研发投入是由企业和私人提供的,其创新成果就不能像政府提供的那样完全被人无偿消费。因此,为激励创新,政府要实施严格的专利之类的知识产权保护制度以保护创新者的创新收益,迫使采用新技术者向创新者支付报酬,特别是严厉打击侵犯知识产权行为。

创新成果的外溢性同时也表明,创新不仅要支付私人成本,也要支付社会成本。即使是新技术的创新者,他在创新某一技术时,也可能采用其他创新者外溢的知识和技术。这样,他为创新某一技术所支付的成本也不只是他的私人成本,社会实际上也为之支付了社会成本。这意味着创新者不能得到全部的收益是正常的。问题是创新收益要合理分配,既不能损害创新者的积极性,又要对创新收益的社会得益部分进行合理分配。

既然创新成果具有公共产品特征,创新投资就成为政府公共性投资的一部分。由于创新作为要素(资源)新组合的过程是在企业那里进行的,因此,政府介入不是代替这个过程,更不是代替企业的主体地位,而是做更为公共的事情。而且,由于政府的创新性投入属于公共性投入,特别是溢出新知识和新技术的创新者本身没有所有制之分,因此,这种投入与其他政府投资不同,不应该分所有制性质,即不分公有制还是非公有制,特别是一批创新积极性高的民营中小企业应该得到政府的支持。在此基础上,政府对创新的投入起到对创新系统的协同和集成作用,主要涉及以下方面:

首先,如果说企业的创新功能在要素新组合上,政府的创新投入功能就在于培育创新要素以增加创新要素的供给。其主要途径包括两个方面:一是资助基础研究,培育创新的源;二是吸引国内外创新人才,进行人力资本投资,培育创新人才。

其次,如果说在市场经济条件下企业创新是自由选择的,政府对创新的投入则属于自觉的引导性投入。服从于增强国家竞争优势的目标,自主创新突出产业创新,发展战略性新兴产业。这就出现了国家目标的导向问题,即引导创新的两端——知识创新和技术创新——都与国家目标衔接,特别是与国家的产业创新目标衔接。

第三,如果说在市场经济条件下市场对资源配置起决定性作用,政府的作用就在于引导资源向创新领域集聚。其主要路径是:一方面是财政税收的引导;另一方面是推动金融机构参与产学研合作创新过程,由此形成人们所说的"政产学研金"合作创新。在现行体制下,政府对金融流向的引导和调节突出在两个方面:一是以贴息贷款等市场方式筹集创新基金;二是以开放创业板市场和产权交易市场等方式鼓励对创新项目的风险投资。

最后,如果说创新首先是在个别企业和个别行业进行的,某项创新的最终完成则要等到创新成果的全社会采用。政府不仅要引导创新要素的集聚,还要推动创新成果向全社会无障碍扩散和广泛应用。目前创新成果扩散和推广的最大阻力,就是面广量大的传统产业和采用传统技术的企业。例如,我国在2007年就已是太阳能电池生产的第一大国,2008年占世界市场份额的1/3,2009年达到40%,但95%以上的市场在国外。[1]创新就是创造性的毁灭。创新不仅是创造新的,还要毁灭旧的,如新技术替代旧技术,新企业淘汰旧企业,新产业淘汰旧产业。需要指出的是,单纯由市场竞争形成的这种创造性毁灭过程不仅成本太大,而且时间太久,政府介入则可能较低成本地加快推进这种创造性毁灭过程。其主要途径是,政府采取一些鼓励和补偿政策,来降低采用新技术的沉没成本。例如,对一些原来使用化石能源转向使用清洁能源的企业所进行的技术装置设备的改造提供必要的补偿,同时对碳排放较大的企业征收碳排放费。这就可以使清洁能源技术得到广泛采用。

特别需要指出的是,政府从制度和观念上建立尊重知识、尊重创造的创新文化,从提高全社会自主创新能力的高度提供学习新知识和新技术的环境,对发展创新型经济具有决定性意义。

---

[1] 参见赵玉文《国内光伏市场亟待启动》,载《科技日报》2010年3月3日。

结束语：创新的经济绩效

科技创新成为经济发展的主要动力是创新型国家的重要标志。如何评价一个国家或一个地区成为创新型国家或者创新型地区(省份或城市)？既有先进国家的国际标准，又有理论上的科学界定，还有我国的实际情况，需要综合起来，研究客观的评价标准。确定创新经济绩效，不仅要关注当今中国的科技和发展能力，还要关注其转化能力和成果。过去每一场新科技革命首先在西方发达国家产生，没有在我们这样的发展中国家产生，我国也没有能力直接承接新科技革命，因此只能实施跟随策略，通过学习和引进，在发达国家之后，发展高科技和新产业。现在，世界是平的，在全球化、信息化和网络化的条件下，经济全球化和科技全球化互动，正在发生的新科技和产业革命的机会对各个国家都是均等的。尤其是在我国成为世界第二大经济体后，有必要也有可能与发达国家进入同一个创新起跑线，相应的需要借鉴评价创新绩效的国际标准。这意味着我国建设创新型国家包括创新型区域的评价标准同发达国家的标准应该是一致的。

一、创新产出的评价

之所以把产出方面的评价指标放在第一位，是因为创新产出的评价不仅是结果也是目标。

创新产出的总的评价指标是科技进步贡献率。这个概念的理论来源是索罗1957年创建的新古典经济增长方程。他发现,进入现代以来实际增长远大于资本和劳动投入所带来的增长,即经济增长中扣除劳动力、资本投入数量的增长因素之后,所产生的余值是由"技术进步"带来的,即索罗余值。仔细研究索罗模型可以发现,他所说的科技进步贡献率是在其全要素生产率的框架内产生的。全要素包括科技和组织管理的改进,规模经济效益及制度因素等。因此人们把它称为广义科技进步贡献率。这就是说,我们对科技进步贡献率这个指标要有全面的理解。在这个指标中,真正的科技进步作用只是其中的一部分,或者说是重要的一部分。转向创新驱动不能仅仅限于科技进步,还要包括其他方面的创新,如制度创新、资源配置方式的创新、管理创新等。根据我们的判断,现在流行的有关国家科技进步对经济增长的贡献率,基本上出自索罗模型。索罗研究发现:美国1909—1949年每小时劳动的产出增加有80%归因于技术进步。

研究了科技进步贡献率的内涵,也就明确了创建创新型国家和发展创新型经济的目标。首先是按照提高全要素生产率的要求全面转变经济发展方式,全面提高各种投入要素的质量和效率。其次是以科技创新为核心引领其他各个方面的创新,如制度创新。根据公布的数据,现在美国、日本的平均科技贡献率已达到80%左右,英国、法国、德国等西欧国家为50%—60%。根据已有的分析资料,我国目前的平均科技进步贡献率为55.3%,我国设定的2020年进入创新型国家行列的目标为60%。

科技进步贡献率是创新绩效的综合性指标,围绕这个指标有一系列的创新绩效指标。首先需要创造出处于国际前沿的基础研究成果,知识创新能力进入国际前沿。其次是创造出处于国际前沿的发明专利,创造一大批拥有自主知识产权的新技术、新产品、新工艺,万人专利授权量达到领先地位。第三,创新绩效更为关注创新技术的广泛应用。知识和技术等创新要素不同于物质要素,其使用具有规模报酬递增的特点,因而创新不排斥新知识、新技术的广泛采用。只有当全社会都能采用自主创新成果时,才能谈得上经济发展方式的转变。因此,创新技术和新发明的社会应用程度及相应的市场接受程度,成为创新绩效的重要评价指标。

具体到某个创新园区,其绩效指标就不是过去的引进外资数、产值方面的指标,而是孵化出的新技术指标、新技术应用及成功实现科技创业等方面的指标。

二、创新投入的评价

在创新投入方面,对创新型国家评价的通用指标是研究和发展投入(R&D)所占比重,国家和地区指的是占 GDP 的比重,企业指的是占销售收入的比重。

1990年,为了反映当时美国出现的新经济现象,罗默的新增长理论建立了一个由物质资本、劳动力、人力资本、研究与开发构成的"四要素"的"知识溢出模型"。即:(1) 新古典经济学中的资本;(2) 劳动(非技术劳动);(3) 人力资本(以受教育的年限衡量);(4) 新思想(用专利来衡量)。与传统增长模型不同的地方主要是增加了(3)和(4)两项。该模型把人力资本、研究与开发作为总量生产函数中的内生变量,使生产函数呈现规模报酬递增,从而合理解释了现代经济的持续增长。按此模型,评价科技进步就要突出人力资本和产生新思想的研究与开发。

加大研发投入的意义在于,投资投在科技创新上比直接投在生产上更有效益。由主要依靠物质资源投入转向创新驱动,只是指创新驱动可以替代和节省紧缺的能源、土地、环境之类的物质资源,但不能替代资金投入,相反恰恰是要加大对科技创新的投入,也要求资源向创新领域流动和集聚,其效应是物质资源被用于创新后,资源的效益更高。

由此,人们就把研究和发展费用在 GDP 中所占比重作为创新型国家的评价标准。据公布的数据,被称为创新型国家的 OECD 国家的研发费用一般要占其 GDP 的 2.3% 以上。我国目前为 2.1%,到 2020 年设定的目标为2.5%。研发投入固然包括政府的研发投入,但基础还是企业的研发投入。国际上判定高新技术企业的主要指标有两个:一是研究与发展费用在销售收入中所占比重,据估计高新技术企业的研发投入一般要达到6%—8%,甚至更高;二是研发人员占总员工的比重。我国已经明确,研发投入计入固定资产,这对企业加大引发投入会起促进作用。

研究和发展费用不仅是投入问题,更重要的是投向问题。研发投入的一个重要功能是吸引和凝聚创新要素。创新要素的集聚主要涉及以下方面:

首先是研发机构和平台的集聚。国家创新体系中知识创新体系和技术创新体系的协同机制成为科技成果转化机制的基本内容,包括企业、实验室、科学机构与消费者在内的不同行为者之间,科学研究、工程实施、产品开发、生产制造和市场销售之间进行的合作和反馈。因此,科学发现和科学发现成果向产品和技术的转化过程将成为创新机制建设的重点。研发投入有两大重点:一是提高知识创新能力的投入。服从于提高国家自主创新能力和着眼于原始创新产生具有自主知识产权的创新成果的考虑,推进有特色高水平大学和科研院所建设,鼓励企业开展基础性前沿性创新研究,重视颠覆性技术创新。实施一批国家重大科技项目,在重大创新领域组建一批国家实验室。积极提出并牵头组织国际大科学计划和大科学工程。二是提高科技成果转化能力的投入。在创新实践中创造了两条有效的科技成果转化机制:一条途径是产学研协同创新,另一条是科技创业。反映创新驱动要求的创新投资只有更多地投向孵化和研发环节,才能获得源源不断的新技术。与此相应,高新技术孵化器的数量和参与的人数就成为主要的评价指标。基于科学新发现为导向的科技创新的要求,产学研各方共同建立研发新技术的平台和机制,共同参与研发新技术。在这个科技成果转化平台上,企业和大学不仅建立了研发共同体,也建立了互利共赢的利益共同体。只有大学与企业共同构建协同创新的组织(平台),才可能产生源源不断的创新成果。在此过程中,既有企业家提供的市场导向,又有科学家提供的科学导向,还有大学提供的新技术人才的培养。这些方面协同作用,正是产学研协同创新的真谛。这些创新成果不仅有企业家所关注的商业和市场价值,也有科学家所关注的科技含量。

其次是创新创业人才的集聚。人力资本是现代经济增长的决定因素和永久动力,在创新驱动中人力资本比物质资本更重要。人力资本投资的方向有两个方面:一方面是提高劳动者的整体素质,其主要评价标准为劳动年龄人口受教育的年限,尤其是接受过高等教育的劳动年龄人口比重。实践中还可发现,创新人才不仅是指研发人才,还有"工匠"。另一方面是专业素质的提升,通过引进和培养集聚高端创新创业人才。波特的竞争优势理论强调,需要纠正长期占主导的低成本战略理论所强调的以低劳动力成本作为比较优势的观点。因为只有高价位的工资才能吸引到高端人才,才能创新高科技和新产业,从而创造自己的竞争优势。技术创新的能力依赖于体现人力资本积累水平的企业家的创新素质和参与科技创新的科技人员的知识积累。因此,依靠人力资本投资的高端创新创业人才的集聚程度,就成为创新投入的重要评价指标。

第三是风险投资机构的集聚。推动科技成果转化的科技创业投资被称为风险投资。有风险就可能存在风险厌恶。因此科技成果转化最为缺乏也最需要的是金融支持。如果说创新科技成果是科技成果转化的必要条件,那么金融支持就是其充分条件。针对孵化新技术阶段存在风险的特点,需要鼓励专业的创投公司进入提供创业投资。与此相应,创投公司的集聚程度就成为创新型国家和区域的重要评价指标。鼓励生产企业直接进行孵化新技术的创新投资也是重要途径。企业进行这种投资与自己的长期发展密切相关,在创新过程中企业可能理性地指导创新行为,可以通过不断地调整适应目的的手段,从而把不确定性降到最低。无论是风险投资家还是一般的生产企业,进入孵化新技术阶段,其投入的资金都不可能都是自有资金,大部分需要通过银行信贷。这就提出对金融的需求以及金融自身的创新要求。金融创新的一个重要方面是发展科技金融，推动科技创新与金融创新的深度结合，促进金融资本开展以科技创新成果孵化为新技术、创新科技企业为内容的金融活动。这样，商业性银行和金融机构也可能成为科技金融的主体。由于科技成果转化阶段紧靠知识创新阶段，此阶段产生的创新成果具有明显的外溢性（社会性和公益性），并不只是具有私人属性，因此政府参与这个阶段的投资就很有必要了。政府建立风险投资机制，可以弥补缺乏私有风险投资机构的不足。但政府介入推动科技成果转化的创新投资，不是代替企业和私人投资，而是起引导作用。

三、产业竞争力评价

过去人们一般关注企业竞争力，相应的评价一个地区创新能力的重要指标是有多少高新技术企业。新科技革命以来的实践表明，产业竞争力比企业竞争力更重要。企业所处的产业是否具有竞争力，直接决定企业竞争力。就如迈克尔·波特的分析，竞争力是以产业作为度量单位的，国家和地区竞争力通常针对特定产业或产业环节，而不是个别企业。产业竞争力是一个国家、一个地区的竞争优势所在。

何谓产业竞争力？过去强调的是资源禀赋的比较优势，因而谈不上产业创新。现在转向创新驱动，对产业竞争力有了新的要求：第一要求高附加值（其前提是高科技含量），第二要求采用绿色技术。因此产业创新就成为科技创新的基本目标。因此定义的产业竞争力，就是产业创新与升级的能力。

正在兴起的科技革命的新趋势是，新的科学发现随之带来的是新产业革命。新科技同时催生生物技术、新材料、新能源、环保等新兴产业。这就是通常所说的高科技产业化。建立在新科技革命基础上的产业创新，意味着采用最新科技成果，其技术含量更高，附加值更高，也更为绿色。

在现阶段,竞争力主要体现在创新力,创新力的现实表现是创新产业。由于创新的新兴产业能够带动整个产业结构的优化升级,一个国家和地区在某一时期的竞争力和竞争优势,就看你有没有发展这个时代处于领先地位的新兴产业,形成具有自主创新能力的现代产业体系。依靠科技创新成果,在重点领域占领世界科技和产业的制高点,这是一个国家和地区的竞争力处于领先地位的标志,也可以说是现时代科技创新的标志性成果。

在国际竞争表现为全球价值链竞争的背景下,产业竞争力表现为所处全球价值链环节的竞争力。我国确定的建设创新型国家的目标都明确要求是全球价值链环节的中高端目标,即2020年进入创新型国家时若干重点产业进入全球价值链中高端,2030年跻身创新型国家前列时主要产业进入全球价值链中高端。我国实行对外开放以来,主动融入经济全球化的一个重要路径是嵌入全球价值链。但我国长期处于全球价值链的低端,虽然分享了经济全球化的红利,工业化水平明显提高,但随着劳动和资源成本的提高,价值链低端环节已无竞争力而言。我国经济发展进入新常态后,劳动力和土地成本大幅度上升,资源环境约束趋紧。这意味着我国的劳动力和资源环境不再具有比较优势,要求我国原先处于全球价值链低端的企业向价值链中高端攀升,由追求数量增长转向追求附加值提高。其方向:一是进入营销和服务环节,二是进入研发环节。其路径就是通过创新和研发进入价值链中高端。中国企业不能只是像过去那样嵌入全球价值链,而要在一些产业领域谋求全球价值链中的主导地位和竞争优势。在生产者驱动的价值链中居于主导地位的决定性因素是:核心技术+品牌优势+商业模式。我国已经有了一批在世界上处于前沿的高科技优势产业,如高铁、装备制造业、电子信息产业等。这些拥有自主知识产权的优势产业走出去,很大程度上也是价值链走出去,可以进一步开发全球生产要素的潜在价值,释放全球生产潜力。在采购者驱动的价值链中居于主导地位的决定性因素是:市场渠道+品牌优势。现在,中国作为世界第二大经济体的市场需求规模正在催生采购者驱动的全球价值链的中国领导者。以阿里巴巴为代表的中国电商依托"互联网+"平台,通过跨境电子商务打破了沃尔玛等采购商的垄断,可能成为该领域全球价值链的新主导者。从单纯的出口产品逐步向建设全球营销网络转变,相应的也会打开中国商品进入世界中高端市场的渠道。

四、开放与创新的互动

在已有的开放型经济基础上转变经济发展方式的主要路径是开放与创新结合,其必要性在于,我国是在全球化、知识化、信息化、网络化条件下进入世界经济大国行列的,创新的机会与其他发达国家是共同的。如果只是开放,没有创新,开放的价值会明显下降。

开放与创新的结合涉及技术进步模式的转变。我国目前的技术进步模式主要还是通过利用外资所进行的加工代工型、技术模仿型。这种技术进步模式基本上属于国外新技术对我国的扩散,创新的源头在国外,采用的创新技术是国外已经成熟的技术。这种类型的技术进步是跟随型的,至多只是缩短国际差距,不可能进入世界前沿。创新是指新发明第一次引入商业中去的全过程。创新驱动所要求的技术进步模式应该是自主创新型的。

自主创新型技术进步依靠的是原始创新的成果,形成具有自主知识产权的关键技术和核心技术。在这方面需要明确我国现阶段科学研究水平和高新技术产业化的国际差距:一方面,由于科学研究的信息和人才的流动,我国科学研究水平的国际差距明显小于高新技术产业的国际差距;另一方面,在信息化、网络化时代,对新技术的保护壁垒要强于对新知识的保护壁垒,因此科学和知识的国际流动性比技术的流动性强。这就明确提出了依靠自身科学研究水平的提升并推动科技创新成果产业化的重要意义。依靠科学发现及其转化的新技术,可能在许多领域得到当今世界最新科学技术的推动。这就提出了开放式创新问题。

自主创新不等于封闭创新,决不排斥利用和引进新知识、新技术。与其他国家主攻同一创新方向,吸收和引进别人的新发明、新技术,这些都属于开放式创新的内容。这种开放式创新既保持自己的自主知识产权,又尊重别人的知识产权,由此创新的成果既可以在技术上保持自己在创新领域的领先地位,同时也可避免重复研究并节省研发费用。

　　创新没有国界。对创新驱动型经济来说,开放的目标是要获取国际创新资源。就引进外资来说,需要提升外商投资企业进入我国的环节,引导其在中国本土进行科技创新,从而提高其进入中国产业链环节的科技含量,特别是要鼓励外资研发机构的进入。创新驱动的发展方式更多的是依托知识和人才等创新要素。过去发展的重点在增长,各种增长要素跟着资本走;现在发展的重点转向创新,各种创新要素跟着人才走。因此利用国际资源需要更多的由着力引进外资等物质资源转向着力引进人才之类的创新要素,尤其是从发达国家引进高端科技和创新管理人才。

　　开放与创新的互动必然涉及已有的开发区的转型升级。我国各地建设的各类开发区(经济技术开发区、工业园等)是开放型经济的产物,也是发展开放型经济的平台和载体。当时建设开发区的基本目标是引进国外产业和外商投资企业。外资在开发区集聚产生了明显的发展效应:开发区成为各个地区对外开放度最高的区域,开发区也形成了当地新兴产业的集群。以创新为导向的开放型经济对各类开发区提出了转型升级的要求:开发区转变为大学科技园,在保留开发区的开放功能的基础上需要转型,转型升级的基本方向是由原来引进国外资源和国外产业的主要载体转变为高科技园区,由世界工厂向世界工厂的研发和孵化基地转型,由引进国外资源和国外产业的主要载体转变为发展创新型经济的引领区。开发区成为高科技的孵化园后,就要由重点引进外资转向引进创新资源,既要主动接受高校和科研院所的辐射,又要积极引进世界著名科技企业及其研发中心和风险投资,从而使开发区工业园成为大学科技园和高端人才的集聚区。

实施创新驱动发展战略是一个系统工程,需要破除一切制约科技创新的思想障碍和制度藩篱,处理好政府和市场的关系,推动科技和经济社会发展深度融合,打通从科技强到产业强、经济强、国家强的通道,以改革释放创新活力,加快建立健全国家创新体系,让一切创新源泉充分涌流。

主要参考文献

一、中文著作

1. 胡锦涛.坚定不移沿着中国特色社会主义道路前进 为全面建成小康社会而奋斗.人民出版社,2012

2. 习近平.在全国中国科学院院士中国工程院院士大会上的讲话.2014

3. OECD.以知识为基础的经济.机械工业出版社,1997

4. [美]埃德蒙·费尔普斯.大繁荣:大众创新如何带来国家繁荣.余江译.中信出版社,2013

5. 埃斯本·安德森.约瑟夫·熊彼特.苏军译.华夏出版社,2013

6. 安同良.企业技术能力发展论.人民出版社,2004

7. 布朗·克里斯托弗-弗雷德里克·冯.创新之战.机械工业出版社,1994

8. 陈劲,贾根良.创新与经济发展的再思考——理解熊彼特.清华大学出版社,2013

9. [英]大卫·艾杰顿.历史的震撼.朗为华、迟文成译.上海科学技术文献出版社,2008

10. 大卫·史密斯.创新.上海财经大学出版社,2008

11. [美]丹·赛诺,[以]索尔·辛格.创业的国度——以色列经济奇迹

的启示.王跃红,韩君宜译.中信出版社,2010

12. [美]富兰克·奈特.风险、不确定性和利润.中国人民大学出版社,2005

13. 洪银兴,安同良等.产学研协同创新研究.人民出版社,2015

14. 洪银兴.创新型经济:经济发展的新阶段.经济科学出版社,2009

15. 洪银兴.论创新驱动经济发展.南京大学出版社,2013

16. [美]加里·皮萨诺,威利·史.制造繁荣:美国为什么需要制造业复兴.机械工业信息研究院战略与规划研究所译.机械工业出版社,2014

17. [美]杰夫·戴尔,赫尔·葛瑞格森,克莱顿·克里斯坦森.创新者的基因.曾佳宁译.中信出版社,2013

18. [韩]金麟洙,[美]理查德·R.尼尔森.技术、学习与创新.吴金希等译.知识产权出版社,2011

19. [美]卡尔·夏皮罗,哈尔·瓦里安.信息规则:网络经济的策略指导.中国人民大学出版社,2000

20. [英]克里斯·弗里曼,罗克·苏特.工业创新经济学.华宏勋,华宏慈等译.北京大学出版社,2003

21. [美]库兹涅茨.现代经济增长.戴窗,易诚译.经济学院出版社,1989

22. [美]里夫金.第三次工业革命.张体伟,孙豫宁译.中信出版社,2012

23. 理查德·R.纳尔森.经济增长的源泉.中国经济出版社,2001

24. 刘鹰等.阿里巴巴模式.中信出版社,2014

25. 刘志彪.现代产业经济学.高等教育出版社,2003

26. [美]迈克尔·波特.国家竞争优势.李明轩,邱如美译.中信出版社,2007

27. [美]迈克尔·波特.竞争论.中信出版社,2003

28. [美]曼弗雷德·费希尔,贾维尔·迪亚兹,福克·斯奈卡斯.大都市创新体系.上海人民出版社,2006

29. [日]速水佑次郎,神门善久.发展经济学——从贫困到富裕.李周译.蔡昉,张车伟校.社会科学文献出版社,2009

30. [美]威廉·拉让尼克.创新魔咒:新经济能否带来持续繁荣.黄一义,冀书鹏译.上海远东出版社,2011

31. [美]伊坦·谢辛斯基等主编.自由企业经济体的创业、创新与增长机制.刘志阳等译.东方出版中心,2009

32. [美]印德尔米特·吉米,霍米·卡拉斯.东亚复兴——关于经济增长的观点.黄志强译.中信出版社,2008

33. [美]詹·法格博格,戴维·莫利,理查德·纳尔逊.牛津创新手册.知识产权出版社,2009

二、中文报刊

1. 安同良,施浩,Ludovico Alcorta.中国制造业企业R&D行为模式的观测与实证.《经济研究》2006年第2期

2. 安同良,王文翌,王磊.中国自主创新研究文献综述.《学海》2012年第2期

3. 安同良.中国企业的技术选择.《经济研究》2003年第7期

4. 曹丽燕.韩国的科技创新体系.《科技管理研究》2007年第6期

5. 董纪昌,成金爱.知识创新的风险及其防范策略研究.《管理评论》2007年第8期

6. 洪银兴.产业创新与新增长周期.《经济学动态》2009年第10期

7. 洪银兴.产业化创新及其驱动产业结构转向中高端的机制研究.《经济理论与经济管理》2015年第11期

8. 洪银兴.关于创新驱动和创新型经济的几个重要概念.《群众》2011年第8期

9. 洪银兴.科技创新路线图与创新型经济各个阶段的主体.《南京大学学报(哲学·人文科学·社会科学版)》2010年第2期

10. 洪银兴.科技创新与创新型经济.《管理世界》2011年第7期

11. 洪银兴.科技创新中的企业家及其创新行为——兼论企业为主体的技术创新体系.《中国工业经济》2012年第6期

12. 洪银兴.科技金融及其培育.《经济学家》2011年第6期

13. 洪银兴.论创新驱动经济发展战略.《经济学家》2013年第1期

14. 洪银兴.向创新型经济转型——后危机阶段的思考.《南京社会科学》2009年第11期

15. 洪银兴.迎接新增长周期:发展创新型经济.《学术月刊》2010年第1期

16. 胡钰.创新型城市建设的内涵、经验和途径.《中国软科学》2007年第4期

17. 姜宁,魏守华.内生创新、本土创新与自主创新辨析.《经济经纬》2009年第2期

18. 蒋玉涛,招富刚.创新驱动过程视角下的创新型区域评价指标体系研究.《科技管理研究》2009年第7期

19. 李碧花,董瀛飞.创新型区域的形成路径与运行机制——以生物技术产业的国际比较为例.《山东社会科学》2011年第7期

20. 路甬祥.建设面向知识经济时代的国家创新体系.《光明日报》1998年2月6日

21. 谈毅,杨晔,孙革.中国天使投资市场规模、特征与发展.《中国科技论坛》2015年第9期

22. 王江红,薛风平.论创新型区域的特征、结构与建设.《理论学刊》2009年第1期

23. 卫兴华.关注我国进入创新型经济发展阶段——《创新型经济:经济发展新阶段》评介.《经济研究》2011年第1期

24. 杨冬梅,赵黎明,闫凌州.创新型城市:概念模型与发展模式.《科学学与科学技术管理》2006年第8期

25. 杨华峰,邱丹,余艳.创新性城市的评价指标体系.《统计与决策》2007年第6期

26. 袁泽沛,王琼.技术创新与创新风险的研究综述.《经济学动态》2002年第3期

27. 钟坚.关于深圳加快建设国家创新型城市的几点思考.《管理世界》2009 年第 3 期

三、英文论著

1. Aghion, P. and Howitt, P. *A Model of Growth through Creative Destruction*. Econometrica Press, 1992

2. Christensen, C. M. *The innovator's solution: creating and sustaining successful growth*. Harvard Business Press, 2003

3. Edquist Charles. *Systems o Innovation: Technologies, Institutions and Organizations*. London: Routledge, 1997

4. Cooke, P. *Network Regions*. International Encyclopedia of Human Geography, Oxford, 2009

5. Hall, P. *Creative Cities and Economic Development*. Urban Studies, 2000

6. Guinet, J. *Knowledge Flows in National Innovation Systems*. Industrial Competitiveness in the Knowledge-Based Economy: The New Role of Governments, OECD, Paris, 1997

7. Fagerberg Jan, Molly, David C., Nelson, Richard. *The Oxford Handbook of Innovation*. Oxford University Press, 2005

8. Branscomb L. M., Auerswald P. E. *Between Invention and Innovation*. U. S. Department of Commerce, 2002

9. Lundvall. *National Systems of Innovation: Towards a Theory of Innovation and Interactive Learning*. London: Pinter Publishers, 1992

10. Nelson, R., Winter, S. *An Evolutionary Theory of Economic Change*. Cambridge, Mass.: Harvard University Press, 1982

11. Nelson. *National Systems of Innovation: A Comparative Study*. Oxford University Press, 1993

12. Viale Riccardo, Etzkowitz, Henry. *The Capitalization of*

Knowledge: A Triple Helix of University-Industry-Government. Edward Elgar Publishing Limited, 2010

13. Rogers, E. *Diffusion of Innovation*. 4th, ed. New York: The Free Press, 1995

14. Saxenian, A. *Regional Advantage. Culture and Competition in Silicon Valley and Route*. Cambridge, Mass.: Harvard University Press, 1994

15. Schumpeter, J. *The Theory of Economic Development*. Cambridge, Mass.: Harvard University Press, 1934

16. Tassey, G. *The Economics of R&D Policy*. Greenwood Publishing Group Press, 1997

17. Teece, D. J. *Design Issues for Innovative Firms: Bureaucracy, Incentives and Industrial Structure*. The Dynamic Firm. Oxford: Oxford University Press, 1998

18. Carayannis, E. E. Re-visiting Schumpeter: Competitiveness, innovation, and productivity challenges and opportunities in the 21th century. *Journal of Economic Surveys*, 2010(21)

19. Cassiman, B., Perez, D., Veugelers, R. Endogenizing Know-how Flows through the Nature of R&D Investments. *International Journal of Industrial Organization*, 2002(20)

20. Herstatt Cornelius. Hippel, Eric von. From experience: developing new product concepts via the lead user method: a case study in a "low-tech" field. *Journal of Product Innovation Management*, 1992(9)

21. Cowan, David, Foray. The explicit economics of knowledge codification and tacitness. *Industrial Dynamics and Corporate Change*, 2000(9)

22. David, P., Hall, B., Toole, A. Is Public R&D a Complement or Substitute for Private R&D? A Review of the Econometric Evidence. *Re-

search Policy, 2000(29)

23. Drucker, P. Modern Prophets: Schumpeter and Keynes? *The Frontiers of Management*, Penguin Putnam, 1983(23)

24. Edquist, C. *Systems of Innovation for Development* (SID). Background Paper for the UNIDO World Industrial

25. Foray, D., Lundvall, B. A. The Knowledge-based Economy: From the Economics of Knowledge to the Learning Economy. *Employment and Growth in the Knowledge-based Economy*, 1996(11)

26. Malerba, Franco, Orsenigo, Luigi. Schumpeterian patterns of innovation. *Cambrige Journal of Economics*, 1995(19)

27. Grossman, G. M., Helpman, E. Endogenous Innovation in the Theory of Growth. *Journal of Economic Perspectives*, 1994(8)

28. March, J. G. Exporation and exploitation in organizational learning. *Organization Science*, 1991(2)

29. Furman, Jeffery. L. Hayes, Richard. Catching up or Standing Still? National Innovative Productivity among "Follower" Countries. *Research Policy*, 2004(33)

30. Malerba, Orsenigo. Schumpeterian patterns of innovation are technology-specific. *Research Policy*, 1996(25)

31. Mowery, D., Rosenberg, N. The Influence of Market Demand Upon Innovation: A Critical Review of Some Recent Empirical Studies. *Research Policy*, 1979(8)

32. Pavitt, K. Key Characteristics of the Large Innovation Firm. *British Journal of Management*, 1991(2)

33. Romer, P. Endogenous Technological Change. *Journal of Political Economy*, 1990(98)

34. Shionoya, Y. Hermeneutics and the Heidegger: Schumpeter Theses. *American Journal of Economics and Sociology*, 2010(69)

35. Simon, H. A. Rational Decision Making in Business Organizations. *American Economic Review*, 1979(69)

36. YZabala Iturriagagoitia, J. M., Voigt, P., Gutiérrez-Gracia, A., Jiménez-Sáez, F. Regional Innovation Systems: How to Assess Performance. *Regional Studies*, 2007(41)

后 记

我们几位作者长期研究科技创新和创新驱动问题,近期的代表性著作有在人民出版社出版的《产学研协同创新研究》。在我们所在的中国特色社会主义经济建设协同创新中心的科研计划中就有创新经济学的出版计划。在本书出版之际,南京大学获批国家"大众创业万众创新"示范基地,本书也就成为"南京大学双创研究院"的成果。

我和安同良、孙宁华教授共同拟定了本书的写作计划并直接写作,基本上以我们的研究成果为基础。部分章节分别请各自指导的研究生和博士后参与。本书的原版是江苏人民出版社出版的《创新发展》一书,本书根据创新经济学的规范进行了全面的修订,对原有各章的内容进行了部分整合,作者的分工也就有微调。本书的作者分工如下:导论,洪银兴;第一章,安同良、陈潇潇、舒欣;第二章,洪银兴;第三章,安同良、周耿、魏婕;第四章,王辉龙、洪银兴、孙宁华;第五章,洪银兴;第六章,洪银兴;第七章,洪银兴、孙宁华;第八章,王辉龙;第九章,张建平、洪银兴;第十章,洪银兴;第十一章,安同良、陈潇潇;第十二章,孙宁华、张玉军;第十三章,曹祯庭、洪银兴;结束语,洪银兴。全书由我统筹和统稿。

洪银兴

2016 年国庆

图书在版编目(CIP)数据

创新经济学/洪银兴,安同良,孙宁华著. --南京:江苏人民出版社,2017.2
 ISBN 978-7-214-19899-0

 I.①创… II.①洪… ②安… ③孙… III.①经济学-研究 IV.①F0

 中国版本图书馆CIP数据核字(2016)第281994号

书　　　名	创新经济学
著　　　者	洪银兴　安同良　孙宁华
出 版 统 筹	谢　红
责 任 编 辑	戴亦梁
责 任 校 对	范渊凯
装 帧 设 计	李　巍
责 任 监 制	王列丹
出 版 发 行	凤凰出版传媒股份有限公司 江苏人民出版社
出版社地址	南京市湖南路1号A楼,邮编:210009
出版社网址	http://www.jspph.com
经　　　销	凤凰出版传媒股份有限公司
照　　　排	江苏凤凰制版有限公司
印　　　刷	江苏苏创信息服务中心
开　　　本	718毫米×1000毫米　1/16
印　　　张	23.25　插页1
字　　　数	308千字
版　　　次	2017年2月第1版　2017年2月第1次印刷
标 准 书 号	ISBN 978-7-214-19899-0
定　　　价	50.00元

(江苏人民出版社图书凡印装错误可向承印厂调换)